성교육의
이론과 실제

머리말

지구상에 인간의 존재와 함께 인류를 유지하기 위한 생명체의 탄생과 '성(性)'은 밀접한 관계를 가지고 있다. 성은 생물학적으로는 인간 본능의 기본적 욕구를 충족과 함께 자손을 번식시키고 사회의 기초가 되는 가족을 이루게 하여 인간사회를 지속시킬 뿐만 아니라 사회적·문화적으로도 많은 의미를 내포하고 있기 때문이다.

최근 사회 변화로 인하여 날로 포악해지는 범죄 현장에서도 성과 관련된 다양한 양상의 문제들이 나타나고 있다. 따라서 지역사회 내에서도 이를 해결하는 데 즉각적으로 도움을 줄 수 있는 성과 관련된 전문가 양성이 시급하다는 생각에 지난 2013년과 2014년 평생교육 실천역량 강화사업에 공모하여 지역사회 내 '기초적인 성교육'과 '전문 성교육'을 유치한 바 있다. 이때 적절한 '성교육' 관련 교재의 부재로 급히 강사들의 원고를 강의 전에 미리 제출받아 책으로 편집하여 사용하기도 하였다.

이후 대학에서도 교양교과목에서 '성교육의 이론과 실제', '성과 윤리', '성문화와 성심리' 등과 같은 교재를 가지고 성교육을 실시하고 있으나, 교재 선택에 있어서는 여전히 제한적이라는 생각을 하게 되었다.

이에 우리나라 실정에 알맞은 성문화와 성심리에 대해 여성가족부 소속 성교육 전문가와 대학의 관련 교·강사들이 여러 차례 소모임을 가졌다. 활발한 토론 끝에 영유아에서 노인에 이르기까지 성교육은 꼭 필요하며 '성문화와 성심리'에 대해 올바른 인식을 가질 수 있도록 해야 한다고 결론을 내렸다. 그리고 실제 강의를 하는 우리가 성문화와 성심리에 대한 자료를 수집하고 저술하기로 다함께 뜻을 모았고, 이를 실행에 옮겨 한 권의 교재가 탄생하게 되었다.

이 책은 '성교육과 성심리의 실제'라는 주제아래 현실적인 사건·사고를 감안하여 사례를 제시했으며, 누구든지 편하게 읽고 부담없이 접할 수 있도록 쉽게 설명하고자 노력하였다. 이 책을 접하면 부모, 선·후배, 동료들과도 많은 의견을 서로 나눌 수 있다는 점에서 적극 추천할 수 있을 것으로 생각된다.

많이 부족하지만 향후 강의와 더불어 시대적 흐름을 반영하고 현실적인 대안들을 제시할 수 있도록 거듭 보완을 하면서 우리나라 대학생들을 위한 '성교육'에 한몫을 하고자 한다.

마지막으로 이 교재가 나오기까지 물심양면으로 도움을 주신 파워북의 김재광 상무님께도 무한 감사의 말씀을 전한다.

마지막으로

2016년 12월

저자 대표 장우심

차례

제2부

성의 해부학

Chapter 4. 성 반응

Chapter 5. 성기능 장애

Chapter 6. 성 소수자

제3부

이상 성행동

Chapter 7. 성행동의 이해와 유형

Chapter 8. 성병

제4부

건강한 사랑과 성 의사소통

제5부

생명의 시작과 인식

제1부

인간 발달과 성 발달의 이해

CHAPTER 1

인간 발달과 성 발달

인간 발달은 출생에서 사망에 이르기까지 신체적, 인지적, 정서적, 사회적 측면 등 전인적으로 전 생애에 걸쳐 연속적으로 일어나는 변화와 과정을 이른다. 인간 발달의 과정은 학자에 따라 다르나 대체적으로 태아기, 영유아기, 학령전기, 학령기(아동기), 청소년기, 청년기, 장년기, 노년기로 나눌 수 있다.

인간 발달을 바라보는 관점으로는 인간의 선천적 능력에 의한 요소들을 발달의 주요 원인으로 보는 생물학적 관점과 개인의 인식, 감정, 행동 상태 등의 관계를 발달의 주요 원인으로 보는 심리학적 관점, 환경과 인간 간의 상호작용에 주목하는 관점, 그리고 개인의 습관을 발달의 주요 원인으로 보는 관점 등이 있다.

이 장에서는 먼저 일반적인 인간 발달의 과정을 살펴보고, 특히 성장에 따른 성적 발달과 프로이트Sigmund Freud가 주장하는 심리 성적 발달 그리고 그 밖의 이론과 관련된 성 발달에 대해 살펴보고자 한다.

1. 인간 발달의 과정

1) 태아기

인간의 성장과 발달은 정자와 난자가 수정되는 순간부터 한 개체로서 생명을 지니며, 세상에 태어나기 전 유전은 개인의 발달과 개인차에 큰 영향을 미친다. 또한 모체 내외의 여러 환경은 태내의 건강뿐만 아니라 출생 후 성장과 발달에도 많은 영향을 미친다.

일반적으로 수정에서 출산에 이르는 태내기는 배란기, 배아기, 태아기로 나눈다.

임신 초기(1~3개월)는 가장 중요한 시기로 급속한 세포분열이 일어나는 시기이다. 이 시기에는 심장, 소화기관, 두뇌, 신경계, 눈, 코, 입, 팔, 다리 및 손·발 등의 형태가 생긴다. 이때 임산부의 영양 상태, 약물 복용, 알코올, 흡연, 질병 등은 태아에게 영향을 미친다. 그밖에 원치 않은 임신의 경우, 부정적 심리 반응이 정서적·심리적으로 산모뿐만 아니라 태아에게도 좋지 않은 영향을 미치기도 한다.

임신 중기(4~6개월)에는 손가락, 발가락, 피부, 지문, 머리털 등이 생기고 심장 박동이 규칙적이며 정해진 시간에 자고 일어나기 시작한다.

임신 말기(7~10개월)에는 이미 기본적인 조직이 모두 형성되어 있기 때문에 출산 후 자궁 밖에서의 생존을 위해 준비를 한다고 할 수 있다. 이때는 이미 형성된 신경계통이 성숙하고 근육에는 피하지방이 형성되어 인간으로서의 모습을 완성해 가는 것이다.

2) 영아기

영아기는 인간의 삶에서 가장 극적인 변화가 일어나는 시기로 대개 0~1세를 의미하며, 영아기에는 개인마다 단계별 발달수준과 특성, 발달과업이 각각 다르므로 이를 자세히 살펴볼 필요가 있다.

(1) 신체 발달

태어나면서 영아는 미각, 후각, 청각, 시각, 촉각 등이 발달해 있으며, 감각 발달 중 시각이 가장 느리게 발달한다.

미각은 단맛, 신맛, 짠맛을 구분할 줄 하는데, 특히 단맛을 선호하며, 후각은 출생 시에 발달하여 엄마와 다른 여성의 젖 냄새를 구분할 줄 안다.

청각은 생후 20일 무렵부터 어머니의 목소리와 낯선 사람의 목소리를 구분하여 친근한 목소리에 관심을 기울인다.

시각은 차츰 성인과 같이 물체에 초점을 맞출 수 있게 되어 대상의 어느 한 지점을 응시하던 것에서 물체의 윤곽을 알아본다. 그리고 촉각은 신체적 접촉 등과 같은 자극이 중요하며, 고통에도 민감하다.

한편 운동 발달은 생후 3개월 정도면 고개를 가눌 수 있으나, 6개월이 되면 몸을 뒤집고 잡아주면 앉을 수도 있다. 점차 신체 이동능력이 증가하여 그에 따른 낙상, 추락 등의 안전사고의 위험도 점차 커진다. 특히 고개를 잘 가누지 못할 때는 '질식'이나 '영아돌연사증후군'이 발생할 위험이 크므로 주의해야 한다.

출생 후 신생아는 섬세한 소근육의 조절은 어려우나 점차 팔과 손, 손가락을 움직이는데 자유로워지고 정교해진다.

생후 1년을 전후하여 영아의 눈과 손, 눈과 발 등 감각기관과 운동능력 간의 협응능력이 발달한다.

(2) 인지 및 언어 발달

영아기의 인지 발달은 눈과 귀, 손, 발, 입의 오감을 통해 환경을 적극적으로 탐색하기 시작하며 차차 주변 세계의 정보를 받아들여 해석하고 이해할 수 있게 된다.

생후 6~8개월이 되면 의도적으로 어떤 행동을 시도하거나 흥미 있는 결과를 기대하며 반복행동을 즐긴다. 예를 들면, 처음에는 우연히 장난감을 떨어뜨렸지만 이후에는 장난감을 반복하여 떨어뜨려 떨어질 때 나는 소리 등을 즐기는 행동을 하게 된다. 또한 물체와 사람이 나타나고 사라지는 것에도 흥미를 보인다. 그밖에도 열고 닫기, 밀고 당기기 등 간단한 장치를 작동하는 것을 좋아하고 그 결과를 관찰한다.

생후 12개월이 되면 간단한 문제를 해결하는 능력을 나타내며, 다른 사람의 말을 이해하고 지시대로 행동하기도 한다. 이는 영아의 인지가 정상적으로 발달하고 있음을 의미한다.

언어 발달을 살펴보면, 울음으로 시작된 신생아의 의사표현은 차츰 옹알이와 같은 좀 더 적극적인 시도로 변한다. 이러한 의사표현의 시도는 이후 언어 발달의 근거가 되므로 매우 중요하다. 옹알이를 하면서 소리에 대한 변화를 배우는데, 이는 말소리와 의미 연결은 잘하지 못하지만 점차 자신이 의도한 대로 언어를 사용할 수 있기 때문이다.

생후 4개월 정도가 되면 옹알이가 시작되는데, 이는 언어 발달의 전조라고 할 수 있다. 또한 옹알이에 대한 주양육자와의 적절한 반응은 언어 발달뿐만 아니라 애착을 형성하도록 도와줄 수 있다.

돌 무렵이 되면 한 단어에서 네 단어 정도를 말할 수 있고 한 단어로 자신의 의사를 표현하는 정도이지만, 많은 언어적 시도와 연습을 통하여 언어를 사용하기 시작한다. 타인의 얼굴 표정, 음성, 몸짓을 통해 타인의 말을 이해하는 것이 먼저 발달하며 점차 그 말의 뜻을 짐작하는 능력도 생긴다.

(3) 정서 · 사회성 발달

기본이 되는 정서의 발현은 영아기에 거의 완성된다. 정서 표현에 있어 출생 시에는 막연한 홍분이 나타나는 미분화된 상태에 있지만, 3주가 지나 점차 분화되고 발달하면서 불쾌 정서가 더 빨리 분화된다. 영아는 태어났을 때 막연하게 웃고 배고프거나 불편하면 우는 등 주로 반사적 정서 반응을 하지만, 12개월 정도가 되면 희로애락의 감정이 완성되며 행복, 기쁨, 홍분, 불안, 두려움 등의 감정을 표현한다.

영아기의 대표적 사회성 발달은 '애착'이다. 이는 영아와 주양육자 간에 형성되는 친밀한 정서적 유대감으로 타인에 대한 기본적 신뢰감을 형성하는 기초가 된다.

애착의 전조는 5~6개월 정도가 되면 점차 배냇 웃음이라고 부르는 반사적인 미소가 사라지고 자신을 돌봐주는 사람을 향한 선택적이고 사회적인 미소가 나타난다. 이는 주양육자와의 애착이 형성되어 주양육자와 분리될 때 격리 불안과 낯선 사람에 대한 낯가림이 나타난다. 일정한 양육자가 일관되게 영아의 신체 보호와 생리적 욕구 등을 충족시켜 주면, 영아는 자신을 스스로 가치 있는 사람으로 인식하고 주변 환경에 대한 신뢰감을 가지게 된다. 영아기에 형성된 애착은 이후 인지, 정서, 사회성 발달에도 중요한 영향을 미친다.

일반적으로 양육자와 안정적인 애착을 형성한 영아는 유아기, 아동기에 자신감, 호기심, 사회적 관계에서 긍정적 성향을 나타내고, 문제 행동을 거의 보이지 않는다고 한다.

3) 유아기

(1) 신체 발달

생후 1년이 지나면서 유아의 신체 발달속도는 감소한다. 신장은 1년 동안 총 10cm 정도 자라며, 신체적으로 몸이나 머리보다 다리의 길이가 더 길어진다. 이 시기는 초보적 이동능력이 발달하는 시기인데 안정감, 이동능력, 조작능력과 같은 세 가지 능력이 상호작용하여 발달한다.

생후 15개월 정도의 유아는 컵 사용은 잘 하지만 숟가락의 사용은 미숙하며, 18개월 정도가 되면 음식을 흘리기는 하지만 혼자 먹을 수 있다. 15개월 정도의 유아는 손가락 모두를 함께 사용하여 물건을 쥘 수 있는 능력이 생겨 한 손에 2개의 나무토막을 쥘 수 있으며, 2개 정도의 나무토막 쌓기가 가능하다. 18개월 정도의 유아는 3~4개의 나무토막을 쌓을 수 있고, 나무토막을 일렬로 세워두고 기차를 미는 것과 같은 행동을 한다. 또한 크레용을 주면 자발적으로 낙서를 한다.

유아들은 앉고 서기 위하여 목, 허리, 머리 등을 잘 조절하게 되며 18개월이 지나면 자세가 좀 더 안전성을 갖게 되어 서고, 앉고, 넘어지지 않고 똑바로 서 있을 수 있다.

생후 21개월에는 포크와 숟가락을 사용할 수 있고, 자신의 옷에 있는 지퍼를 내릴 수 있으며, 칫솔을 사용해 양치질을 할 수 있다.

생후 24개월 정도가 되면 걷거나 뛰면서 빨리 움직이고 두 발로 제자리에서 뛸 수 있고 유아용 자전거를 발로 밀면서 탈 수도 있다. 또한 자전거를 타고 잘 달릴 수도 있고 달리다가 멈출 수도 있으며, 걷기 시작하면서 한 장소에서 다른 장소로 이동하는 능력이 발달한다. 이에 따라 양육자의 시야에서 쉽게 사라져 사고가 발생하기 쉽다.

만 2세가 되면 키는 85cm 정도가 되어 성인 키의 절반가량이 되고, 체중은 출생 시 4배가 되며, 전체 신체 크기에 차지하는 머리의 비율도 점차 줄어든다. 이 시기의 유아는 조작 능력과 손과 눈의 협응이 발달하고, 자조능력도 발달한다. 그러나 스스로 옷을 벗을 수는 있으나, 입을 때는 약간의 도움이 필요하다.

그리고 대근육운동 기능이 좀 더 정교하고 평행선 따라 걷기, 반듯한 선 따라 걷기를 할 수 있으며, 낮은 평균대 위에서 불안정하지만 발을 바꾸어 걸을 수 있다. 평행·커브길 뛰기, 한 발로 뛰기를 할 수 있으며, 걷기보다 뛰기를 선호한다. 그밖에도 다양한 자조능력이 발달하게 된다.

3세가 되면 세발자전거를 탈 수 있으며, 달리기를 할 때 자신의 신체를 잘 통제할 수 있어 출발과 멈출 때 다른 사람이나 사물과 부딪히지 않는다. 그러나 놀이에 열중하면 배설 욕구를 적절히 조절하지 못해 실수를 하는 경우가 있으며, 옷 입고 벗기 등 기본생활을 위한 신체적 기술은 여전히 부족하다.

(2) 인지 및 언어 발달

유아의 인지는 생후 12개월이 지나면서 급격히 발달한다. 결과를 위해서 의도적으로 행동 변화를 보이며 호기심을 나타낸다. 문제를 해결하는 데 있어 새로운 행동을 시도하고, 호기심을 가지고 끊임없이 시행착오를 거듭하며 탐색을 한다. 이 시기 유아는 신체적 이동능력과 조작능력이 발달하고 인지적 호기심까지 증가하면서 다양한 탐색을 즐기는데 이러한 발달적 특성 때문에 여러 가지 생활안전사고가 일어나므로 주의해야 한다.

유아는 자신의 신체를 자유롭게 조절하고, 인과관계의 개념까지 이해하게 된다. 움직이거나 움직일 수 있는 기계와 물체에 관심을 보이고 움직이는 장난감을 좋아한다. 초기에는 자신이 보지 못한 움직임을 상상할 수 없기 때문에 숨기는 것을 보지 못하면 대상을 찾지 않다가 유아 말기에는 대상영속성 개념이 완전하게 발달하여 안 보는 동안 숨긴 물체도 찾을 수 있게 된다. 물체와 다른 물체를 결합시키는 것을 좋아해서 블록으로 간단한 구성물을 만들고, 장난감 쌓기 및 간단한 퍼즐을 한다.

만 2세가 되면 감각운동기를 지나 전조작적 사고 단계가 된다. 이는 어떤 사건이나 행동을 상징화하는 능력이 있어 눈 앞에 없는 것을 상상할 수 있는 상징적 사고능력이 발달하며, 사물 간의 관계에 대한 기초적인 지식도 형성된다. 상징적 사고능력이 발달함에 따라 놀이방식에 있어서 변화가 일어나는데 주제가 있는 가상놀이가 가능해진다.

또한 없는 물건이나 상상한 내용을 나타내기 위하여 신호와 상징을 사용하기 시작한다. 모방능력이 더욱 발달하여 단순한 모방에서 벗어나 자신이 이해하는 방식으로 재창조하여 독특한 놀이활동도 가능하게 된다. 유아는 새로운 경험을 조직하고 해석하는 능력이 점점 향상되고 상상놀이가 점차 정교해진다.

2세 말에는 뇌 크기가 성인의 80%에 도달하는데, 만 2세를 전후하여 시냅스와 뇌세포가 연결되는 과정이 가장 빠르게 일어나면서 인지능력 발달에 질적인 변화가 이루어진다.

언어 발달을 살펴보면 12개월 된 유아는 단순한 말은 이해하며 발성은 억양에서 거의 성인과 유사해진다. 유아 초기에 첫 단어를 말하기 시작한 이후 어휘는 계속적으로 증가하고 한 단어를 사용하여 자신의 의사나 요구를 표현한다. 유아는 자신이 표현할 수 있는 언어보다는 이해할 수 있는 언어가 훨씬 많다. 즉, 말로 표현하지는 못하지만 그 의미를 이해하고 있는 단어가 많다. 이러한 언어 이해능력의 발달은 인지 발달이 순조롭게 이루어지고 있음을 의미한다.

18개월 정도에는 어휘가 폭발적으로 증가하고, 두 단어를 결합하여 자신의 의사나 감정, 요구사항 등을 더욱 정교하게 전달할 수 있게 된다. 차차 2~3개의 단어를 조합하여 사용할 수 있게 되면서 언어 표현이 한층 풍부해진다. 이 시기의 책읽기는 유아에게 흥미로운 경험을 제공하며, 그림책을 보고 듣기와 동요를 좋아한다.

만 2세 무렵의 중요한 발달 중 하나는 언어적 의사소통 능력의 발달이다. 만 2세가 되면 대략 200단어 정도를 사용하여 말을 할 수 있다. 의사소통 능력이 증가하여 다른 사람의 이야기를 들을 수 있고 다른 사람의 대화에 흥미가 증가한다. 질문을 하면 대답하고 자신의 감정, 요구, 생각 등을 표현하기 위해 말을 사용하게 된다. 단어 수가 점점 더 확대(약 1,000개 정도)되며, 사용하는 단어보다 더 많은 말을 알고 있다. 단어 순서를 배우게 되며 점차 완전한 문장을 말하고 연속된 문장으로 생각을 표현하기도 한다. 역할극놀이를 통해 사회적 맥락에 적절한 언어를 연습하기도 하고, 읽기에도 흥미를 나타내어 좋아하는 책에 대한 선호가 생긴다.

만 3세가 되면 성인과 유사한 언어를 사용하고, 언어 발달이 가속화된다. 언어를 사용하여 의사소통하고자 하는 의도가 증가함에 따라 언어적 공격을 하거나 언어를 사용하여 어른들의 칭찬이나 주의를 끌고자 한다. 개인에 따라 언어 발달의 수준차가 많이 나타나는 시기이다.

(3) 정서·사회성 발달

유아의 정서 표현은 자신에 대하여 긍정적 감정과 부정적 감정이 나타난다. 성취감을 통해 긍정적 자존감을 발달시키는 동시에 '싫어'라는 부정적인 태도를 자주 표현한다.

분노, 부끄러움, 공포까지도 완성되지만 아직은 그 표현방법이 세분화되지 못하여 대개 화를 내거나 짜증을 부리거나 우는 것으로 표현하는 경우가 많다.

환상에 대한 느낌이 점점 많아져 때때로 놀라기도 하며, 자신들의 공포에 대하여 표현하지 못하고 불안해한다. 거친 행동으로 자신의 정서를 표현하면서 1~2세는 떼쓰기와 18개월경에는 질투를 나타낸다.

애정은 18~24개월경에 나타나며, 성인에게 애정을 표시하고 자신을 귀여워해 주기를 원하며, 인형, 장난감, 곰 같은 것들을 안고 귀여워하기 시작한다. 부드러운 놀잇감과 인형을 더 좋아하고 특정한 장난감에 대한 선호나 집착을 나타내기도 한다.

2세 말경이 되면 기쁨, 애정, 웃음, 공포, 분노, 질투, 울음 등 성인에게서 볼 수 있는 거의 모든 정서로 자신의 감정을 표현한다. 가끔씩 반항심을 갖고 좌절하거나 성질을 부린다. 이러한 부정적 행동은 유아의 주장이나 독립성을 나타낸다. 자아에 대한 감정이 계속해서 발달하면서 점점 독립적이 된다. 자기 세계를 다른 사람이 침해했다고 느꼈을 때 공격성을 나타낼 수 있다.

이 시기에는 행복, 분노, 공포, 슬픔, 기쁨과 같이 얼굴 표정만 보고서도 정서 상태를 쉽게 알 수 있는 일차 정서를 기초로 수치, 부러움, 죄책감, 자부심과 같은 이차 정서, 복합정서가 발달하게 된다.

이차 정서는 자신에 대한 인식뿐만 아니라 자신의 행동에 대한 평가하는 능력까지 필요로 하기 때문에 보다 복잡한 능력을 요구한다. 해서는 안 되는 행동을 했을 때는 수치감이나 죄책감을 느끼고, 어려운 일이나 기대되는 행동을 했을 때는 자부심을 느낄 수 있다. 이 시기의 유아는 자신의 감정 표현 외에도 다른 사람의 정서 표현에도 좀 더 민감해지고, 다른 사람의 정서 상태에 맞게 자신의 행동이나 정서 표현을 조절하려고 한다.

만 3세가 되면 자신의 감정을 솔직하게 표현하고 부정과 반항의 표현이 많으며, 때로는 화를 내고 떼를 쓰게 되는데 특히 장난감을 잘 다룰 수 없을 때 나타난다. 성인과 또래의 칭찬과 인정에 관심이 많으며 또래에 대한 질투의 감정이 생긴다.

유아기의 자아개념은 스스로를 독립된 개체로 인식하며, 자아개념이 생기기 시작한다. 성인에게 자신의 일을 스스로 하고자 하는 강한 의지를 표현하며 '나', '내 것' 등의 언어를 많이 사용한다. 그러나 아직은 완전히 발달하지 못한 신체·인지적 특성 때문에 스스로 하려는 시도 시 실패하는 경우가 많다. 이때 주변에서의 정서적 지지와 믿음을 통하여 유아는 차츰 성공을 경험하게 되며, 자율성을 발달시킬 수 있게 된다. 본인의 의지를 표현하고자 하는 시도로 주변의 모든 것을 반대하기도 한다. '아니오', '내가 내가 할래' 등의 말을 자주 사용하는 것이 이런 이유 때문이라고 할 수 있다.

유아의 사회성 발달은 가장 애착을 갖는 사람들과 먼저 안전을 근거로 하여 그들의 환경을 탐색한다.

초기에는 대개 혼자 놀이를 하고 아직 또래보다는 성인에게 더 의존하나 18개월경에는 술래잡기와 같은 상호작용을 하는 게임을 즐기며, 또래에 대한 관심도 증가하면서 다른 사람과의 관계를 확장시킨다.

다른 유아들과 함께 놀이를 하지만 상호작용은 그리 많지 않고 장난감이나 물건을 다른 사람과 나누려고 하지 않는다. 또한 성인의 행동 모방, 특히 돌보는 사람과 집안에서 일어나는 일을 모방하여 인형에게 음식을 먹이거나 옷 입히는 시늉 등을 한다. 이 시기는 에릭슨의 심리사회적 발달 이론에 따르면 자율성을 획득하는 시기이다.

자율성을 추구하는 시기이나 여전히 다른 사람 특히 양육자에게 의존할 수밖에 없는 시기이기 때문에 건강과 안전이 보장된 상황에서 유아 스스로 할 수 있는 일은 혼자 할 수 있도록 격려해 주는 것이 무엇보다 중요하다.

유아가 잠자기, 먹기, 옷 입기, 대소변 가리기 등의 일상 생활과 관련한 과업에서 스스로 할 수 있도록 격려하고, 이러한 경험을 통해 유아는 자율감을 느낀다.

그러나 양육자의 과잉보호로 유아 자신이 스스로 해볼 기회를 가지지 못할 경우 자율감을 갖지 못하거나 자신의 능력에 회의를 느껴 수치심을 가지게 될 수도 있다. 점차 자율성의 발달과 자아통제력이 증가함에 따라 고집이 약화되고 충동이 감소되며 자연적으로 만족이 가능해진다.

유아기는 도덕적 행동에 대한 초보적 개념이 형성되는 시기로 양심이 발달한다. 그 결과, 남을 도우려는 행동이 나타나기도 하고, 남과 나누어 가지거나 순서 지키기 등을 할 수 있으며, 이 시기의 유아는 다른 사람과의 접촉에 대한 욕구가 증가한다.

또래와의 놀이활동이 활발해져서 병행놀이, 협동놀이가 나타나며 간단한 소꿉놀이가 이루어진다. 항상 누군가와 함께 있거나 놀고 싶어 하고, 누군가가 자기의 이야기를 들어주기를 원한다. 그리고 다른 사람의 관심을 얻으려고 하며, 특히 양육자의 관심을 요구한다. 이때 유아는 어른들을 기쁘게 하기 위해 활동하고 이를 확인하려고 하며, 다른 사람의 감정을 인식하고 위로를 표현하기도 한다.

만 3세가 되면 혼자놀이에 익숙하지만 1~2명의 친한 또래와 병행놀이가 나타나면 신체적 싸움으로 또래와 관계를 해결하는 경향이 있으나, 차례 지키기 등과 같은 집단 간의 규칙이나 놀이의 규칙을 이해하기 시작한다.

4) 학령 전기

4세 아동은 유아기적 특성에서 벗어나 아동기적 특성이 전체 발달 영역에서 나타나게 된다. 운동기술이 좀 더 정교해지고 또래와의 상호작용도 활발해지며 호기심을 가지고 탐색한다. 특히 또래관계가 확장되어 단순한 놀이친구에서 벗어나 선호하는 친구와의 관계 형성 및 유지가 중요해진다.

5세 아동은 자신의 신체에 대한 통제능력이 점차 발달하여 운동능력과 자조능력이 더욱 향상된다. 복잡한 대인관계에 대한 이해가 증가하며 친사회적 행동을 하려고 한다. 또한 새로운 지식을 제공하여 제 기능을 발달시킴과 함께 언어적 지시나 본보기를 통해 학습 능력을 기르고 지각, 기억, 사고 능력 등이 발달한다.

(1) 신체 발달

4세 아동은 신체적 기술이 발달하면서 대근육 활동이 더욱 활발해지고 소근육 활동도 점차 정교해진다. 협응이 요구되는 기술의 경우 시간은 오래 걸리지만 성인의 도움 없이도 할 수 있다.

5세 아동은 대근육의 발달로 뛰기, 달리기, 균형 유지하기 등이 가능해지면 두 발로 자전거를 탈 수 있게 된다. 소근육의 조절이 더욱 자유롭게 되어 발달된 근육운동 기술에 세련됨과 협응력이 증가된다. 이 시기에는 작은 크기의 퍼즐 조각을 다룰 수 있으며, 주사위 던지기, 게임판 사용 등을 할 수 있게 된다. 소근육운동 기술의 발달은 조작적 게임을 할 수 있도록 하며, 쓰기를 시작할 수 있도록 한다. 또한 자조기술이 향상되므로 5세가 지나도록 배변과 자조능력에 문제가 있으면 신체 발달에 문제가 있다고 할 수 있다.

(2) 인지 및 언어 발달

인지 발달에 있어 4세 아동은 인과관계의 유추가 가능하며 간단한 사건의 이유를 설명할 수 있다. 성공과 성취에 대한 긍정적인 감정을 느끼게 되고 새로운 경험을 할 준비가 되어 있다. 상상과 가상을 구별하여 현실을 인식하고 사물의 속성과 유사성 및 차이점에 따라 분류하고 범주화하는 능력이 형성되기 시작한다.

4세 아동은 호기심이 많아서 특별한 대답을 기대하지 않으면서도 많은 질문을 한다. 5세 아동은 정보에 관심이 많으며 사물작용 원리나 사용방법, 문제해결에 관심이 많다. 사물의 속성과 기능의 유사성과 차이점에 의하여 분류하고 범주화하는 능력이 발달한다.

언어 발달은 4세 아동의 경우 3~7개의 단어를 사용하여 완전한 문장으로 말할 수 있으며, 어휘수는 1,600개 정도가 된다. 과장이나 유머를 좋아하고 이야기를 듣거나 다른 사람과 이야기하기, 노래 부르기를 좋아한다.

5세 아동은 완전한 문장으로 말할 수 있으며 다른 사람과 적절히 의사소통을 할 수 있다. 사용하는 문장의 형태와 그들의 문장 이해력은 성인의 언어 형태와 유사하다. 동시에 글자의 이름, 소리, 단어의 변별이 가능하며, 말하기에 사용되는 어휘 수에 있어서도 거의 의사소통에 불편이 없고, 쓰기와 읽기의 기본기술이 습득된다.

(3) 정서 · 사회성 발달

정서 발달에서 4세 아동은 자신의 감정을 통제할 수 있으며 어른을 의식하면서 행동한다. 또한 자신감이 증가하지만 인내심이 부족하여 어른의 통제를 확인하려는 경향이 있다. 이 시기의 유아는 어둠, 천둥, 개 등에 대해 종종 이유 없는 공포를 나타내기도 한다. 유아의 이러한 공포에 대해서는 사실적이고 이성적인 설명이 도움이 되지 못하며, 유아가 도움이 필요할 때 성인이 옆에서 도와줄 수 있다는 안도감을 가질 수 있도록 하는 것이 효과적이다.

5세 아동은 스스로 감정을 표현하면서 자신감이 증가된다. 상상력이 완전히 발달하여 상상적인 공포감이 나타나며 분화된 정서의 형태에 의한 정확한 감정을 표현할 수 있다. 정서를 행동으로 나타내지 않고 말이나 기호로 표현할 수 있으며, 상황에 맞게 부정적 정서를 피할 줄 알게 되고 감출 수도 있다.

사회성 발달에서 4세 아동은 친구에 대한 관심이 커지고 특히 동성에게 관심이 많아진다. 혼자놀이를 즐기지만 다른 또래와 함께 놀이하는 것도 즐기게 되고(예: 역할놀이 형태), 이를 통해 타인을 이해하는 능력이 발달하기 시작한다. 이러한 능력이 발달함에 따라 상대방을 배려하고 도와줄 수 있다. 또한 남녀의 성 역할에 대한 인식이 나타나기 시작하고 사회적 인간관계에 관심이 많아진다.

5세 아동은 다른 아동과 상호작용하는 기술이 발달하고 협동하기, 돕기, 협상하기 등의 사회적 기술과 규칙을 배울 수 있으며, 상대방의 생각과 견해를 인식하고 도와줄 수도 있다. 타인에게 관심이 많으며 공정하고, 평등하며 정의로운 행동에도 관심이 많아진다. 또래의 수용에 민감하며 또래의 규제력이 아동 행동에 영향을 준다.

5) 학령기(아동기)

(1) 신체 발달

학령기가 되면 팔과 다리가 길어지고 근육의 증가로 인하여 전체적으로 가늘고 길어지는 외형으로 변화한다. 신체 전체로 보았을 때 몸통보다는 팔과 다리의 발달이 비교적 빠르게 이루어진다.

키는 1년에 5.5cm 증가하며 학령기가 끝날 무렵이 되면 평균 147cm 정도가 되며 몸무게는 1년에 2.7kg씩 증가하여 학령기가 끝날 무렵에는 40kg 정도가 된다.

학령기 신체 발달에서는 성 차이를 보이는데 남아와 비교해 보면 여아의 사춘기 시작은 약 2년 정도 더 빨리 나타난다. 특히 초등학교 고학년이 되면 여아가 남아보다 평균 신장과 몸무게가 빠르게 증가하나 이후 남아가 성장 급등기를 거치면서 역전된다. 학령기 말에는 호르몬의 변화로 인하여 성적으로 성숙이 이루어지는 사춘기가 시작된다.

최근 영양 섭취의 개선 등으로 과거에 비해 사춘기가 빨라지고 있다. 사춘기의 시작은 여아의 경우 9~16세이고, 남아의 경우 10~18세이다. 사춘기가 되면 성호르몬 분비에 의하여 신체에 2차 성징이 나타난다. 키와 몸무게의 변화와 같은 신체 성장은 연령에 따라 나타나지만, 동일한 연령에서도 유전과 환경 요인에 따라 학령기 아동별로 개인차가 크다.

운동 기능의 발달로는 학령기가 시작되는 무렵에는 대근육이 더욱 정교하게 발달하면서 균형감, 힘, 민첩성 등이 증진된다. 다양한 신체활동과 자전거, 수영, 줄넘기와 같은 활동을 잘할 수 있게 된다. 특히 남아의 경우에는 축구, 농구와 같은 운동에 적극 참여하게 된다. 또한 소근육의 발달로 손가락과 손을 사용하여 할 수 있는 미세한 활동들이 가능해지며, 특히 악기를 원활하게 다룰 수 있게 된다.

일상생활에서 스스로 처리할 수 있는 능력이 발달하게 되면 신발 끈매기, 옷 입고 벗기, 수저 사용하기가 점차로 익숙해진다. 필기도구를 사용하여 글씨 쓰기와 같은 정교한 손놀림을 사용하는 활동도 가능해진다. 학령기 초기에는 손목이나 손가락으로 쓰는 것이 아니라 팔 전체로 글씨를 쓰기 때문에 글자의 크기가 크다. 그밖에도 그림 그리기의 기술도 향상되며, 사물들을 매우 자세하게 묘사할 수 있다.

8세 이전의 아동들은 주사위와 같은 3차원 모양을 정확하게 묘사하는 데 어려움이 있으나, 9~11세 무렵이 되면 3차원 물체에 대한 묘사가 가능해진다.

(2) 인지 및 언어 발달

인지 발달에 있어서 학령기는 피아제의 인지 발달 단계 중 세 번째 단계인 구제적 조작기에 해당된다. 구체적 조작기에 습득하게 되는 인지적 특성으로 학령기 아동들은 가역성, 보상성, 동일성 등과 같은 추론이 가능하므로 액체 양, 길이, 무게, 부피에 대한 보존개념을 획득하게 된다. 그밖에도 주변의 사물을 크기, 모양, 색깔 등을 기준으로 논리적으로 분류할 수 있는 분류능력이 가능해진다.

7~8세경이 되면 두 가지 이상의 기준을 적용하여 상위유목과 하위유목 간의 관계를 이해하고 사물을 분류하는 다중 분류화가 가능해진다. 또한 주변의 사물들을 길이나 크기의 순서에 따라 배열할 수 있는 서열화능력을 습득한다. 그리고 한 가지 측면만을 기준으로 사고하는 중심화 경향에서 벗어나 여러 측면을 고려할 수 있는 탈중심화가 가능해진다. 이러한 탈중심화능력은 아동기에 또래들과 맺게 되는 사회적 관계에 영향을 미치며, 자신의 입장에서 벗어나 타인의 생각과 감정을 이해하게 된다.

언어 발달은 어휘력이 급속하게 증가하고, 정확한 의미로 단어를 사용할 수 있게 된다. 또한 단어의 이중적 의미를 이해하게 된다.

(3) 정서·사회성 발달

정서 발달을 살펴보면, 먼저 정서 표현 규칙을 이해하고 사용하게 된다. 즉, 사회에서 어떤 정서를 표현하거나 또는 표현하지 말아야 하는 상황에 대한 규칙이 있으며, 아동들은 언제, 어디서, 그리고 어떤 방법으로 정서를 표현하는 것이 적합한지에 대한 규칙을 습득하고 사용하게 된다. 또한 자신의 정서를 조절하는 능력이 발달하며, 10세경이 되면 아동들은 정서를 관리하는 적응적인 기법을 획득하게 된다. 인지 발달과 다양한 사회적 경험으로 정서 자기조절능력이 발달하면서 아동은 자신의 정서 경험을 통제할 수 있다는 느낌인 정서적 자기효능감을 획득하게 된다. 이러한 자기효능감은 긍정적인 자아개념과 낙관적 사고에 영향을 줄 수 있다.

또래 집단에 대한 소속감의 욕구가 증가하고, 따라서 아동은 또래 집단의 승인을 받기 위해서 부정적 정서를 조절하는 방법을 배우게 된다. 또한 한 가지 상황에 대해서 두 가지 다른 정서인 긍정적이고 동시에 부정적인 한 가지 이상의 정서를 경험할 수 있음을 이해한다. 특히, 정서 발달은 가정에서 이루어지는 정서와 관련된 경험이 중요하다. 가족 구성원과의 정서와 관련된 다양한 대화를 나누어 보는 일상적인 경험을 통하여 아동은 자신과 타인이 느끼는 정서를 이해하고 상황에 맞게 조절할 수 있는 능력을 발달시킬 수 있다.

사회성 발달에 있어서는 나는 어떤 사람인지에 대한 자기 이해를 발달시키는 자아개념과 자아존중감이 생긴다. 특히 부모의 양육 태도가 중요한데, 자아존중감은 본인에 대한 주변 사람들의 평가를 반영하며 부모의 말과 행동이 직접적으로 영향을 준다.

지나치게 관대하고 인내심이 많은 부모는 학령기 아동이 현실적이지 않은 높은 자아존중감을 갖도록 하며, 자신의 자아상이 손상되면 공격적으로 행동하는 성향을 보일 수도 있다. 높은 자아존중감을 형성하는 데 도움을 주는 부모의 양육 태도로는 따뜻하고 수용적인 태도, 아이의 성숙한 행동에 대한 합리적 기대, 긍정적인 문제 해결력, 아이 스스로 많은 일을 결정하도록 허용하고 적당한 도움을 제공하는 것이 가장 좋다. 그밖에도 또래와 교사의 영향도 크다고 할 수 있다.

6) 청소년기

청소년기를 정의하는 기준은 법령에 따라 다르다. 「청소년기본법」에서는 9~24세, 「청소년보호법」에서는 만 19세 미만의 자, 「소년법」에서는 20미만의 자로 보고 있으며, 「아동복지법」에서는 아동을 18세 미만의 자로 보고 있다. 이 책에서는 청소년기를 아동기에서 성인기로 전환하는 과도기에 머무는 만 12~18세 혹은 19세까지로 보고자 한다. 부모로부터의 독립을 추구하는 과정에서 부모의 권위에 도전하고 잦은 갈등을 일으키기도 하므로, 이 시기를 제2의 반항기라고도 한다.

(1) 신체 발달

개인차가 있으나 대체로 급속한 신체적의 외형적 성장과 호르몬의 변화와 함께 생식능력이 생긴다. 사춘기 남학생의 경우 신장의 성장과 근골격계의 증가가 나타나고 음모, 액모 및 턱수염이 나타나며, 음경과 고환이 커지고 부고환과 전립선이 발달하게 된다. 사춘기 여학생의 경우에는 피하지방이 증가하고 골반이 커지며, 유방 발달, 음모가 나타나며 초경을 하게 된다. 초경 2~3년 전에 키와 몸무게가 부쩍 증가하며 여성다운 체형과 유방의 발달 및 월경의 시작 등 성과 관련된 특징이 나타나며 이를 2차 성징이라고 한다.

(2) 인지 발달

피아제에 의하면, 청소년기의 인지 발달은 형식적 조작기에 해당되며 추상적 사고, 가설-연역적 추론, 조합적 사고, 모든 변수와의 관련성 파악, 가설 설정과 미래 사건에 대해 예측이 가능하다. 그밖에 인과관계 및 추상적인 사고가 가능하며, 자기사고의 적절 여부, 가설 설정 및 개념적 조합을 고려할 수 있다. 이처럼 새롭게 습득하는 개념적 기술과 자기중심성을 가지게 된다. 특히 청소년기의 급격한 신체적·정서적 변화로 자신의 외모와 행동에 몰두해 다른 사람도 자신에게 관심이 있다고 생각하고, 자신과 타인의 관심사를 구분하지 못하는 경우가 바로 청소년기의 자기중심성이다. 청소년기의 자기중심성 사고를 반영하는 것으로 상상적 관중과 개인적 우화가 있다.

(3) 정서 · 사회성 발달

청소년기의 정서는 대체로 매우 강하고 변화가 심하며, 극단적인 정서를 경험한다. 이러한 특성을 '질풍노도의 시기'라고 부르기도 한다. 또한 행동에 있어서도 무책임하거나 흥분을 잘하고 공격적인 성향이 있으나, 점차 청소년 후기로 갈수록 완화되기 시작한다. 이때 주요 발달과제로는 자신의 격한 감정을 받아들이고 이러한 감정 상태에 대해 지나치게 과민한 반응을 하지 않는 것과 자신의 감정에 좀 더 관대해지는 것이라고 할 수 있다.

그밖에도 부모로부터 지지와 승인받기를 원하면서도 동시에 부모의 통제를 받지 않으려는 경향과 친구 또는 자기 자신에게 의존하려는 것을 '심리적 이유기'라 할 수 있다. 그리고 동년배들과는 강한 유대를 가지며 이성관계는 일대일이 아닌 집단을 선호하고 자아정체감에 혼란이 오기도 한다. 즉, 이 시기를 '심리사회적 유예기간'이라고도 한다.

7) 청년기

청년기는 고교 졸업 무렵부터 직업을 가지고 결혼하여 부모로부터 완전한 독립을 성취하는 시기까지로 본다. 신체적·지적 측면에서 가장 정점에 있으며, 사회적 측면에서는 사랑하고 보살피는 능력이 심화되고, 동년배들과 성숙한 관계를 맺고 사회적 역할을 성취하며 부모와 다른 성인으로부터 정서 및 경제적 독립을 갖추고 직업을 준비하는 등 다양한 역할 탐색과 선택을 하는 시기이다.

(1) 신체 발달

신체적으로는 균형 잡힌 모습을 갖추고 전 생애에 있어 활기와 힘, 건강이 최고조에 달하며, 근육과 내부기관은 만 19~26세에 최고 수준에 이른다. 신체적 능력과 기술을 규칙적으로 사용하면 기능이 지속된다.

(2) 인지 발달

피아제는 청소년기의 형식적 조작기 이후 인지 발달이 이루어지지 않는다고 본 반면, 칼로저스, 엘리스 등과 같이 인지 발달이 지속적으로 이루어진다고 보는 학자들도 있다.

(3) 정서·사회성 발달

부모로부터 정서 및 경제적 독립을 하는 것이 주요 발달과제 중의 하나이지만, 부모로부터 독립하는 것에 대한 갈망과 분리에 대한 불안이라는 '양가감정'을 가지기도 한다. 또한 청년기 직업에 따라 성인기 삶의 방식이 결정된다고 인식하여 직업 선택에 신중을 기하기도 한다. 정서·사회성 발달에 영향을 미치는 요소로는 개인의 능력과 관심 또는 부모 및 중요한 사람의 기대 등이 있다.

사회적 발달과제는 친밀감이 형성되고 성숙한 사회적 관계가 확립되면서 배우자를 선택하여 결혼을 하고, 자녀 출산과 양육을 하며 가족을 형성하는 것이다.

8) 중·장년기

중·장년기는 경제적 안정과 다양한 삶의 경험을 통해 지혜를 터득하고 사회적, 가정적으로 중요한 역할을 수행하는 인생의 황금기이다. 그러나 여러 가지 한계에 부딪히면 위기를 경험하기도 한다.

(1) 신체 발달

신체적으로는 스트레스나 기능 이상이 나타난 후 기능 회복 능력이 감소하거나, 생리적 변화로는 신진대사의 저하, 심장 및 위장관의 기능 저하, 에너지가 감소하고 작업능력의 저하와 같은 퇴행이 이루어진다. 이로 인한 심리적 위축과 적응문제 등이 나타나므로 위기를 극복해야 하는 시기이다. 그밖에도 흰머리, 대머리, 주름, 복부 비만, 감각기관의 둔화, 여성의 폐경기, 남성 정액 및 정자 수의 감소 등이 있다.

(2) 인지 발달

인지적 변화에 대해서는 서로 상반된 의견이 있는데 이는 인지 능력이 감소한다는 의견과 특정 부분은 오히려 인지능력이 강화된다는 의견이 있기 때문이다. 장년기 정신 기능의 잠재력은 변함이 없으나 수행능력은 떨어진다. 창조적 생산성이 발달하며 통합적 사고능력도 향상되고 유동적 지능은 다소 떨어지나 결정성 지능은 더 좋아진다.

(3) 정서·사회성 발달

장년기에는 자녀 양육, 사회적 주체로서의 성장과 만족스러운 직업 성취, 여가 및 취미 개발, 배우자와의 인격적 관계 수립, 노부모 부양 등이 있다. 또한 장년기에 시작되는 신체적 퇴행은 사회체계의 과업 수행 및 대인관계에 영향과 위기를 가져올 수 있으므로 슬기롭게 극복해야 한다. 다른 시기와는 달리 장년기의 과업 수행은 사회체계 중, 특히 조직과 많은 관련성이 있다.

9) 노년기

노년기는 생애 마지막 단계로 성인기 이후 쇠퇴하면서부터 죽음에 이르는 시기이다. 일반적으로 노화로 인한 신체적 문제, 경제적인 어려움, 고독함과 마땅한 소일거리가 없다는 점이 노년기의 4가지 어려움이라고 한다. 특히 현대에 이르러 의학의 발달로 평균 수명이 늘어남에 따라 더 건강한 삶을 누리고, 자신의 인생에 있어 자아통합을 이루며 죽음에 대해서도 자연스런 삶의 한 부분으로 수용해야 하는 시기이다.

(1) 신체 발달

전반적인 신체 노화를 겪으며, 쇠약해지는 체력과 건강에 적응하고 알맞은 운동과 섭생, 지병이나 쇠약함에 적응하여야 한다.

(2) 인지 및 언어 발달

새로운 자료를 받아들이고 학습하는 속도가 느리고, 기억 속의 정보 재생도 늦어 다양한 인지활동에 제한을 받기도 한다. 때로는 물건 이름이나 낱말이 생각나지 않아 언어 사용에 어려움이 생기기도 한다.

(3) 정서·사회성 발달

우울과 내향성 및 수동성의 증가 경향이 있으며, 경직성과 조심성, 의존성 등의 증가가 있다. 특히 노인의 경우 퇴직과 경제적 수입 감소에 따른 적응이 필요하며, 퇴직으로 인한 지위 및 역할 상실에 따른 적응과 조부모 역할의 적응, 배우자 사별로 인한 역할 변화 등이 생기므로 이에 대한 적응이 필요하다. 그리고 자기 동년배 집단과 유대관계를 강화하고 사회적 역할을 융통성 있게 수행하고 적응하는 것과, 그밖에 자신의 인생을 수용하고 갈등, 실패, 실망과 함께 성공, 기쁨, 보람 등과 함께 전체 삶의 통합을 이루는 것, 삶의 연장선에 있는 죽음을 수용해야 한다.

2. 성적 발달

1) 성장에 따른 성적 발달

태아와 영아의 성적인 반응을 살펴보면, 태중에 있는 남아는 발기를 할 뿐만 아니라 출생 후 1~2주에도 발기 반응을 보인다고 하며, 여아의 경우는 질에서 분비와 같은 반응은 쉽게 관찰되지 않지만, 성기 근처가 부풀어 오르는 현상이 영아에게서 관찰되며 이는 정상적인 성 발달의 과정이라고 할 수 있다.

영아는 골반 부위를 문지르면서 성적 쾌감을 느끼고 특히 8~10개월 된 영아는 부모에게 매달리며 자극을 시도하기도 한다.

킨제이Alfred C. Kinsey는 5개월 된 남아는 성인 남성이 오르가즘을 보이는 것과 비슷한 행동을 보인다고 하였다. 영아는 대체로 6~12개월 내에 자위행동을 한다고 하며 자신의 성기를 부드러운 물체 등에 문지른다. 자위로 오르가즘에 도달하는 것은 2세 이후에 가능하며, 월령을 더해감에 따라 성에 관심을 보이기도 한다는 것이다.

영아의 경우 감각적인 행동과 성적인 행동과의 차이를 구분하기는 결코 쉽지가 않다. 일반적으로 영아들은 부모가 아이를 안아주고, 키스하고 얼굴을 부비면서 스킨십을 할 때 정서적인 안정감을 느낀다. 반면에 이 시기의 아이에게 신체적 학대 등을 가하면 성적인 면에서도 불안해지고 정상적인 성격 발달에도 지장을 준다. 그러므로 아동들에게는 어린 시절에 부모가 안정된 스킨십을 충분히 해주어야 한다.

긍정적인 신체 접촉 경험은 아이에게 부모의 사랑이 전달되고 아이가 안정감을 느낀다면, 아이는 자기 자신에 대해 긍정적인 태도를 가질 것이며, 이런 태도는 아이가 성인이 되어 남들에게 사랑과 관심을 표현할 수 있게 한다.

사춘기 전 아동들은 동성 간에 친구들을 사귀고 가까운 친구관계를 유지하며, 자기 신체에 대해 관심을 가지고 신체적 특징에도 민감한 반응을 보이기도 한다. 또한 어려서부터 성적인 충동을 느끼지만 표현은 일반적으로 대부분 사춘기에 한다고 본다.

사춘기의 청소년들은 성적인 충동을 분출하고 욕구 분출을 위해 자위행위를 하며, 여성보다는 남성이 훨씬 더 많이 한다. 이는 점차 정자 생산이 왕성해지면서 성적 욕구를 더 많이 느끼기 때문이다. 청소년기에는 성교를 통해 성적 욕구를 해결할 기회가 없기 때문에 자위행위를 통해 충족을 하려고 하기 때문이다. 그러나 때로는 교제 중 성관계로 원치 않는 임신을 하는 경우도 있다. 이를 예방하기 위해서는 청소년들의 건강한 성을 위한 보다 올바른 성교육이 필요하다.

청년기는 성역할 정체감을 확립하여야 할 때이며, 성에 따른 사회적 역할 기대를 내면화하는 과정에 있다. 여성의 경우 현모양처와 유능한 여성이라는 두 가지 성역할 사이에서 갈등과 긴장을 경험하기도 한다. 남성의 경우 경제적 성취, 정서적 통제, 정서적 민감성의 겸비, 자기주장능력 등과 같은 현대사회의 남성과 동일시 하여야 하므로 많은 갈등과 긴장을 경험하게 된다.

현대사회에서는 남녀를 불문하고 여성적, 남성적 특징을 고루 갖추어야 한다는 주장이 많아지면서 기존 성역할에 많은 변화가 초래되었다. 그리고 결혼을 하고 자녀를 낳아 부모가 되며 인생의 정착을 하게 되고 성인기 친밀성과 성숙한 사회관계 성취의 중심에 서게 된다. 즉, 결혼은 사랑의 실현, 정서적 안정, 성적 만족, 자녀 출산 등에 기여한다. 그 밖에도 결혼, 이혼, 독신, 동거 등의 다양한 형태의 모습으로 살아가는데 일반적으로 결혼생활의 만족과 성생활의 만족은 상호 연관성이 높다.

중·장년기는 인생의 '황금기' 또는 '전성기'라고 하는 반면, '제2의 사춘기', '상실감의 시기', '정체성 위기', '빈둥지 증후군' 세대라고도 한다. 인생 전반기에서 후반기로 바뀌는 전환기에 남성성과 여성성의 균형이 이루어지고 성적으로는 더욱 성숙해지는 시기로 중년기의 개인은 자아의 내부에서 남성성과 여성성이 더욱 융통성 있게 통합되었을 때 직업, 대인관계, 생활경험 등에서 양성을 한층 창의적으로 복합할 수 있고 성장·발달이 가능해진다.

특히, 장년기 여성의 폐경기 및 남성의 갱년기와 같은 성적 변화에 있어서 중요한 영역 중의 하나인 효과적인 의사소통은 매우 중요하다. 부부는 성적인 변화를 서로 이해하고 수용하여 이에 대해 긍정적이고 적극적으로 대응할 수 있는 방안을 모색하여야 할 것이다.

전통적인 성문화는 현대사회에 이르러 많은 변화를 가져왔으며, 성행위는 아름답고 행복한 것으로 사랑하는 이성간의 진실한 애정표현의 방법으로 인식되고는 있으나, 노인들의 성행위에 대해서 노인들 스스로뿐 아니라 사회 일부 구성원들조차 아직까지 부정적인 시선으로 바라보고 있는 것도 사실이다. 노년기는 일반적으로 성행위는 오로지 자녀의 출산을 위해서만 필요한 것으로 간주되었기 때문에 임신이 불가능한 노인들의 성생활(특히 폐경 이후의 여성)은 매우 부정적이다. 노인에게 있어서 성이란 비밀스러운 것이며, 성에 관한 관심을 드러내는 것은 점잖지 못한 음란한 행동으로 여겨졌다. 특히 여성의 경우는 남존여비의 사상으로 더 많은 규제를 받았다.

노인의 성에 대한 사회의 부정적인 시각은 소득의 감소, 건강 기능의 약화와 역할 상실 등으로 인한 가정 및 사회에서의 지위 하락으로 이어져 심리적으로 위축되어 있는 노인들 스스로가 성을 부정적인 시각으로 인식하도록 만들고 있다.

노인의 성에 대한 사회의 부정적인 시각과는 다르게 노인의 성 욕구에 대한 문헌을 살펴보면 정도의 차이는 있지만, 대체적으로 성에 대한 욕구는 노인이 되어도 지속적으로 남아 있음을 알 수 있다.

마스터즈와 존슨은 노인의 성적 반응에 대해 최초로 실험실 상황에서 체계적으로 연구하였는데 여성의 경우에는 성적 능력과 효율적인 성행위의 수행능력을 보이며 남성의 경우에는 80대에도 만족스런 성생활이 가능하다고 보고하였다(William H. Masters & Virginia E. Johnson Masters, 1966).

킨제이 보고서에서도 여성의 경우에는 성적 능력이 크게 노화되지 않으며, 오히려 성적 억압과 임신의 공포의 해방으로 성적 관심이 증가한다고 보고하고 있다. 이러한 성적 욕구는 60대에도 여전히 지속된다. 남성의 경우에는 정력이 줄어드는 것은 사실이지만, 어느 순간 성 능력을 잃어버리는 일은 생기지 않는다고 하였다.

유성호와 강숙연의 연구(2003)에서도 최근 65세 이상 노인들의 성생활 실태를 조사한 결과, 75%가 성생활을 하고 있으며 성에 대한 욕구가 높은 것으로 보고하였다.

2) 프로이트의 심리성적 발달

프로이트Sigmund Freud는 인간의 모든 행동, 사고, 감정은 신체적 긴장 상태에 의해 유발되는 무의식적 성적 본능과 공격적 본능에 의해 결정된다고 보았으며, 인간은 이러한 본능적 긴장을 해소하기 위해 행동을 한다고 하였다. 이처럼 프로이트는 인간의 성격이 성적인 욕구와 관련하여 발달한다고 믿고 이를 심리성적 발달이라고 하였다.

성의 개념으로는 신체적 사랑, 정서적 충동, 자기애, 부모의 자식에 대한 사랑, 우정의 감정까지도 포함된다고 보았으며, 원초아가 갖는 성적 본능의 에너지를 리비도libido라고 하였다. 리비도가 신체의 어느 특정 부위에 집중되느냐에 따라 심리성적으로 발달한다고 보았으며, 이는 입, 항문, 성기로 옮겨간다고 하였다.

프로이트의 심리성적 발달의 첫 단계인 구강기는 출생에서 18개월까지로 보았다. 영아는 태어나면서 본능적으로 젖을 찾아 빨고 삼킨다. 이때 신체 여러 부위 중 입, 입술, 혀와 같은 기관에 집중해 있으므로 이 시기를 구강기라고 하였다. 구강기는 전기와 후기로 나누는데, 초기는 생후 6개월까지로 주로 빠는 행위에서 쾌감을 느끼며, 후기는 깨무는 것에서 쾌감을 느낀다고 하였다. 이는 좌절감을 경험할 때 깨물고 싶은 충동을 느끼고 이 과정에서 공격성이 발달하며, 후반기로 갈수록 어떤 이유에 대한 불만으로 양육자에 대해 최초의 양가감정을 느낀다고도 하였다.

항문기는 18개월부터 3세를 의미하며, 리비도의 초점이 구강 영역에서 항문 영역으로 옮겨간 것으로 배변으로 생기는 항문 자극에 의해 쾌감을 얻으려고 하는 시기이다. 그래서 변을 참거나 내보내는 배설과 관계된 활동들이 즐거움을 주는 동시에 공격의 무기가 된다. 항문기의 경험으로 아동은 구강기의 전적인 의존에서 벗어나 자기조절, 자립, 자부, 자존감 등을 배우게 된다. 또한 적절한 배변훈련은 창조성과 생산성의 기초가 된다.

남근기는 3세부터 6세를 의미하며 리비도가 성기에 집중되어 있다. 아동의 주요 활동은 성기를 자극하고, 자신의 몸을 보여 주거나 혹은 다른 인간의 몸을 보면서 쾌감을 얻는다. 이 시기의 아동은 자기중심적인 성향이 있으며 사랑하고 사랑받기를 원하고, 특히 칭찬을 갈망한다. 이때 남아는 오이디푸스 콤플렉스로 거세 불안이 있으며, 억압과 반동 형성 방어기제로 불안을 극복하려 한다. 한편 여아는 엘렉트라 콤플렉스로 인한 거세 불안과 남근 선망의 경향을 보이며, 여아의 콤플렉스 극복과정은 제시하지 않았다. 성역할은 5, 6세에 시작해서 1년 동안 지속되는 이 단계에서 배우게 되는데 같은 성별을 가진 성인과 가깝게 접촉하는 것이 이 단계에서 매우 중요하다. 성인은 그 사회에 적합한 성역할을 보여 줌으로써 아이의 모델이 된다. 일부 이론가들은 동성애가 심리성적 발달 단계의 과업을 성공적으로 수행하지 못한 결과로 보기도 한다.

잠복기는 6세부터 사춘기까지를 의미한다. 리비도가 승화되어 지적 관심, 운동, 동성 간의 우정, 공부 등으로 표출되는데 지금까지 발달한 초자아가 더욱 강화되면서 오이디푸스적 욕망을 제지한다. 리비도는 친구에게로, 특히 동성친구에게로 향하며 동일시 대상도 친구가 된다.

생식기는 사춘기부터 성인기 이전을 의미하며 성기기라고도 하는 이 시기에는 성적 관심이 되살아나는데, 그 관심 대상은 또래 이성친구에게로 옮겨간다. 충분히 사랑과 일을 할 수 있는 시기로 남녀 모두 2차 성징이 나타나며, 이전 시기에 확립했던 성적 주체성에 의해 성인으로 성장한다. 생식기의 성격 발달을 통해 근면을 배워야 하고, 즉각적인 만족을 지연시켜야 하며, 책임감을 길러야 한다.

3) 기타

분석심리 이론에서 인간은 남성적·여성적 측면을 모두 가지고 있지만, 유전적 성 차이와 사회적 압력에 의해 여성은 여성적 측면, 남성은 남성적 측면을 발달시키도록 요구받으며 인간의 무의식 속에는 서로 다른 이성의 성향을 어느 정도 지니고 있다. 이러한 무의식 속에 있는 남성의 여성적 측면을 아니마anima, 여성의 남성적 측면을 아니무스 anamus라 한다. 인간은 자기 속에 아니마, 아니무스가 있기 때문에 인간은 이성에게 적절히 반응하고 이성을 이해 할 수 있게 된다.

사회학습 이론은 동물을 대상으로 하여 학습원리를 밝혀 낸 이후 이를 복잡한 사회기술을 습득하거나 인간의 사회적 행동을 설명 시 적용시키고 있다. 모든 학습이 남성성과 여성성을 획득하는 것까지도 동일한 규칙으로 설명할 수 있다.

성역할은 인생 초기에 형성된다고 보고 있으며, 성역할이나 행동 특성이 환경적 강화의 역사를 반영한 것이라고 보았다. 즉, 어린아이의 행동에 대해 어떻게 보상과 처벌을 주는

가 하는 환경의 피드백이 남녀 모두 행동 특성이나 성역할을 획득하는 데 중요한 기능을 한다. 그러나 순수한 내적 동기가 아니라 수동적으로 획득된 것이기 때문에 환경 강화가 지속적으로 주어지지 않으면 유지되기 어렵다.

남녀의 성역할이나 행동 특성을 습득하는 데 동성부모와의 정서적 결합이 필연적인 것은 아니며, 다른 사람들의 행동을 모델링함으로써 배울 수 있다. 만약 부모들이 서로에게 애정을 보이고, 키스와 포옹을 공개적으로 할 때 긍정적인 결과를 관찰한다면 자녀도 자연스럽게 배운다. 그러나 한 부모가 애정을 보였을 때 다른 부모가 거절하는 것을 보았다면, 거절당하지 않기 위해서 애정을 보이지 않는 것을 배운다. 성인들 또한 다양한 성에 관련된 행동과 태도에 대한 표현의 결과를 보면서 이러한 방식으로 '대리학습'을 경험할 수 있다.

인지 발달 이론은 한 개인이 성역할이나 성에 적합한 행동을 습득해 나가는 과정은 매우 자생적이고 능동적이며, 특히 인생 초기에는 인지 발달과 병행해서 이루어진다고 보는 것이다. 성역할을 도식화해서 성 고정관념이나 가치관으로 굳어진다고 본다. 그러나 개인의 성 고정관념이나 가치관은 인지적 융통성이 발달하는 청소년기에 새롭게 변형될 수 있다. 사고력이 논리적이고 융통성을 띠게 되면 자신의 사고나 가치관이 융통성이 없는 성 편견이었음을 깨닫고 새로운 성역할 체계를 발달시킬 수도 있다. 이렇게 하여 재구성된 성에 대한 가치관은 미래의 직업적·가정적 삶의 장면에 매우 중요한 영향을 미치게 된다.

정신분석 이론에서는 아이들은 부모로부터 사랑받기를 원하고 그들의 가치와 신념, 태도 등을 모방하려 한다고 주장한다. 즉, 동일시하려는 경향이 있다는 것이다. 이는 아이들의 성역할 학습과정에 대해 흥미있는 문제를 던져 준다. 아이들은 태어나면 어머니가 아이들을 돌보고 보살펴주므로 주로 어머니와 강한 애착관계를 형성한다. 여자아이에게 있어 동일시는 매우 쉬운 과정이다. 하지만 남자아이의 경우 아버지와의 동일시를 위해 어머니와의 관계를 끊고 아버지와의 접촉을 많이 가져야 한다. 그러나 발달과정에서 아버지가 남자아이의 주변에 있는 시간이 적다. 자신의 주변에는 어머니를 비롯하여 여성이 더 많기 때문에 남성적인 행동이 무엇인지에 대해 분명한 생각을 갖지 못한다.

문화인류학적 이론은 인류가 성을 신체의 한 부위나 성행위에 국한시키지 않고 인간해방이나 인권과 자유문제로 인식하기까지 많은 시간이 필요하므로 종교, 관습 등의 모든 문화권의 독특성에 따라 세습되어 변화·발전되어 왔다고 보는 것이다.

관습은 집단에게 생존적인 기능을 제공해 주기 때문에 지금까지 존재해 왔다. 한 사회에서 어떤 관습은 다른 사회에서는 전혀 다른 기능을 할 수가 있다. 한 문화에서 적응적인 관습이 다른 문화에서도 적응적일 것이라고 가정하기는 어렵다. 문화와 환경에 따라 관습은 달리 작용하기 때문이라고 하겠다.

인류는 남자보다 여자에 대한 성욕을 억압시킴으로써 사회체제를 유지시켜 왔다. 그 예로 세계적으로 일처다부제보다 일부다처제를 시행하는 사회가 훨씬 더 많다.

성적 관습은 인구를 억제하기 위해서 혹은 인구 증가를 위해서 시행된 경우가 많다. 인구 억제의 경우에는 특정 시기에만 관계를 맺도록 하기 위해 여성은 대개 불결하고(월경) 회피하여야 하는 관습을 지니게 만든다. 반대로 인구 증가는 가톨릭의 낙태를 금기시하여 다른 종교를 가진 사람들보다 출생률을 더 높게 만들었다.

한 여성이 여러 남편을 거느리는 일처다부제는 인구 통제를 하기 위해서 남자들의 생식적인 제한을 하기 위해, 모계 사회의 아이들의 혈통을 파악하기 위한 것이었다.

일부다처제는 생존적인 가치를 제공해 주는데, 농경생활을 하는 부족들은 더 많은 아내를 갖는 것이 허용되며, 아내는 경제적인 이점을 가져다주는 재산상의 가치가 있었다.

참고문헌

공인숙(2002). **영유아보육론**. 서울: 교육과학사.

김상원 외 21명(2008). **성교육 성상담의 이론과 실제**. 서울: 교육과학사.

박낭자, 강숙현, 박경희 역(2007). **아동발달**. 서울: 정민사.

박범석, 김경미, 김혜숙, 조주영, 황종귀(2009). **性과 倫理**. 서울: 동문사.

박성연 외 5인(2003). **자녀와의 진정한 만남을 위한 부모교육**. 서울: 교육과학사.

박성연(2013). **아동발달**. 서울: 교육과학사.

서영숙, 서혜전, 정영희, 양영아, 안소영, 이종현, 남미선(2007). **보육과정**. 경기: 공동체.

유성호, 강숙연(2003). 유배우자 노인의 성생활 유지여부 및 성생활 빈도와 관련된 인구 사회적 변인. 한국노인복지학회지. **노인복지연구**, v.20. pp.139-167.

이순형, 이영미, 정윤주, 이혜승, 김정민, 권혜진, 성미영, 한유진, 권기남(2008). **아동관찰과 행동연구**. 서울: 학지사.

이영자(2002). **교사용 1, 2세 영아발달 평가도구**. 서울: 다음세대.

여성가족부(2005). **표준보육과정 총론**. 여성가족부.

장우심, 황혜정, 주영주. 구정아(2013). **아동간호학**. 서울: 학지사.

정옥분(2006). **아동발달의 이해**. 서울: 학지사.

채규만(2013). **성행동심리학**. 서울: 학지사.

Berk, L.E. (2005). *Infants and Children : Prenatal through middle childhood*(5th ed). Boston: Allyn & Bacon.

Bowlby, J. (1958). The nature of the child's tie to his mother. *International Journal of Psychoanalysis*, 39, 350-373.

Bowlby, J. (1969). Attachment and loss (Vol. 1). *Attachment*. New York: Basic Books.

Cullen, C., Field, T., Escalona, A.,& Hartshorn, K. (2000). Father-infant interactions are enhanced by massage therapy. *Early child Development and Care*, 164, 41-47.

Diego, M.A., Field, T., Sanders, C., & Hernandez-Reif, M. (2004). Massage therapy of moderate and light Pressur and vibrator effects on EEG and heart rate. *International jouranal of Newroscience*, 114, 31-45.

Emde, R. (1999). *The Infant's Relationship Experience : Developmental and affective Aspects.* New York: Basic Books.

Evans, L. (1990). Impact of infant massage on the neonate and the parent-infant relationship. *Advances in Touch : New Implications* in Human Development Pediatric Round Table 14, 72-79.

Field, T., & Schanberg, S.M. (1990). Massage enhances growth in preterm neonates. In T. Field & T. B. Brazelton(Eds.). *Advances in touch. Skillman*, NJ: Johnson & Johnson.

Harlow, H.F., & Zimmerman, R.R. (1959). Affectional responses in the infant monkey. *Science*, 130, 421-432.

Honing, A.S. (1985). Hight quality infant/toddler care : Issues and dilemmas. *Young Children*, 40(11), 1-40.

Leboyer, Frederick (1997). *Loving hands.* Norton & Co Inc.

McClure, V.M. (1989). *Infant massage; Handbook for loving parents.* New York: Bantam.

Moyer-Mileur, L., Luetkemeier, M., Boomer, L., & Chan, G.M. (1995). Effect of physical activity on bone mineralization in premature infants. *The Journal of Pediatrics*, 127, 620-625.

Piaget, J. (1960). *Psychology of intelligence.* Paterson, NJ: Littlefield, Adams.

Tiffany Field, Maris Hernandez-Rief, Miguel Diego, Larissa Feijo, Yanexy-Vera, Karla Gil (2004). Massage therapy by parents improves early growth and development. *Infant Bhavior and Development*, 27, 435-442.

CHAPTER 2

성차별과 성역할 고정관념

1. 성차별과 성역할 고정관념

1) 성차별

성이 다르다는 이유로 차별하는 것을 성차별이라고 하며 남녀 모두에게 적용된다. 가부장적인 사회에서는 남성 중심적인 성문화와 이중 성규범이 차별과 편견을 낳고, 이런 사회 현상이 일반화되어 보편적으로 사회제도 속에 녹아 있다. 이러한 성차이의 문제는 문화적 관념과 상징 차원에서 작동되는 문제라고 보았다. 성차는 성역할이라는 공사 구분의 틀 속에서 상징적이고 이념적인 비유 속에서, 무의식적이고 정서적인 사회화 과정 속의 위계화된 성별 관계로 배열되고 구성된다. 문화에 따른 남녀 성역할의 다양성은 성역할이 수행되고 배치되는 사회관계의 다양성, 국가나 친족 혹은 공동체가 남녀 성역할과 맺는 관계 등 남녀의 차이 또는 성역할 구분이 사회마다 다양하고, 다차원적인 방식으로 구성되고 있다.

성차별에는 차별받는 집단이 갖고 있는 속성, 차이 등이 차별을 정당화하는 근거로 사용되고 있다. 즉 남성은 육체적, 기질적으로, 또는 능력에 있어서 차이가 있고 그 차이가 차별을 정당화한다는 것이다. 차별은 구별과는 달리 공평하지 못하다는 함의를 갖고 있다. 따라서 다르다는 것을 이유로 공평하지 못한 대우를 하는 것이 차별의 의미이다. 공평하지 못하다는 것은 정의롭지 못한 것이다.

2) 성역할 고정관념

(1) 성역할

성sex은 여성이 아이를 낳고, 남성과는 다른 생식구조를 가지고 있다는 종spices의 분류를 위해 사용된 단어이다. 그런데 반해 젠더gender는 남성과 여성의 사회적, 개성 차이를 기술할 때에 사용하는 단어이고, 여성성 혹은 남성성을 정의할 때 사용된다. 여성성과 남성성은 사회·문화마다 다를 수 있다. 성역할gender role은 성별이나 젠더에 따라 사회적으로 그에 적합하다고 생각되는 일을 말한다. 이는 문화와 시대에 따라 달라질 수 있는데 여성은 출산과 자녀를 양육하는 일들이 여성의 일이고, 여성의 역할이라고 규정해 왔다. 이러한 정의는 남성과 여성의 생물학적 차이에서 오는 자연스러운 것으로 받아들이는 관습과 문화적인 바탕에서 온 것이다. 개인의 발달과 정체감에 큰 영향을 미치는 가정과 주변 환경, 관계 형성에서 성역할 사회화는 여러 측면에서부터 이루어진다고 볼 수 있다.

이러한 결과의 기본적 차이는 여성과 남성의 일과 권력, 역할, 기대 등에서 불평등하게 구분되는 경향이 있다. 여성과 남성 모두는 여성적 혹은 남성적 특성을 가지고 있다.

융Jung은 원형에 빗대어 남성 속에는 아니마anima라는 여성의 원형이, 여성 속에는 아니무스animus라는 남성의 원형이 있다는 것이다. 그리하여 인간관계에 있어서 남자는 자기 속의 여성적인 특성 때문에 여자를 이해할 수 있게 되고, 여자는 자기 속의 남성적인 특성 때문에 남자를 이해할 수 있게 된다는 것이다. 융의 아니마·아니무스론은 인간이 남성과 여성 중 한쪽 성역할에 고정되어 있지 말고 남성은 여성적인 요소를, 여성은 남성적인 요소를 살려서 의식의 통합함을 강조했다.

심리적 양성성을 지닌 사람은 성 정체감이 고정된 사람보다 유연한 성도식gender scheme을 지니고 있기 때문에 사회적 역할을 고정된 개념이 아니라 있는 그대로 자신의 것으로 받아들이게 된다. 따라서 이들은 남성과 여성의 특성이 요구되는 상황의 모두에게 다른 집단의 사람들에 비해 더 훌륭한 수행을 하는 것으로 밝혀지고 있다. 특히 과거에 비해 남성

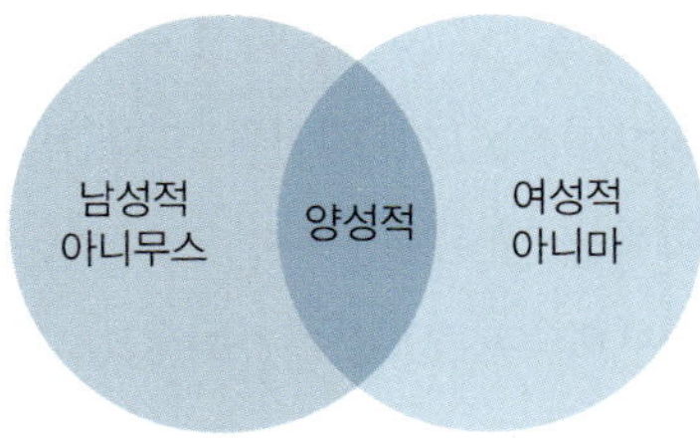

그림 2-1 남성과 여성의 내재된 양성성의 표현

적인 특성과 여성적인 특성이 모두 요구되는 현대사회에서는, 고정화된 성역할을 강조하기보다는 각 개인에게 잠재되어 있는 양성성을 키워 주는 사회적 노력이 필요하다.

(2) 성역할 고정관념

성역할의 고정관념은 사회·문화적으로 여성과 남성에게 부여된 역할, 남성적 혹은 여성적 특성의 대부분이 사회적으로 굳어진 것임에도 마치 각 성에 고정된 특성인 것처럼 해석하여, 여성은 가정 내 역할을 맡고 남성은 사회적 역할을 맡아야 한다는 식의 이분법적인 인식을 뜻한다.

이렇게 남성과 여성의 성역할에 공통되는 성질이나 특징을 하나의 틀을 기준으로 하여 묶어 놓는 것을 성역할 고정관념이라고 한다. 즉, 성이 다르다는 이유로 차별을 하고, 남자와 여자가 하는 일이 정해져 있다고 생각하는 것이 성역할 고정관념이다. 전통사회에서는 가정에서의 자녀 양육과 집안 일 분담문제에서도 여성은 순종적이고, 수동적이며 감성적이어야 하고, 남자는 공격적, 지배적, 경쟁적이어야 하며 이성적이어야 한다고 성역할을 선택하여 제한시켜 놓은 것이다.

남자 직원과 여자 직원을 뽑을 때 여성은 외모를 보고 남성은 능력을 본다는 성역할 고정관념과 성차별 문제 등은 선택에 제한을 두는 차별을 낳고 이러한 차이가 차별로 이어져 어느 한쪽의 성에 불이익을 주게 된다.

3) 성 인지적 관점

성 인지적 관점gender perspective은 남성과 여성이 처한 현실에 따라 갈등하는 이해 요구를 가지고 있다고 보면서 그 효과가 다를 수 있다는 문제의식에서 출발해 여성과 남성의 삶을 비교하고, 여성 특유의 경험을 반영하며, 특정 개념이 특정성에게 유리하거나 불리하지 않은지, 성역할 고정관념이 개입되어 있는지 그렇지 않은지에 대하여 각종 제도나 정책을 검토하는 관점을 말한다.

사회 속에서의 인간의 삶은 그 사회가 지니고 있는 다양한 문화적 가치를 반영한다. 인간의 성은 오랫동안 이러한 사회문화적 가치를 결정짓는 범주 중의 하나로 작용하여 왔다. 즉, 인간의 사고와 행동은 그 사람이 여자인가 남자인가에 따라 다르게 기대되어 그 사람의 일생을 결정지었다. 그러나 이러한 기대들은 시대의 요구에 따라 변화되었다. 전

표 2-1 양성평등 체크리스트

양성평등 체크리스트 남□ 여□ 나이_______ ① 전혀 그렇지 않다, ② 대체로 그렇지 않다, ③ 대체로 그렇다, ④ 매우 그렇다				
1. '여자가' '남자가'라는 말이 무의식적으로 나오는 것은 자연스러운 일이다.	①	②	③	④
2. 민원 접수나 안내 업무는 여성에게 더 어울린다.	①	②	③	④
3. 딸은 여자답게, 아들은 남자답게 키우는 것이 좋다.	①	②	③	④
4. 지도력 훈련은 여학생보다 남학생에게 더 필요하다.	①	②	③	④
5. 성희롱은 여성의 과다한 신체 노출이 주요 원인이다.	①	②	③	④
6. 여성은 폭넓은 대인관계를 형성하는 능력이 남성에 비해 부족하다.	①	②	③	④
7. 남성은 업무기획과 추진력이 여성보다 우수하다.	①	②	③	④
8. 설거지 등의 집안일은 아들보다 딸에게 시키는 것이 자연스럽다.	①	②	③	④
9. 대학에서의 취업준비 지도는 여학생보다 남학생에게 더 필요하다.	①	②	③	④
10. 여성의 혼외관계는 남성의 혼외관계보다 도덕적으로 더 심각한 문제다.	①	②	③	④
11. 남성은 될 수 있으면 약한 모습을 드러내지 말아야 한다.	①	②	③	④
12. 여성장관이나 고위공무원이 적은 것은 여성의 능력이 부족하기 때문이다.	①	②	③	④
13. 집안일에는 남성이 할 일과 여성이 할 일이 따로 있다.	①	②	③	④
14. 여성은 법학, 기계공학 등 전통적인 남성 분야를 전공하지 않는 것이 좋다.	①	②	③	④
15. 순결을 지키는 것은 남성보다 여성에게 더 중요하다.	①	②	③	④
16. 텔레비전에서 대등한 남녀관계를 너무 많이 보여주고 있다.	①	②	③	④
17. 여성은 남성보다 직업의식이 낮다.	①	②	③	④
18. 결혼한 여성은 친정보다 시댁을 우선 생각해야 한다.	①	②	③	④
19. 교사양성과정에 남녀 평등의식을 높이는 내용이 포함될 필요는 없다.	①	②	③	④
20. 여성이 남성처럼 성적 관심을 나타내는 것은 좋지 않다.	①	②	③	④
21. 여성들은 남녀 평등이라는 이름 아래 특혜를 요구한다.	①	②	③	④
22. 자격이 같은 남녀 직원 중 한 명만 승진할 수 있다면 남성을 시켜야 한다.	①	②	③	④
23. 아내는 경제적으로 남편에게 의존하는 것이 행복하다.	①	②	③	④
24. 남녀 혼성 학급의 반장은 남학생이 되어야 한다.	①	②	③	④
25. 남성보다 여성에게 얌전한 행동이나 옷차림을 강조하는 것은 당연하다.	①	②	③	④

자료: 한국양성평등교육진흥원(2007)

통사회에서는 남녀의 성역할에 대한 구분이 뚜렷하여 남자는 가정 경제를 책임지기 위하여 돈을 벌고 가족관계에서 주도적인 역할을 담당한다.

한편 여자는 남자의 보호 아래 가정 내에서 가사와 자녀양육의 역할을 담당해 왔다. 현대사회로 들어오면서 남녀 간의 성을 기준으로 한 성역할의 구분은 인간의 삶을 왜곡시키는 한편 사회의 발전에 역행하는 것으로 규명되었다. 전통적인 성역할의 구분은 다양한 역할을 요구하는 현대사회에 더 이상 적합하지 않으며 표현되는 성이 평등한 삶을 살아가는 방향으로 변화되고 있다. 그러나 이러한 과정 속에서 우리 사회는 여전히 그동안 사회적으로 규범으로 정한 남녀에 따른 이분화된 전통적인 성역할이 우세하게 자리하고 있다.

이러한 사회 현실 속에서 아동과 청소년들은 계속적으로 남녀의 성에 따라 이분화된 성역할을 학습하고 있는 것으로 나타나고 있으며, 이러한 상황은 아동들이 미래에 바람직한 삶을 영위하는 데 부정적인 영향을 미치게 된다. 사회구조가 변하고 사회의 인식이 바뀜에 따라 그에 따른 성역할의 개념과 학습내용·방법도 변화되어야 할 것이다.

2. 이상 성행동에 대한 다양한 관점

1) 생물학적 관점

생물학적 입장에서 많은 이상 성행동자는 정상인에 비해서 테스토스테론 수준이 약간 높고(Lang, 1989), 성적인 욕구가 강하며(Kalfka, 2003), 오르가즘을 느끼고 다시 성적으로 흥분하는 주기가 짧다(Haake, 2003). 즉, 인간의 성욕은 테스토스테론이라는 호르몬에 의해서 영향을 받기 때문에 이상 성행동자들의 호르몬 수준이 일반인들보다 높을 것이라는 가정을 세우는 것은 무리가 아니다.

특히 성적 피학자masochism들에 관한 연구에 따르면 이들은 쾌감이나 통증을 느끼는 부위가 동시에 작동된다고 한다. 즉, 몸은 통증을 받는데 두뇌에서는 쾌감을 느낀다고 한다(Beccera, 2001). 성도착 증세를 보이는 사람들의 호르몬 수준이나 쾌락중추, EEGElectroencephalography(뇌파) 등에 관한 연구를 통해서 생물학적 원인을 밝히려는 시도는 하고 있지만, 아직까지는 생물학적 원인들을 확실하게 밝혀 내지 못하고 있다. 인간의 행동은 환경에 영향을 받고 학습되기 때문이다.

2) 정신분석학적 관점

정신분석학적 입장에서 성도착은 남아들이 남근기에 경험하는 거세공포증을 미해결의 결과로 생기는 증상이라고 주장한다. 즉, 남아는 약 4세 때에 이성인 어머니를 성적으로 좋아하지만, 아버지가 자신의 성기를 거세할까 두려워서 이러한 성적인 욕구를 억제하고 오히려 아버지와 동일시해서 거세공포증을 방어하려는 시도가 도착적 성행동이라고 주장한다. 예를 들면, 복장도착증을 가진 사람들은 여성이 남근이 없는 것을 보고 자신도 여성과 같이 거세당할 수 있다는 공포를 느낀다. 이러한 공포를 극복하기 위해서 자신의 성기를 여성의 옷 뒤에 숨기고 여성도 남근이 있다고 믿음으로써 거세당할 공포를 극복하려는 시도로 여장을 한다는 것이다.

또한 정신분석학적 입장에서는 성기 노출자들이 자신의 성기를 공공장소에서 여성에게 보이는 것은 '내 성기는 안전하다!'는 확인을 하려는 무의식적인 시도라고 해석한다. 이들은 특히 여성들이 자신의 성기를 보고 놀라는 모습을 보면서 자신의 거세 불안에서 오는 스트레스를 해소한다. 여성의 속옷을 가지고 자위행위를 하는 남성은 여성과 안전한 거리를 두고 여성의 성기 접촉에서 오는 두려움을 극복하고 성적 만족을 느끼려는 시도라고 해석한다.

이상 성행동자들에 대한 정신분석적 해석은 그럴듯하지만 과학적인 근거나 확실한 증거는 없다. 이론적으로는 흥미롭지만, 이를 증명할 수 있는 방법에는 한계가 있다.

3) 학습이론주의적 관점

학습이론주의적 입장은 이상 성행동 역시 학습을 통해서 배웠다는 주장이다. 예를 들면, 남아가 자신이 자위를 하는데 우연히 엄마의 속옷을 보면서 오르가즘을 느꼈고, 차후에 자신이 자위를 하면서 그 장면이 계속 반복해서 떠오르게 되면 물품음란증으로 발전할 수 있다는 것이다. 이 경우에 자위를 할 때 사용하는 여성의 속옷이 다양해지면, 즉 여러 가지의 여성 속옷을 모으거나 사용하면 전형적인 물품음란자가 된다고 주장한다(Breslow, 1989).

여성에게 성기를 노출하는 남성은 자신이 우연히 소변을 보는 동안에 여성이 지나가는 장면을 경험했다. 순간적으로 창피하기도 했지만, 흥분도 되고 짜릿한 기분이 들어서 이

장면을 상상하면서 반복적 실행을 하다 보니 성기 노출자가 되었다고 주장한다(McGuire, 1965).

이상 성행동자들에 대한 학습이론적 입장은 이상 성행동과 성적인 쾌감이 반복적으로 일어나면 연상작용을 통해서 새로운 도착적인 행동이 일어난다는 것이다. 또한 부모나 친구 등의 일탈적인 행동을 관찰해서 성도착행동을 학습한다고 주장한다. 많은 경우 학습 이론은 설득력이 있으나 한 사례에서 관찰한 성도착행동을 다른 사람들에게 일반화하기는 쉽지 않다.

4) 사회학적 관점

사회학적 입장은 사회적인 분위기나 가치관이 이상 성행동에 기여한다는 주장이다. 이 이론은 특히 성적인 가학자들과 피학자들의 행동을 효과적으로 설명하고 있다. 특히 사회적으로 남성이 지배적이고 적극적인 행동을 하는 반면에, 여성은 순종적이고 수동적인 역할을 하는 사회적인 구조에서 성적인 행동 역시 남성이 지배성을 극단적으로 발휘하는 것이 가학적인 행동이고, 이것을 수동적으로 받아들이면서 여성으로 만족을 느끼는 것이 피학적인 성행동이라는 것이다. 그러나 이런 사회학적 입장에서 성에 대한 가치관이 성도착증에 기여한다는 개연성은 쉽게 받아들일 수 있지만, 이를 과학적으로 증명하는 데는 어려움이 있다.

인간의 성을 논할 때 항상 문제시되는 것은 성의 정상적 행동과 비정상적 행동의 기준이 어디에 있느냐는 것이다. 예를 들면, 현대의 여성들이 노출하는 옷을 조선시대에 입고 다녔다면 이러한 여성은 사회적인 지탄을 받을 여성이었을 것이지만 현재는 용납되고 오히려 상업적으로 장려되기도 한다. 대체로 성에 대한 정상·비정상의 기준은 다음과 같은 것을 포함한다.

(1) 사회적 기준

자신의 성에 관한 행위나 행동이 타인에게 피해나 혐오적인 영향을 끼쳐서는 안 된다는 기준이다. 이러한 기준에 의하면 서로가 동의하에서 일어나는 성적인 행위는 용납되고 수용될 수 있다는 것이다.

(2) 통계적 기준

통계적 기준에 의하면 개인 성행위의 정상·비정상이 얼마나 통계적으로 타인들도 실행하고 있는가가 준거이다. 예를 들면, 혼전에 많은 남성들이 자위행위를 하는 것을 고려할 때 자위행위는 정상이라고 인정하는 태도를 말한다. 혼전 성교에 관한 것도 아주 많은 사람들이 실행해서 보편화되면 정상으로 간주될 수 있다.

(3) 심리적 기준

성적인 행동이 자신의 심리적 만족에 어느 정도 기여하는가에 기준을 두는 경우이다. 부부 사이의 허용된 성행위이지만 만족감이 없으면 문제가 될 수 있다. 성에 대한 주관적인 경험을 강조하기에 사람마다 다를 수 있다.

(4) 도덕적 기준

성에 대한 종교적, 가치관적 태도에 의해서 정상 성이 결정되는 것이다. 역사적으로 보면 종교에 기반을 둔 도덕적 성행동의 기준이 인간의 행동에 가장 많은 영향을 끼쳐왔다. 아직도 우리 사회에선 성에 대한 도덕적 가치관이 성행동에 대한 정상적인 범위의 한계를 설정해 준다.

(5) 법적 기준

성에 대한 법적인 기준은 성의 자유를 최소한으로 제한해서 사회의 결혼제도를 유지하기 위한 목적에 있다. 예를 들어, 예전의 간통은 주로 여성의 입장을 보호해서 가정의 파탄을 예방하려는 데 목적이 있다. 그러나 법적인 기준은 사회의 변화에 따라서 변해가고 있는 것이 특징이다.

1953년 「형법」에 제정된 간통죄는 배우자가 있는 사람이 배우자가 아닌 사람과 성관계를 가진 경우, 그 사람과 상간자를 처벌하기 위한 법 조항으로 배우자의 고소가 있어야 성립된 친고죄이다. 「형법」 241조는 '배우자가 있는 자가 간통한 때는 상간한 자와 함께 2년 이하의 징역에 처한다.'고 규정하고 있으며, 벌금형이 없이 징역형만 있어 양형이 무거운 편이다. 간통죄는 위헌 결정으로 없어진 혼인빙자간음죄(2009년 11월 26일)와 더불어 법률이 개인의 은밀한 사생활 영역을 규율한다는 이유로 끊임없이 논란이 있었다. 그러다 2015년 2월 26일 헌법재판소가 위헌 판결을 내림에 따라 「형법」 241조 간통죄는 62년 만에 폐지되었다. 현재 간통죄가 남아 있는 나라는 실제로 처벌되는 경우가 거의 없는 미국의 20여 개 주와 타이완, 일부 이슬람 국가뿐이다.

(6) 사회문화적 기준

특정한 사회의 문화적인 기준에 따라서 성적인 행위와 규범이 다르다. 예를 들면, 일부다처제나 축첩제도가 우리나라에서도 인정이 되었지만 현재는 일부일처제를 고수하고 있다. 친척간의 허용되는 결혼 등 여러 가지 기준은 문화적인 환경에 따라서 변하고 있다.

성에 대해서 옳고 그름에 대한 기준을 세우는 것은 쉽지 않다. 즉, 개인은 결국 사회적인 동물이기에 개인의 성에 대한 권리는 사회적인 의무와 맥락에서 만족되어야 하는 제한을 가지고 있다.

참고문헌

권숙인, 김현미(2008). **여성·문화·사회**. 경기: 한길사.

이부영(2001). **아니마와 아니무스-남성 속의 여성, 여성 속의 남성 2**. 경기: 한길사.

채규만(2006). **성행동심리학**. 서울: 학지사.

한국양성평등교육진흥원(2007). **새로운 양성평등교육매뉴얼 퍼실리테이터의 역량과 기술**.

한국양성평등교육진흥원(2008). **섹슈얼리티로 바라 본 세상**.

Beccera, L., Breiter, H.C., Wise, R., Gonzalez, R.G., & Borsook, D. (2001). Reward circuitry activation by noxious thermal stimuli. *Newtron*, 32(5), 277-293.

Breslow, N. (1989). Sources of confusion in the study and treatment of sadomasochism. *Journal of Social Behavior and Personality*, 4, 264-274.

Haake, P. et al. (2003). Acute neuroendocrine response to sexual stimulation in sexual offenders. *Canadian Journal of Psychiatry*, 48(4), 265-271.

Kalfka, M.P. (2003). Sex offending and sexual appetite: The clinical and theoretical relevance of hypersexual disire. *International Journal of Offender Therapy & Comparative Criminology*, 47(40), 439-451.

McGuire, R.I., Carlisle, J.M., & Young, B.G. (1965). Sexual deviation as conditional behavior: A hypothesis. *Behavior Research and Therapy*, 2, 180-190.

CHAPTER 3

성관련 사회문제의 이해와 사이버 성폭력의 실제

표 3-1 성폭력방지 및 피해자보호 등에 관한 법률(약칭: 성폭력방지법)

[시행 2015.7.1.] [법률 제12889호, 2014.12.30., 일부개정]

제2조(정의) ① 이 법에서 "성폭력범죄"란 다음 각 호의 어느 하나에 해당하는 죄를 말한다. 〈개정 2013.4.5.〉

1. 「형법」 제2편제22장 성풍속에 관한 죄 중 제242조(음행매개), 제243조(음화반포등), 제244조(음화제조등) 및 제245조(공연음란)의 죄
2. 「형법」 제2편제31장 약취(略取), 유인(誘引) 및 인신매매의 죄 중 추행, 간음 또는 성매매와 성적 착취를 목적으로 범한 제288조 또는 추행, 간음 또는 성매매와 성적 착취를 목적으로 범한 제289조, 제290조(추행, 간음 또는 성매매와 성적 착취를 목적으로 제288조 또는 추행, 간음 또는 성매매와 성적 착취를 목적으로 제289조의 죄를 범하여 약취, 유인, 매매된 사람을 상해하거나 상해에 이르게 한 경우에 한정한다), 제291조(추행, 간음 또는 성매매와 성적 착취를 목적으로 제288조 또는 추행, 간음 또는 성매매와 성적 착취를 목적으로 제289조의 죄를 범하여 약취, 유인, 매매된 사람을 살해하거나 사망에 이르게 한 경우에 한정한다), 제292조[추행, 간음 또는 성매매와 성적 착취를 목적으로 한 제288조 또는 추행, 간음 또는 성매매와 성적 착취를 목적으로 한 제289조의 죄로 약취, 유인, 매매된 사람을 수수(授受) 또는 은닉한 죄, 추행, 간음 또는 성매매와 성적 착취를 목적으로 한 제288조 또는 추행, 간음 또는 성매매와 성적 착취를 목적으로 한 제289조의 죄를 범할 목적으로 사람을 모집, 운송, 전달한 경우에 한정한다] 및 제294조(추행, 간음 또는 성매매와 성적 착취를 목적으로 범한 제288조의 미수범 또는 추행, 간음 또는 성매매와 성적 착취를 목적으로 범한 제289조의 미수범, 추행, 간음 또는 성매매와 성적 착취를 목적으로 제288조 또는 추행, 간음 또는 성매매와 성적 착취를 목적으로 제289조의 죄를 범하여 발생한 제290조제1항의 미수범 또는 추행, 간음 또는 성매매와 성적 착취를 목적으로 제288조 또는 추행, 간음 또는 성매매와 성적 착취를 목적으로 제289조의 죄를 범하여 발생한 제291조제1항의 미수범 및 제292조제1항의 미수범 중 추행, 간음 또는 성매매와 성적 착취를 목적으로 약취, 유인, 매매된 사람을 수수, 은닉한 죄의 미수범으로 한정한다)의 죄
3. 「형법」 제2편제32장 강간과 추행의 죄 중 제297조(강간), 제297조의2(유사강간), 제298조(강제추행), 제299조(준강간, 준강제추행), 제300조(미수범), 제301조(강간등 상해·치상), 제301조의2(강간등 살인·치사), 제302조(미성년자등에 대한 간음), 제303조(업무상위력등에 의한 간음) 및 제305조(미성년자에 대한 간음, 추행)의 죄
4. 「형법」 제339조(강도강간)의 죄
5. 이 법 제3조(특수강도강간 등)부터 제15조(미수범)까지의 죄

② 제1항 각 호의 범죄로서 다른 법률에 따라 가중처벌되는 죄는 성폭력범죄로 본다.

제297조(강간) 폭행 또는 협박으로 사람을 강간한 자는 3년 이상의 유기징역에 처한다. 〈개정 2012.12.18.〉

제297조의2(유사강간) 폭행 또는 협박으로 사람에 대하여 구강, 항문 등 신체(성기는 제외한다)의 내부에 성기를 넣거나 성기, 항문에 손가락 등 신체(성기는 제외한다)의 일부 또는 도구를 넣는 행위를 한 사람은 2년 이상의 유기징역에 처한다.
제298조(강제추행) 폭행 또는 협박으로 사람에 대하여 추행을 한 자는 10년 이하의 징역 또는 1천500만원 이하의 벌금에 처한다. 〈개정 1995.12.29.〉
제299조(준강간, 준강제추행) 사람의 심신상실
제302조(미성년자 등에 대한 간음) 미성년자 또는 심신미약자에 대하여 위계 또는 위력으로써 간음 또는 추행을 한 자는 5년 이하의 징역에 처한다.

자료: 법제처(2015)

표 3-2 아동·청소년의 성보호에 관한 법률(약칭: 청소년성보호법)

[시행 2014.9.29.] [법률 제12361호, 2014.1.28., 타법개정]
"아동·청소년"이란 19세 미만의 자를 말한다. 다만, 19세에 도달하는 연도의 1월 1일을 맞이한 자는 제외한다.
제11조(아동·청소년이용음란물의 제작·배포 등)
① 아동·청소년이용음란물을 제작·수입 또는 수출한 자는 무기징역 또는 5년 이상의 유기징역에 처한다.
② 영리를 목적으로 아동·청소년이용음란물을 판매·대여·배포·제공하거나 이를 목적으로 소지·운반하거나 공연히 전시 또는 상영한 자는 10년 이하의 징역에 처한다.
③ 아동·청소년이용음란물을 배포·제공하거나 공연히 전시 또는 상영한 자는 7년 이하의 징역 또는 5천만원 이하의 벌금에 처한다.
④ 아동·청소년이용음란물을 제작할 것이라는 정황을 알면서 아동·청소년을 아동·청소년이용음란물의 제작자에게 알선한 자는 3년 이상의 징역에 처한다.
⑤ 아동·청소년이용음란물임을 알면서 이를 소지한 자는 1년 이하의 징역 또는 2천만원 이하의 벌금에 처한다.
⑥ 제1항의 미수범은 처벌한다.
제12조(아동·청소년 매매행위)
① 아동·청소년의 성을 사는 행위 또는 아동·청소년이용음란물을 제작하는 행위의 대상이 될 것을 알면서 아동·청소년을 매매 또는 국외에 이송하거나 국외에 거주하는 아동·청소년을 국내에 이송한 자는 무기징역 또는 5년 이상의 징역에 처한다.
② 제1항의 미수범은 처벌한다.
제13조(아동·청소년의 성을 사는 행위 등)
① 아동·청소년의 성을 사는 행위를 한 자는 1년 이상 10년 이하의 징역 또는 2천만원이상 5천만원 이하의 벌금에 처한다.
② 아동·청소년의 성을 사기 위하여 아동·청소년을 유인하거나 성을 팔도록 권유한 자는 1년 이하의 징역 또는 1천만원 이하의 벌금에 처한다.
제14조(아동·청소년에 대한 강요행위 등)
① 다음 각 호의 어느 하나에 해당하는 자는 5년 이상의 유기징역에 처한다.
  1. 폭행이나 협박으로 아동·청소년으로 하여금 아동·청소년의 성을 사는 행위의 상대방이 되게 한 자
  2. 선불금(先拂金), 그 밖의 채무를 이용하는 등의 방법으로 아동·청소년을 곤경에 빠뜨리거나 위계 또는 위력으로 아동·청소년으로 하여금 아동·청소년의 성을 사는 행위의 상대방이 되게 한 자
  3. 업무·고용이나 그 밖의 관계로 자신의 보호 또는 감독을 받는 것을 이용하여 아동·청소년으로 하여금 아동·청소년의 성을 사는 행위의 상대방이 되게 한 자
  4. 영업으로 아동·청소년을 아동·청소년의 성을 사는 행위의 상대방이 되도록 유인·권유한 자
② 제1항제1호부터 제3호까지의 죄를 범한 자가 그 대가의 전부 또는 일부를 받거나 이를 요구 또는 약속한 때에는 7년 이상의 유기징역에 처한다.

③ 아동·청소년의 성을 사는 행위의 상대방이 되도록 유인·권유한 자는 7년 이하의 징역 또는 5천만원 이하의 벌금에 처한다.
④ 제1항과 제2항의 미수범은 처벌한다.

제15조(알선영업행위 등)

① 다음 각 호의 어느 하나에 해당하는 자는 7년 이상의 유기징역에 처한다.
  1. 아동·청소년의 성을 사는 행위의 장소를 제공하는 행위를 업으로 하는 자
  2. 아동·청소년의 성을 사는 행위를 알선하거나 정보통신망에서 알선정보를 제공하는 행위를 업으로 하는 자
  3. 제1호 또는 제2호의 범죄에 사용되는 사실을 알면서 자금·토지 또는 건물을 제공한 자
  4. 영업으로 아동·청소년의 성을 사는 행위의 장소를 제공·알선하는 업소에 아동·청소년을 고용하도록 한 자
② 다음 각 호의 어느 하나에 해당하는 자는 7년 이하의 징역 또는 5천만원 이하의 벌금에 처한다.
  1. 영업으로 아동·청소년의 성을 사는 행위를 하도록 유인·권유 또는 강요한 자
  2. 아동·청소년의 성을 사는 행위의 장소를 제공한 자
  3. 아동·청소년의 성을 사는 행위를 알선하거나 정보통신망에서 알선정보를 제공한 자
  4. 영업으로 제2호 또는 제3호의 행위를 약속한 자
③ 아동·청소년의 성을 사는 행위를 하도록 유인·권유 또는 강요한 자는 5년 이하의 징역 또는 3천만원 이하의 벌금에 처한다.

제8조(장애인인 아동·청소년에 대한 간음 등)

① 19세 이상의 사람이 장애 아동·청소년 (장애인복지법 제2조제1항에 따른 장애인으로서 신체적인 또는 정신적인 장애로 사물을 변별하거나 의사를 결정할 능력이 미약한 13세 이상의 아동·청소년을 말한다. 이하 이 조에서 같다)을 간음하거나 장애 아동·청소년으로 하여금 다른 사람을 간음하게 하는 경우에는 3년 이상의 유기징역에 처한다.
② 19세 이상의 사람이 장애 아동·청소년을 추행한 경우 또는 장애 아동·청소년으로 하여금 다른 사람을 추행하게 하는 경우에는 10년 이하의 징역 또는 1천 500만원 이하의 벌금에 처한다.

자료: 법제처(2014)

1. 성폭력

1) 성폭력의 개념

성폭력gender sexual violence은 물리적 협박, 위계, 위력 등 권력이나 힘의 우위를 이용하여 '성적 자기결정권'을 침해하는 모든 행위를 의미하며, 적극적으로 동의되지 않은 상태에서 성관련 행동과 언어를 일방적으로 표현하여 상대에게 정신적, 신체적 피해를 주는 행위를 말한다.

성폭력은 강간, 강제추행, 공중 밀집장소에서의 추행, 음란전화나 문자, 메일 등 통신매체를 이용한 음란행위, 카메라 등을 이용한 촬영, 성기노출뿐 아니라 원치 않는 신체적 접촉이나 추근거리는 성추행, 불쾌한 성적 언어, 음란한 눈빛으로 바라보는 성희롱, 강간미수, 윤간, 강도강간, 아내 강간, 성매매, 인신매매 등 상대방의 의사에 반하여 가하는 성적 행위로 모든 신체적·언어적·정신적 폭력을 포괄하는 광범위한 개념으로 성폭력에 대

한 막연한 불안감이나 공포심, 그로 인한 행동제약도 간접적인 성폭력이라고 할 수 있다. 즉, 피해자가 거부감이나 고통을 느끼는 모든 위법한 행위를 말한다.

2) 성폭력의 유형

법률에서는 성폭력의 유형을 유사강간, 강제추행, 준강간/준강제추행, 친족관계에 의한 강간, 장애인에 대한 강간·강제추행 등, 13세 미만의 미성년자 간음, 강간과 강제추행 등, 업무상 위력 등에 의한 추행, 공중 밀집장소에서의 추행, 성적 목적을 위한 공공장소 침입행위, 통신매체를 이용한 음란행위, 카메라 등을 이용한 촬영 등(성폭력범죄의 처벌 등에 관한 특례법)으로 분류하였다.

성폭력 유형을 다시 나누어 보면, 첫째, 피해자 연령별 유형으로 아동 성폭력, 청소년 성폭력, 성인 성폭력이 있다. 둘째, 사회관계 특정 유형으로는 직장 내 성희롱·성폭력, 대학 내 성폭력, 데이트 성폭력, 친족 성폭력, 사이버 성폭력, 장애인 성폭력, 운동선수 성폭력 등으로 나눈다.

성폭력 유형별 내용을 자세히 살펴보면, 친족 성폭력은 친족관계라는 일상적 친밀감과 신뢰관계에서 발생하는 성폭력(친족의 의미는 4촌 이내 혈족 또는 인척과 동거하는 친족)이다.

남성 또는 여성 간에 일어나는 성폭력을 동성간 성폭력이라고 하며, 데이트 성폭력은 아동, 청소년, 대학생, 성인 대상에 관계없이 성적인 친밀감이 있으면서 데이트 관계를 유지하는 상황에서 상대방에게 동의 없이 강간뿐만 아니라 강간미수, 성추행, 성희롱 등 성적인 행동을 하여 신체적·정신적 폭력 피해를 입히는 행위를 말한다.

학내 성폭력은 학교를 둘러싼 인간관계, 특히 권력관계에서 우월적 지위를 가진 교수와 교사의 위계·위력을 이용하여 권위주의와 가부장적 문화가 혼합되어 학생에게 행해지는 성폭력, 성추행, 선후배 혹은 또래 학생들 사이에서 일어나는 성폭력이다.

직장 내 성폭력과 성희롱은 권력구조와 동료 간 직장 내 관계에서 대부분 아는 사람에 의해 성을 매개로 일어나는 성폭력과 상대방의 동의 없이 원하지 않는 신체적, 언어적, 시각적 행동을 함으로써 성적 수치심과 불쾌감을 주거나 이를 이유로 불이익을 주는 행위이다.

스토킹은 상대방에게 일방적인 행동의 괴롭힘으로 인한 불안, 공포심을 느낄 정도로 행해지는 반복적이고 잦은 침해 행위이다.

사이버 성폭력은 사이버 공간을 매개로 이루어지는 성적 침해 행위를 말하며, 아동·청소년 대상 성폭력은 만 13세 미만의 아동 대상과 만 13세 이상에서 만 19세 미만(19세 도달 1월 1일 이전까지) 아동·청소년을 대상으로 하는 성폭력 행위이다.

장애인 성폭력은 신체상, 정신상 장애를 가진 사람을 대상으로 성폭력을 하는 행위를 말하며, 지적장애인 대상 성폭력 피해 사례는 인권 사각지대에 놓인 지적장애인의 특수성을 이용한 성폭력이다.

부부간 성폭력은 부부간 폭력, 협박 등으로 위협적인 행동을 취하며 육체적 손상 및 정신적·심리적 압박을 주는 물리적 강제력을 행사하는 성적인 행위이다(2013년 6월 19일. 강간의 객체가 부녀자에서 사람으로 개정 시행). 특히 부부 강간은 가정폭력이 수반되며 일어나는 사례가 많다.

성폭력의 대표적인 유형을 더 살펴보자.

(1) 학교 내 성폭력

대학 내 성폭력은 피해자와 가해자의 관계, 가해자의 학내 지위, 권한에 따른 교수와 학생들 간에 발생하는 문제이다. 강의 중 남성과 여성을 성적 대상화시켜서 비하하는 발언, 시선 처리, 성차별적 발언과 의도적인 신체 접촉에서 발생된다. 특히 대학의 경우 교수에 의한 조교, 대학원생, 대학생 등 여러 피해 사례가 학내 문제로 대두되곤 한다. 특히 교수와 밀접한 관계를 유지해야 하는 예·체능계와 논문지도, 실험, 임용문제 등으로 진로에 영향을 줄 수 있는 관계에서 피해가 빈번하다. 또한 대학교 내에서 동급생 또는 선·후배 관계에서 발생되는 피해에도 여러 형태로 나타난다.

현실에서 교육자는 막대한 영향력과 권한을 행사할 수 있으며 학생은 가르침의 영향력을 받는, 즉 스스로 결정하거나 선택할 기회가 주어지지 않는 취약한 위치에 있다.

이러한 권력관계에서 교사·교수에 의한 성폭력은 피해자들에게 혼란스럽고, 학생의 위치에서 불이익을 당할 것이라는 두려움과 무력감으로 성폭력 피해를 드러내지 못하는 특성이 있어 피해자에게 심각한 후유증을 초래한다(2007년 전국성폭력실태조사).

(2) 데이트 성폭력과 데이트 폭력

데이트 성폭력의 넓은 의미는 아는 사람에 의한 성폭력이다. 데이트 강간은 14세 이상의 남녀 서로 이성애의 감정이 있거나 그 가능성을 인정하고 만나는 과정에서 일어나는 성폭력을 말한다. 일반적으로 이성간의 데이트 중에 상대방으로부터 강요나 조종에 의해 일어나는 성폭력으로 동의 없이 합의되지 않은 상태에서의 성관계로 정의된다.

데이트 강간은 첫째, 상대를 물리적인 힘이나 폭력, 협박 등으로 성관계를 하는 것을 말한다. 둘째, 의식불명, 잠자는 상태, 술 취한 상태 또는 약물 복용 등의 이유로 성적인 행동에 응하지 않겠다는 의사를 밝힐 수 없는 심신 미약, 심신 상실, 항거 불능, 항거 곤란 한 상황에 있을 때를 말한다. 셋째, 파트너를 보복한다고 협박하거나 상대방이 성행위를 허락할 때까지 계속 위협을 하여 강제적 성행동을 하는 것을 말한다.

데이트 성폭력의 경우 20대 피해자가 많이 발생하고, 피해 장소가 숙박업소에 집중되어 있어서 가해자를 처벌하는 데 어려운 점이 있다. 피해자가 숙박업소나 가해자 집을 따라간 것은 성관계의 허용이라는 왜곡된 통념의 사회적 인식으로 인해 사법기관에서도 합의된 성관계로 해석되는 경향이 많다. 피해자는 가해자와의 친밀한 관계 때문에 법적인 처벌받기를 결정하기가 어려우므로 미온적인 대처를 하는 경우가 많다. 또한 피해자 자신도 성폭력과 성관계의 차이를 혼란스러워하는 경우가 많으며, 피해자는 파트너에게 배신당했다는 생각에 다른 성폭력에 비해 상처의 피해를 표현하기가 어렵다.

데이트 폭력은 여성의 거부를 내숭이나 수동적인 자세라고 받아들이는 등 남녀의 의사소통의 문제가 크게 작용하며, 임신, 낙태 등 피해여성이 겪는 후유증이 심각하다. 데이트에서의 연인은 피해자가 되었을 때 죄의식과 수치심에 신고하지 않는 사례가 더 많아서 가해자가 화간(합의에 의한 성관계)을 주장할 경우 처벌에 어려움이 있고 오히려 무고, 간통 등 고소당할 위험이 크다.

교제하는 사이의 성관계는 신뢰를 바탕으로 서로의 성적 욕구를 두려움이나 불안함이 없는 상태에서 편안하게 '싫다', '좋다'를 자유롭게 말할 수 있어야 한다. 또한 성관계는 적극적인 합의와 충분한 동의가 이루어진 상태에서의 행위이며 배려와 존중, 관심과 사랑이 바탕이 되어야 한다.

표 3-3 대학생 데이트 성폭력 사례

저는 대학생이 되어서 처음 남자 친구를 사귀었어요.

첫 만남이 있던 날 저녁을 먹고 난 후 노래방에 가서 술을 마시며 놀았어요. 술을 잘 못하는 저는 조금만 마셨는데도 취할 것 같아서 노래방에서 나왔어요. 그런데 남자친구는 또 호프집에 가서 맥주를 마시며 이야기를 하자고 하여 술이 약한 저는 사양을 했음에도 분위기에 술을 마시게 되었어요. 이 남자는 노래방에서 키스를 하자며 분위기를 유도해 갔고 저는 생각할 틈도 없이 끌려갔어요.

저는 첫 만남부터 스킨십이 쉽지 않아 그 남자의 혀를 밀어내면서 살짝 물었어요. 그리고 호프집에 가서도 스킨십을 계속 원하더라고요. 저는 부담스러워 거절을 하면서 화장실을 가려고 일어나서 나오다가 맥주잔을 스쳐서 병이 쓰러지는 바람에 술에 옷이 많이 젖었어요.

이 남자는 미안하다고 하며 매너 좋게 옷도 말리고 술을 깨야 하니 잠시 모텔에 가서 쉬었다가 가자고 했어요. 저를 배려해 준다고 생각했고, 저도 술 취해서 이대로 집으로 가는 것보다 잠깐 쉬었다가 술 깨고 집에 가는 것이 더 좋을 것 같다는 생각에 모텔을 가게 되었고, 그날 강간의 피해자가 되었어요.

※참고: 데이트 성폭력은 왜 일어날까?

우리는 '답다' 문화에 익숙해 있다. '남자답다', '여자답다'의 표현은 남성과 여성의 역할을 이분법적으로 제한시켜 놓는다. 또한 이런 '답다' 문화가 우리 생활 속에서 남성과 여성의 성역할로 잘못 인식된다면 폭력과 아주 밀접해질 수 있다. 데이트 성폭력 또한 우리 사회의 남성 중심적인 성문화가 데이트 성폭력 원인의 하나로 볼 수 있다. 데이트 성폭력은 이성애 관계에서만 발생하는 것은 아니며, 동성애 관계에서도 발생할 수 있으며 동성 간 성폭력의 피해자 또한 피해자로서의 보호와 존중을 받을 권리가 있다.

행동하기 전 충분한 대화 의사소통이 필요하다.

- 본인의 성적 욕망에 대해 구체적으로 표현하며, 상대방의 의견을 존중한다.
- 상대방의 침묵은 'no'다. 'no'는 분명한 거절로 받아들인다.
- 누구도 성폭력의 피해자가 되기를 바라지 않는다.
- 상대방의 취한 상태나 무기력한 상태를 이용하는 것은 범죄다(심신 미약, 심신 상실, 항거 불능).
- 성적 행위의 표현을 솔직하게 말해서 상대방이 선택하게 한다(성적 자기결정권 행사: 권리임).
- 의사결정을 할 때 자유롭게 거절할 수 있는 분위기를 만든다.
- 데이트 중에 성적 표현은 신중하게 생각하고 표현한다.
- 술을 핑계로 상황을 모면하려 해도 일방적인 행동은 범죄일 수 있다.
- 동정심에 분위기 때문에 성적 접촉을 허락하지 않는다.
- 원치 않는 성적 접촉은 나의 권리이다.

표 3-4 데이트 폭력과 성폭력의 예방과 대처방법

데이트 폭력도 성폭력도 피해자의 문제가 아닌 가해자의 문제이다. 즉, 파트너를 독립된 객체가 아닌 통제할 수 있다는 권력의 문제이며 범죄 행위가 될 수도 있다. 다음과 같은 상황이 발생될 전조증상이 있거나 발생 되었을 때는 신중하게 대처하고 위험한 행동이 나타날 때는 그 자리를 피하고 경우에 따라서는 경찰에 도움을 요청한다.

- 애인이 나를 믿을 수 없다고 하며 나의 모든 일상을 감시한다.
- 친구들이나 가족을 못 만나게 하거나 제한을 둔다.
- 학교나 직장에 가는 걸 방해하거나 막는다.
- 내가 쓰는 돈에 대하여 일일이 간섭하고 통제한다.
- 술을 마시면 화를 많이 내며 폭력성이 나온다.
- 내가 외출할 때 옷차림새나 약속장소, 누구를 만나는지 모두 관여하려고 한다.
- 남들 앞에서 나를 모욕한다.

- 내가 소중하게 여기는 물건이나 재산을 무시하거나 버린다.
- 내 주변의 가족과 애완동물을 해치겠다고 협박한다.
- 나에게 폭력이나 폭언이 잦다.
- 내게 흉기를 사용하거나 사용하겠다고 위협한다.
- 성관계에서 나의 결정권이 무시된다.
- 피임과 임신의 선택권이 나에게 없음을 통보한다.
- 폭력적인 상황이 되었을 때 상대방의 탓을 한다.
- 이별 통보에도 절대 헤어지지 않겠다고 위협한다.

3) 성폭력의 발생 원인

성폭력 발생 원인은 관계에서의 불평등한 요소로 볼 수 있다. 우리 사회에서 온정주의적 왜곡된 통념과 잘못된 사회적 인식, 낮은 인권의식과 이에 기초한 관습과 문화로 볼 수 있으며, 범죄행위를 한 가해자에 대한 합리적이고 엄격한 처벌기준이 필요하나 봐주기식 미약한 처벌이 성범죄를 더 양산하고 있다. 또한 성폭력 피해자 지원체계가 가족까지 확대되어 지원되고 있으나 아직 미흡하다는 것이다.

가부장적 문화에 의한 잘못된 성역할 고정관념과 우리 사회에서 지속된 성차별적이고, 왜곡된 고정관념의 성의식, 폭력의 일상화에 따른 허용적인 태도, 폭력이 다양한 관계에서 오는 상호간 힘의 차이를 불평등한 관계로 인식하지 않는 관용문화에서 찾아볼 수 있다.

가해자에게 "그럴 수도 있지."라는 관용적인 태도와 피해자에게는 "처신을 어떻게 했길래."라고 비난을 하며 피해자와 가해자의 합리적 화해를 권고하고 있는 사법부의 강력한 처벌 의지가 없는 것도 하나의 원인이라고 할 수 있다.

(1) 강간신화

버트(Burt, 1980)는 강간에 대한 편견이나 고정관념 등의 잘못된 신념을 강간신화라고 정의하면서, 강간신화 수용은 성역할 고정관념, 폭력 수용과 같은 태도로부터 예언된다고 하였다. 강간신화의 수용이 실제적 강간을 야기하는 데 중요한 역할을 하며, 여성에 대한 폭력 행동에는 중요한 역할을 한다고 하였다. 특히 그는 성역할 고정관념과 폭력 수용은 강간신화 수용과 밀접한 관계가 있다는 것을 밝혔다. 폭력 수용은 힘과 강압이 승낙을 얻기 위한 정당한 방법이라는 입장을 지지하는 것으로 볼 수 있다.

강간신화는 범죄자의 행위를 정당화하고, 피해자를 비난하게 함으로써 성폭력 행위의 발생과 관련될 수 있는 것이다. 따라서 만약 성역할 고정관념이 성적 희생물로서 여성을 목표로 하려는 사전 조건이었다면, 폭력 수용은 폭력적 행동을 실제적으로 행하는 것에 직접적인 영향을 미치는 요인으로 볼 수 있다.

(2) 강간통념

남성 중심적 사회는 남성의 입장에서 구성된 성폭력에 대한 강력한 의미 구조, 즉 성폭력과 섹슈얼리티에 대한 사회문화적 각본cultural script이 존재한다.

잘못된 통념(피해자 유발론·책임론 아니다.)이 성폭력 발생 원인 중 하나다.

- 야한 옷차림이 성희롱·성폭력을 유발한다.
- 끝까지 저항하면 성폭력을 일어나지 않는다.
- 남자의 성욕은 자연스러운 것이다 그래서 억제할 수 없다.
- 열 번 찍어 안 넘어가는 나무 없다.
- 성폭력은 낯선 사람에게 일어난다.
- 여자의 침묵은 '예yes'다.
- 나에게는 일어나지 않는다.
- 성폭력을 당할 만한 사람은 따로 있다.

4) 성폭력 관련 법·제도 변화 및 현황

표 3-5 2010년 성폭력범죄자처벌법과 성폭력방지 및 피해자보호 등에 관한 법률안 제·개정

1994년 제정	「성폭력범죄의 처벌 및 피해자보호 등에 관한 법률」 '정조에 관한 죄' 아내강간 적용 못함. 친고죄 폐지 적용 못함
1995년 제정	'강간과 추행의 죄'로 변경
1997년 개정	13세 미만의 미성년자에 대한 성폭력 친고죄 폐지
2003년 개정	13세 미만 아동과 장애인 피해자 신뢰관계자 동석 의무화
2013년 개정	13세 미만 아동과 장애인 피해자 신뢰관계자 동석 의무화 남성강간피해자 포함(부녀자에서 사람으로 확대) 장애인 준강간(준강제추행) '항거곤란' 추가 촬영물 반포 죄 등 신설 성적 목적 위한 공공장소 침입죄 신설 등

자료: 한국성폭력상담소 엮음(2011)

2014년도 한국성폭력상담소 통계를 통해 보자면 성폭력 전체 피해자 1,450명 중 여성 1,377명으로 95%, 이 중 성인은 951명, 약 66%로 나타났다. 반면 남성은 43명으로 약 3%로 보여 주고 있다.

표 3-6 2014년 피해자 성별, 연령별 상담 현황

단위: 건(%)

연령대 / 성별	성인 (20세 이상)	청소년 (14~19세)	어린이 (8~13세)	유아 (7세 이하)	미상	총계
여	951(65.6)	199(13.7)	109(7.51)	41(2.82)	77(5.31)	1,377(95.0)
남	43(2.96)	10(0.69)	13(0.9)	4(0.28)	3(0.20)	73(5.0)
총계	994(68.6)	209(14.4)	122(8.4)	45(3.1)	80(5.5)	1,450(100.0)

자료: 한국성폭력상담소(2014)

성폭력 전체 가해자 1,450명 중 남성은 1,368명으로 약 94%이며, 이 중 성인은 약 75%로 1,097명이다. 반면 여성 가해자는 42명으로 약 3%이다.

표 3-7 2014년 가해자 성별, 연령별 상담 현황

단위: 건(%)

연령대 / 성별	성인 (20세 이상)	청소년 (14~19세)	어린이 (8~13세)	유아 (7세 이하)	미상	총계
여	34(2.3)	0(0.0)	5(0.3)	0(0.0)	3(0.2)	42(2.9)
남	1,097(74.5)	115(7.9)	21(1.5)	10(0.7)	125(8.5)	1,368(94.3)
미상	4(0.3)	0(0.0)	0(0.0)	0(0.0)	36(2.5)	40(2.8)
총계	1,135(78.3)	115(7.9)	26(1.8)	10(0.7)	164(11.3)	1,450(100.0)

자료: 한국성폭력상담소(2014)

표 3-8 상담통계: 대학 내 성폭력 가해자 현황

단위: 건(%)

가해자	선배	동급생	교수·강사	후배	직원	계
대학교	24(39.3)	24(39.3)	8(13.1)	3(4.9%)	2(3.3)	61(100)
대학원	1(20.0)	0(0.0)	2(40.0)	0(0.0%)	2(40.0)	5(100)
계	10(15.2)	25(37.9)	3(4.5%)	24(36.4%)	4(6.1)	66(100)

자료: 한국성폭력상담소(2014)

표 3-9 2014년 전국 성폭력상담소 현황

*단위: 개소/괄호 안은 장애인 상담소 숫자임

지역	세종	서울	부산	대구	인천	광주	대전	울산	경기	강원	충북	충남	전북	전남	경북	경남	제주	계
전체	1	19 (4)	6 (1)	4	6 (2)	11 (2)	5 (1)	3 (1)	36 (3)	6	7 (1)	14 (2)	13 (1)	10 (1)	14 (2)	14 (1)	3 (1)	172 (23)

자료: 한국성폭력상담소(2014)

표 3-10 2014년 전국 성폭력 피해자 보호 시설 현황

단위: 개소

지역	세종	서울	부산	대구	인천	광주	대전	울산	경기	강원	충북	충남	전북	전남	경북	경남	제주	계
전체	-	2	2	1	1	1	1	1	4	1	2	1	2	1	1	2	1	15

자료: 여성가족부(2014)

5) 성폭력의 예방 및 대응전략

성폭력 예방교육에 있어서 성폭력은 가해자의 의도나 잘못된 사고에 의한 행동의 문제라서 피해자에게 예방책을 말할 수 있는 것은 매우 위험한 발상이다. 그러나 가해자의 행동이 멈추지 않는 한 불특정 피해자들은 예방교육과 피해 노출에 대처를 해야 하는 사회적 현실이다. 피해자 책임론 내지 유발론은 피해자를 숨게 만들고, 가해자의 행동을 정당화시켜 사회 곳곳에서 죄의식 없이 활보하게 만든다.

표 3-11 모둠 토의를 통한 예방책과 대안책의 실제

성폭력과 데이트성폭력			
모둠별	잘못된 통념으로 인한 유발론·책임론	예방대책	바람직한 우리의 성문화
토론	• • • • • • • •	• • • • • • • •	• • • • • • • •

6) 성폭력 피해자 지원제도

피해 발생 즉시 경찰 112에 신고하고 해바라기센터(one-stop 지원)에 방문하여 증거 채취 및 의료지원을 받는다. 상담은 성폭력상담소와 긴급전화 1366에서도 안내를 받을 수 있다. 또한 피해자는 고소 후 상담, 법률지원, 의료지원 등 다양한 지원을 받을 수 있다.

표 3-12 상담·법률지원 안내

긴급전화	여성긴급전화 1366
수사, 상담, 의료, 법률지원	해바라기센터·성폭력상담소·전국범죄피해자지원센터
의료(상담 및 평가지원)	범죄피해자지원센터(1577-1295) 지방경찰청 청문감사담당관실(1566-0112)
성폭력 피해자 무료 법률지원	대한법률구조공단(132) 대한변협법률구조재단(02-3476-6515) 한국성폭력위기센터(02-883-9285) 대한변호사협회(02-3476-4003)

2. 성희롱

1) 성희롱의 정의

업무, 고용, 그밖의 관계에서 국가기관·지방자치단체 또는 대통령이 정하는 공공단체(이하 "국가기관 등"이라 한다)의 종사자, 사용자 또는 근로자가 그 지위를 이용하거나 업무 등과 관련하여 성적 언동 등으로 상대방에게 성적 굴욕감 또는 혐오감을 느끼게 하거나 성적 언동, 그밖의 요구 등에 대한 불응을 이유로 고용상의 불이익을 주는 것을 성희롱 Sexual Harassment이라고 한다.

성희롱 관련 법의 제정 취지를 살펴보면 성희롱은 육체적, 심리적, 정신적 고통, 근로 의욕 상실 등 피해 후유증으로 사직, 이직 등의 노동권 박탈의 문제이며, 성차별적인 인식 또는 관행에 의한 근로권, 성적 자기결정권 침해의 불법 행위이다. 또한 사회적 책임(국가 및 사업주의 책임이 따르는 행위)이 따른다. 대학에서는 학업에 있어서 상대방이 성적 언동 또는 요구에 대한 불응을 이유로 불이익을 주거나 그에 따르는 것을 조건으로 이익 공여의 의사표시를 하는 행위이다.

성희롱은 다양한 관계에서 발생하는 힘의 차이에서 일어나는 문제이다.

'서울대 신교수에 의한 성희롱 소송 투쟁(1993~1999)'을 처음으로 성적 괴롭힘으로 인한 노동권 침해를 '성희롱'으로 명명하였으며, 「남녀고용평등법」의 성희롱 관련 법 제도를 마련하였다. 또한 '현대자동차 아산공장 성희롱 소송 투쟁(2009~2010)'은 최초로 성희롱으로 인한 정신적 피해에 대한 산업재해로 인정받았으며, 피해자 원직 복직, 가해자 처벌의 선례를 보여 주었다.

2) 성희롱의 유형

(1) 육체적 성희롱

- 입맞춤이나 포옹, 뒤에서 껴안기 등의 신체적 접촉 행위
- 가슴·엉덩이 등 특정 신체 부위를 만지는 행위
- 안마나 애무를 강요하는 행위

※ 행위 유형과 내용에 따라 형사처벌 대상이 될 수도 있다.

(2) 언어적 성희롱

- 음란한 농담을 하거나 음탕하고 상스러운 이야기를 하는 행위(전화 통화를 포함)
- 외모에 대한 성적인 비유나 평가를 하는 행위
- 성적 사실관계를 묻거나 성적인 정보를 의도적으로 유포하는 행위
- 성적 관계를 강요하거나 회유하는 행위
- 회식자리 등에서 무리하게 옆에 앉혀 놓고 술을 따르도록 강요하는 행위

(3) 시각적 성희롱

- 음란한 사진·낙서·출판물 등을 게시하거나 보여 주는 행위(휴대전화, SNS, 인터넷 게시판, 마이크로블로그, 채팅이나 팩시밀리 등을 이용하는 경우를 포함한다)
- 성과 관련된 자신의 신체 부위를 고의적으로 노출하거나 만지는 행위

(4) 그밖에 사회통념상 성적 굴욕감 또는 혐오감을 유발하는 언어나 행동

"2015년 성추행 교사 첫 적용 교육공무원 '원스트라이크 아웃' 서울의 한 공립고등학

교 체육교사 여학생 강제추행으로 '성범죄 교원' 교단서 영구 퇴출…교육부, 연금 삭감도 추진" 하겠다고 밝혔다.

표 3-13 교사에 의한 학생의 성폭력 피해 사례

A 교사는 2015년 5월 12일 오후 8시 교내 체육관에서 동아리 활동을 하던 피해 학생을 밀폐된 공간으로 데려간 뒤 뒤에서 강제로 껴안는 등 성추행을 하였다. A 씨는 같은 달 19일 관할 경찰서를 찾아 자수한 뒤 사직서를 냈고 직위 해제된 상태다. 하지만 피해 학생이 경찰에 피해자 진술을 꺼린데다 학생의 부모도 "지나간 일을 딸에게 기억하게 하고 싶지 않고 가해 교사에 대한 처벌도 원하지 않는다."는 입장을 밝혀 사법처리는 되지 않았고 불기소 처분을 받았다. 하지만 시교육청은 A 씨가 성추행을 자백한 만큼 중징계를 내려야 한다는 입장이다. 시 교육청의 요구대로 징계위원회에서 해임 또는 파면 결정이 내려지면 재임용이 불가능하다. 2012년 개정된 「교육공무원법」에 따르면 미성년자 대상 성범죄를 저질러 100만 원 이상 벌금형을 선고받거나 해임 또는 파면된 교사는 교원 임용 결격 사유에 해당되어 다시 교단에 설 수 없다.

3) 교수-학생 간의 성희롱, 성추행

성적인 접촉에 대한 거부로 학점이나 학위 인정, 논문 통과, 진로 등에 불이익을 주거나 부정적인 영향을 미치는 경우이다. 성희롱이 많이 발생하는 장소로는 주로 강의실, 연구실, 회식장소 등이며, 신체 접촉, 데이트 강요, 술 따르기 강요, 옆자리 앉히기 강요, 성적인 모욕을 주는 언행 등 피해자 개인에 대한 지속적인 성희롱 성추행을 통하여 피해자에게 정신적·사회적·물질적으로 피해를 입히는 경우이다.

4) 성희롱 발생 시 대처방법

(1) 성희롱 피해자의 경우

- 명확한 거부의사를 표현한다.
- 서면이나 이메일, 문자메시지(SNS) 등으로 거부의사를 표현한다.
- 증거자료를 수집한다(날짜, 시간, 장소, 구체적인 내용, 목격자나 증인, 성적인 언어나 행동에 대한 느낌 등을 구체적으로 기록한다). 가해자가 보낸 서면이나 이메일, 휴대전화 문자메시지 등도 증거가 된다.
- 학생인권상담센터에 면담을 요청한다.
- 학교 내의 공식적인 처리 절차를 이용하거나 국가인권위원회 진정 등 법적 구제 절

그림 3-1 신체적·언어적·시각적 성희롱 사례
자료: 국가인권위원회 성희롱 예방안내서

차를 활용한다(성희롱을 당한 당사자나 그 사실을 알고 있는 사람 혹은 단체는 전화, 우편, 방문, 팩스, 홈페이지를 통해 진정할 수 있다).

(2) 성희롱 가해자의 경우

- 자신의 의도와 관계없이 상대방이 거부의사를 표현하면 즉시 사과한다.
- 피해자의 요구사항을 이행하고 징계가 합당하면 수용한다.

표 3-14 양성평등기본법

제3조 2. "성희롱"이란 업무, 고용, 그밖의 관계에서 국가기관·지방자치단체 또는 대통령령으로 정하는 공공단체(이하 "국가기관등"이라 한다)의 종사자, 사용자 또는 근로자가 다음 각 목의 어느 하나에 해당하는 행위를 하는 경우를 말한다. 가. 지위를 이용하거나 업무 등과 관련하여 성적 언동 또는 성적 요구 등으로 상대방에게 성적 굴욕감이나 혐오감을 느끼게 하는 행위 나. 상대방이 성적 언동 또는 요구에 대한 불응을 이유로 불이익을 주거나 그에 따르는 것을 조건으로 이익 공여의 의사표시를 하는 행위 3. "사용자"란 사업주 또는 사업경영담당자, 그 밖에 사업주를 위하여 근로자에 관한 사항에 대한 업무를 수행하는 자를 말한다. [시행 2015. 7. 1]

표 3-15 연도별 성희롱 제정과 시행령

여성발전기본법(1995. 12. 제정)	처음으로 '성희롱' 용어를 명시함으로써 법률용어가 됨
남녀고용평등법(1999. 2. 시행)	직장내 성희롱 사업주 책임/예방교육 실시 일반 사업장만 해당
남녀차별금지법(1999. 2. 시행)	성희롱을 남녀차별로 규정 공공기관 종사자까지 규정 공공기관 종사자까지 그 범위 확대
국가인권위원회법(2001. 5. 제정)	2005년. 남녀차별금지법 폐지 국가인권위원회로 일원화, 국가인권위원회 성희롱 시정조치
양성평등기본법(2015. 7. 1.시행)	제3조2호 조건형, 보복형(불이익), 대가형(이익) 명시

3. 성매매

「성매매특별법」이란 「윤락행위 등 방지법」을 대체하는 새로운 법안으로 2001년 11월 입법 청원한 이후 2002년에 입법 발의되었으며, 2004년 3월 22일 「성매매알선 등 행위의 처벌에 관한 법률」과 「성매매방지 및 피해자보호 등에 관한 법률」(이하 성매매방지법)이 제정되었고, 2004년 9월 23일에 시행되었다.

1) 성매매의 개념

「성매매처벌법」상 성매매란 '불특정인을 상대로 금품 그밖에 재산상의 이익을 수수, 약속하고 성교 행위 또는 구강·항문 등 신체의 일부 또는 도구를 이용한 유사 성교 행위를 하거나 그 상대방이 되는 것'을 의미한다. 유사 성교 행위를 판단한 판례(2007고단 58)를 보면 대법원은 "대딸방(입이나 손을 사용해 대신 자위행위 해주는 것)"에서 이루어진 영업 행위도 "손님이 성교와 유사한 것으로 볼 수 있을 정도의 성적 만족을 얻도록 하기 위한 신체접촉 행위로 볼 수 있다"고 판단하였다.

'아동·청소년의 성을 사는 행위'는 아동·청소년, 아동·청소년의 성(性)을 사는 행위를 알선한 자 또는 아동·청소년을 실질적으로 보호·감독하는자 등에게 금품이나 그밖의 재산상 이익, 직무·편의 제공 등 대가를 제공하거나 약속하고 성교 행위, 구강·항문 등 신체의 일부나 도구를 이용한 유사 성교 행위, 신체의 전부 또는 일부를 접촉·노출하는 행위이다. 일반인의 성적 수치심이나 혐오감을 일으키는 행위인 자위행위를 청소년을 대상으로 하거나 청소년으로 하여금 하게 하는 것도 청소년 성매매의 유형에 해당한다.
-한국가정법률상담소(2010),「학교에서의 성인지적 예방교육 교안」 재인용-

'성매매알선 등 행위'란 성매매를 알선·권유·유인 또는 강요하는 행위, 성매매의 장소를 제공하는 행위, 성매매에 제공되는 사실을 알면서 자금·토지 또는 건물을 제공하는 행위 등을 말한다. 19세 미만의 자(19세에 도달하는 해의 1월 1일을 맞이한 자는 제외)에 대한 성매매에 대해서는「아동·청소년성보호법」이 적용된다. 청소년을 대상으로 한 성매매는 「성매매처벌법」보다 금지범위가 넓다.

2) 한국의 성매매 방지 정책의 흐름

「성매매방지법」 제정은 성매매 피해여성들이 기지촌이나, 집결지에서 감금과 착취적인 빚의 굴레 속에서 성매매를 강요당하다 죽임을 당하거나 화재로 사망하는 사건들이 연이어서 발생하자 성매매는 더 이상 묵인할 수 없는 우리 사회의 심각한 문제가 되었다. 또한 미국 국무부는 인권보고서(2002)에서 한국을 국제 인신매매의 송출국이자 경유국, 최종 도착국이라며 '인권 침해 3등급 국가'로 판정하였다.

이러한 배경 속에서 2004년 우리나라 정부는 한계도 많고 사문화되어 제 기능을 발휘하지 못하는「윤락행위 등 방지법」 대신「성매매방지법」을 새로 제정하였다.「윤락행위 등 방지법」은 여성에게만 도덕적인 잣대를 들이대어 사회적으로 비난하고 법적으로 처벌하면서 성구매자인 남성에 대해서는 어떤 비난도 처벌도 거의 이루어지지 않았다.「성매매방지법」은 성을 매매하고 알선·조장한 자들에 대한 처벌법과 성매매 피해여성들에 대한 구조와 상담, 보호, 지원을 중심으로 한 보호법으로 이루어져 있다.

「성매매방지법」은 성매매를 사회구조적인 억압과 착취, 차별의 문제로 인식하고 성매매 알선자에 의한 처벌, 몰수·추징제도, 선불금 등 불법채권 무효화 등을 강화하였다.「윤락행위 등 방지법」과 다른「성매매방지법」의 가장 큰 특징은 성매매 여성을 피해자로 보고 처벌하지 않는다는 것이다.「윤락행위 등 방지법」에서는 성매매를 강요당한 경우에도 업주는 물론 성매매 여성도 처벌받았다.

그러나 「성매매방지법」에서는 피해자에 해당하는 여성은 처벌받지 않는다(제6조) '성매매피해자'로 인정되는 기준은 위계·위력 그밖에 이에 준하는 방법으로 성매매를 강요당한 자, 업무·고용 그 밖의 관계로 인하여 보호 또는 감독하는 자에 의하여 마약에 중독되어 성매매를 한 자, 청소년, 사물을 변별하거나 의사를 결정할 능력이 없거나 미약한 자 또는 중대한 장애가 있는 자로서 성매매를 하도록 알선·유인된 자, 성매매 목적의 인신매매를 당한 자를 말한다.

선불금 제공 등의 방법으로 대상자의 동의를 얻은 때에도 그 의사에 반하여 이탈을 제지한 경우, 타인을 고용·감독하는 자, 출입국·직업을 알선하는 자 또는 그를 보조하는 자가 성을 파는 행위를 하게 할 목적으로 여권 또는 이에 갈음하는 증명서를 채무이행 확보 등의 명목으로 제공하게 한 경우도 피해자로 본다.

기존의 「윤락행위 등 방지법」은 '여자가 타락하여 몸을 망치게 되는 상태에 빠짐'을 의미하는 윤락이라는 용어를 사용하였으나 「성매매방지법」에서는 '윤락'이라는 용어를 '성매매'라는 가치 중립적인 용어로 대체하였다. 다만 법적으로 구매자와 알선자만 범죄자로 처벌하는 스웨덴과 달리 우리나라는 여성들도 처벌하되, 성매매 피해자로 인정되는 여성에 한해 처벌을 면제하는 것이 다르다. 아동·청소년의 경우에는 성매매 유입 전 단계인 유인 행위도 처벌된다.

3) 우리나라 청소년 성매매 현실과 인권

(1) 청소년 성매매 유입

경찰청의 2010년 자료를 보면, 우리나라 청소년 성매매의 90% 이상이 인터넷을 통해 거래되고 있다고 볼 때 인터넷, 스마트 폰은 중요한 성매매 알선 매체이며, 성매매가 거래되는 가상 업소라고 보아야 한다. 따라서 청소년 성매매가 순수한 개인간 1:1 형식의 거래라고 보아서는 안 된다. 2015년 3월 26일 서울 관악구의 한 모텔에서 14세 소녀가 살해되는 끔찍한 사건이 발생되었다. 14세 소녀 살인사건의 경우, 성인 남성 알선업자 3인에 의해 사이버상에서 조직적으로 조건만남을 알선했음을 볼 때, 최근 사이버상의 조건만남은 알선업자들에 의해 조직적으로 십대 소녀들이 알선·유인·교사되고 있는 추세임을 알 수 있다.

표 3-16 **피해 사례 1**

작년 말부터 올해 초에 돈이 필요해서 **'즐톡'**을 통해 조건만남을 했습니다. 서너 번 만나다가 이건 아닌 것 같아서 연락하지 말라고 했지만 계속 만나자는 보챔에 만났습니다. 한 번 만날 때마다 20만 원씩 받았지만 제가 돈이 급하다고 하면 그 사람이 저를 사랑한다고 하면서 몇 십만 원씩 보내줬습니다. 남자친구도 있는 상태에서 어떻게 해서든 돈을 모아 보내려고 했지만 그 사람은 신고한다고 협박하고 자신은 잃을 게 없다며 계속 협박하고...... 생략

(사례자 10대)

위 사례는 성인 남성이 조건 만남을 통해 만난 아동청소년을 '성매매의 대상이 되었으므로 너도 처벌되니 신고하겠다.' 하는 방식으로 협박하여 만남을 강요하고 스토킹한 사례이다.
필자도 청소년 성폭력과 성매매 유입 과정에서 인터넷과 스마트폰이 매개가 된 피해 사례를 주제로 '2016년 4월 23일 한국폭력예방상담학회가 마련한 심포지엄 "청소년 성매매 현황과 진단"에서 토론자의 한 사람으로 참여하였다. 각종 매체를 통해 쏟아지는 청소년 피해 사례와 현장에서 본 사례를 접하며, 급속도로 퍼져가는 인터넷, 스마트폰 성매매는 아동·청소년을 목적으로 하고 있다. 피해에 노출된 청소년들은 스스로 범죄의 피해자라는 인식이 부족하며, 범죄로 인식을 한다 하더라도 어른들이 알면 혼날까 봐 묻어두고 간다. 위기에 놓인 아동·청소년의 현재 상황을 보고 청소년들에게 '기성세대가 미래세대에게 어떤 성적 도덕 가치를 전수할 것인가' 라는 발제를 맡아 발표하면서 해결 방안을 위한 유해한 인터넷상 환경 개선과 대책 마련 그리고 정부의 역할 등 다각도로 문제제기를 하며 토론을 마무리하였다.

자료: 조진경, 이향숙(2016)

표 3-17 **토론 사례 2**

2015년 11월 19일 '성매매 피해청소년 지원 개선방안 마련을 위한 세미나'가 서울여성플라자에서 열렸다. 여성가족부와 한국여성인권진흥원은 이날 발표된 '성매매 피해청소년 치료·재활사업 연차보고서 종단분석' 보고서에 따르면 작년 치료·재활교육을 받은 성매매 피해청소년 355명의 24.6%가 가출 후 생계비를 마련하기 위해 성매매를 했다고 답했다.
호기심에(18.2%), 용돈이 적어서(15.4%), 강요에 의해서(10.7%) 등도 뒤를 이었다.
응답자 중 가출 경험이 있는 청소년은 98%에 달했다. 이는 2011년 87.5%에 비해 10.5%p 증가한 수치다.
최초 성매매 시기는 평균 16.2세로 조사됐다. 평균 성매매 기간은 1년 5개월이었다.
성매매 유입경로는 친구 혹은 주변의 소개(36.3%)가 가장 많았으며, 33.2% 인터넷이 경로가 되었다.
여성가족부가 지역 위기청소년교육센터와 함께 진행하는 성매매 피해 청소년 치료·재활사업은 효과가 큰 것으로 나타났다. 치료·재활사업은 성매매 피해 청소년을 대상으로 전문 치료·재활 교육은 물론 성인이 될 때까지 맞춤형 상담서비스를 제공한다.
치료·재활교육을 받은 응답자 82.4%가 "성매매를 반드시 그만둘 것"이라는 의지를 밝혔고, 성매매 대처방법에 대해서도 41.6%가 "위기청소년교육센터나 쉼터 선생님 등 어른들에게 도움을 청한다"고 답했다.
*여성가족부와 한국여성인권진흥원이 마련한 '2015년 11월 19일 성매매 피해 청소년 지원 개선방안 마련을 위한 세미나'에서도 언급했듯이 '가출 후 생계비를 마련하기 위해 성매매를 했다'고 답했던 청소년이 살고 있는 우리 사회이다.

(2) 성매매 피해여성에 대한 인권침해와 착취

성매매는 인간의 성을 상품화하고 인간을 도구화한다는 점에서 인간의 존엄성을 파괴한다. 실제로 성매매 피해여성은 취업사기, 착취, 폭력, 감금, 각종 질병인 성병, 자궁암 등

산부인과 질환뿐 아니라 치과 질환, 안과 질환, 당뇨, 임신중절후유증 등 다양한 실체적 질환에 시달린다. 생리 중에도 성매매를 강요당하는 경우가 일상적이다. 성매매 피해여성의 외상후스트레스장애 정도는 베트남 참전 군인이나 걸프전 참전 군인과 신체적·성적 학대의 경험을 가진 여성들과 비교했을 때 심각도가 더 높다고 한다. 즉, 성매매 피해가 전쟁의 경험보다도 더 큰 심리적 외상을 남긴다는 것이다. 성매매 피해여성들은 심각한 인권 침해를 겪고 있다.

4) 아동·청소년 대상 성범죄자의 신상정보 등록 및 공개와 취업 제한

신상정보 등록 대상자 및 등록 내용으로는 청소년 성범죄로 유죄판결이 확정된 자, 다만 청소년의 성을 사는 행위의 경우에는 2회 이상 유죄판결을 받았거나 대상 청소년이 13세 미만인 경우에 한하여 성명·주민등록번호·주소 및 실제 거주지·직업 및 직장 등의 소재지·신체정보(키와 몸무게)·사진(등록일 기준으로 6개월 이내에 촬영된 것)·소유차량의 등록번호 등이 등록 대상이다.

표 3-18 성매매방지법

「윤락행위 등 방지법」을 대체하는 새로운 법안은 2001년 11월 입법 청원한 이후 2002년에 입법 발의되었으며, 2004년 3월 22일 「성매매알선 등 행위의 처벌에 관한 법률」과 「성매매방지 및 피해자보호 등에 관한 법률」 (이하 성매매방지법)이 제정되었고, 2004년 9월 23일에 시행되었다.

성매매알선 등 행위의 처벌에 관한 법률
성매매 알선 행위 및 성매매 목적의 인신매매를 근절하고, 성매매 피해자의 인권을 보호함을 목적으로 성매매 업주에 대한 강력한 처벌과 성산업 축소 및 성매매 피해자의 인권보호를 주요한 목표로 하고 있다.

표 3-19 성매매방지 및 피해자보호 등에 관한 법률

(약칭: 성매매피해자보호법) 약칭 [시행 2015.7.1.] [법률 제12698호, 2014.5.28., 타법 개정]
제1장 총칙 〈개정 2011.5.23.〉
제1조(목적) 이 법은 성매매, 성매매알선 등 행위 및 성매매 목적의 인신매매를 근절하고, 성매매피해자의 인권을 보호함을 목적으로 한다.
[전문개정 2011.5.23.]
제2조(정의) ① 이 법에서 사용하는 용어의 뜻은 다음과 같다. 〈개정 2011.9.15.〉
1. "성매매"란 불특정인을 상대로 금품이나 그 밖의 재산상의 이익을 수수(收受)하거나 수수하기로 약속하고 다음 각 목의 어느 하나에 해당하는 행위를 하거나 그 상대방이 되는 것을 말한다.
가. 성교행위
나. 구강, 항문 등 신체의 일부 또는 도구를 이용한 유사 성교행위

2. "성매매알선 등 행위"란 다음 각 목의 어느 하나에 해당하는 행위를 하는 것을 말한다.
가. 성매매를 알선, 권유, 유인 또는 강요하는 행위
나. 성매매의 장소를 제공하는 행위
다. 성매매에 제공되는 사실을 알면서 자금, 토지 또는 건물을 제공하는 행위
3. "성매매 목적의 인신매매"란 다음 각 목의 어느 하나에 해당하는 행위를 하는 것을 말한다.
가. 성을 파는 행위 또는 「형법」 제245조에 따른 음란행위를 하게 하거나, 성교행위 등 음란한 내용을 표현하는 사진·영상물 등의 촬영 대상으로 삼을 목적으로 위계(僞計), 위력(威力), 그 밖에 이에 준하는 방법으로 대상자를 지배·관리하면서 제3자에게 인계하는 행위
나. 가목과 같은 목적으로 「청소년 보호법」 제2조제1호에 따른 청소년(이하 "청소년"이라 한다), 사물을 변별하거나 의사를 결정할 능력이 없거나 미약한 사람 또는 대통령령으로 정하는 중대한 장애가 있는 사람이나 그를 보호·감독하는 사람에게 선불금 등 금품이나 그 밖의 재산상의 이익을 제공하거나 제공하기로 약속하고 대상자를 지배·관리하면서 제3자에게 인계하는 행위
다. 가목 및 나목의 행위가 행하여지는 것을 알면서 가목과 같은 목적이나 전매를 위하여 대상자를 인계받는 행위
라. 가목부터 다목까지의 행위를 위하여 대상자를 모집·이동·은닉하는 행위
4. "성매매피해자"란 다음 각 목의 어느 하나에 해당하는 사람을 말한다.
가. 위계, 위력, 그 밖에 이에 준하는 방법으로 성매매를 강요당한 사람
나. 업무관계, 고용관계, 그 밖의 관계로 인하여 보호 또는 감독하는 사람에 의하여 「마약류관리에 관한 법률」 제2조에 따른 마약·향정신성의약품 또는 대마(이하 "마약등"이라 한다)에 중독되어 성매매를 한 사람
다. 청소년, 사물을 변별하거나 의사를 결정할 능력이 없거나 미약한 사람 또는 대통령령으로 정하는 중대한 장애가 있는 사람으로서 성매매를 하도록 알선·유인된 사람
라. 성매매 목적의 인신매매를 당한 사람
② 다음 각 호의 어느 하나에 해당하는 경우에는 대상자를 제1항제3호가목에 따른 지배·관리하에 둔 것으로 본다.
1. 선불금 제공 등의 방법으로 대상자의 동의를 받은 경우라도 그 의사에 반하여 이탈을 제지한 경우
2. 다른 사람을 고용·감독하는 사람, 출입국·직업을 알선하는 사람 또는 그를 보조하는 사람이 성을 파는 행위를 하게 할 목적으로 여권이나 여권을 갈음하는 증명서를 채무이행 확보 등의 명목으로 받은 경우
[전문개정 2011.5.23.]

제2장 성매매피해자 등의 보호
제6조(성매매피해자에 대한 처벌특례와 보호)
① 성매매피해자의 성매매는 처벌하지 아니한다.
② 검사 또는 사법경찰관은 수사과정에서 피의자 또는 참고인이 성매매피해자에 해당한다고 볼 만한 상당한 이유가 있을 때에는 지체 없이 법정대리인, 친족 또는 변호인에게 통지하고, 신변보호, 수사의 비공개, 친족 또는 지원시설·성매매피해상담소에의 인계 등 그 보호에 필요한 조치를 하여야 한다. 다만, 피의자 또는 참고인의 사생활 보호 등 부득이한 사유가 있는 경우에는 통지하지 아니할 수 있다.
③ 법원 또는 수사기관이 이 법에 규정된 범죄를 신고(고소·고발을 포함한다. 이하 같다)한 사람 또는 성매매피해자(이하 "신고자등"이라 한다. 이하 같다)를 조사하거나 증인으로 신문(訊問)하는 경우에는 「특정범죄 신고자 등 보호법」 제7조부터 제13조까지의 규정을 준용한다. 이 경우 「특정범죄 신고자 등 보호법」 제9조와 제13조를 제외하고는 보복을 당할 우려가 있어야 한다는 요건이 필요하지 아니하다.
[전문개정 2011.5.23.]

자료: 법제처(2015)

표 3-20 성매매 관련 OX 퀴즈

1. 일부 여성들은 자발적으로 성매매를 한다? (O/X) 자기가 좋아서 성매매를 하는 것 아닌가?
2. 성매매 여성들은 돈을 많이 번다? (O/X)
3. 성매매 여성들은 남들보다 성욕이 강하다? (O/X) 섹스를 밝히는 여자들이 성매매 하는 것 아니야?
4. 성매매는 남성들의 성욕 해결을 위해 필요하다? (O/X) 남자들의 성욕을 위한 필요악 아닌가?
5. 성구매를 나만 안 할 수는 없다? (O/X)
6. 성매매는 개인의 문제이다? (O/X)
7. 성매매는 역사적으로 가장 오래된 직업이다? (O/X)
8. 성매매는 사회의 필요악이다? (O/X)
9. 성매매가 없어지면 성폭력이 늘어날 것이다? (O/X)
10. 장애남성과 같은 소외계층 남성의 성욕을 해결하기 위해서는 성매매가 필요하다? (O/X)
11. 성매매를 금지하면, 오히려 성매매가 음성화되고 확산될 것이다? (O/X)

답: 모두 X

자료: 성구매자 교육(존스쿨) 전문프로그램 매뉴얼(2012)

4. 사이버 성폭력

표 3-21 성폭력범죄의 처벌 등에 관한 특례법(약칭: 성폭력처벌법)

제13조(통신매체를 이용한 음란행위)
자기 또는 다른 사람의 성적 욕망을 유발하거나 만족시킬 목적으로 전화, 우편, 컴퓨터, 그 밖의 통신매체를 통하여 성적 수치심이나 혐오감을 일으키는 말, 음향, 글, 그림, 영상 또는 물건을 상대방에게 도달하게 한 사람은 2년 이하의 징역 또는 500만원 이하의 벌금에 처한다.

제14조(카메라 등을 이용한 촬영)
① 카메라나 그 밖에 이와 유사한 기능을 갖춘 기계장치를 이용하여 성적 욕망 또는 수치심을 유발할 수 있는 다른 사람의 신체를 그 의사에 반하여 촬영하거나 그 촬영물을 반포·판매·임대·제공 또는 공공연하게 전시·상영한 자는 5년 이하의 징역 또는 1천만원 이하의 벌금에 처한다.
② 제1항의 촬영이 촬영 당시에는 촬영대상자의 의사에 반하지 아니하는 경우에도 사후에 그 의사에 반하여 촬영물을 반포·판매·임대·제공 또는 공공연하게 전시·상영한 자는 3년 이하의 징역 또는 500만원 이하의 벌금에 처한다.
③ 영리를 목적으로 제1항의 촬영물을 「정보통신망 이용촉진 및 정보보호 등에 관한 법률」 제2조제1항제1호의 정보통신망(이하 "정보통신망"이라 한다)을 이용하여 유포한 자는 7년 이하의 징역 또는 3천만원 이하의 벌금에 처한다.

[시행 2015.7.1.] [법률 제12889호, 2014.12.30., 일부개정]

자료: 법제처(2015)

1) 사이버 성폭력

사이버 성폭력이란 통신매체를 통해 이루어지는 성폭력을 말하며, 일반적인 성폭력과 크게 다르지 않다. 장소가 사이버상으로 이루어지는 것으로 다른 사람의 성적 욕망을 유발하거나 성적 만족을 시킬 목적으로 전화, 우편, 컴퓨터, 그 밖의 통신매체를 이용하여 성적 수치심이나 혐오감을 일으키는 것을 말한다. 인터넷이나 휴대폰을 통해 게시하거나 음란한 동영상, 사진을 퍼트리는 행위를 말하며, 오프라인과 마찬가지로 성적 자기결정권 침해와 안전한 환경에서 활동할 권리를 침해하는 범죄다.

2) 사이버 섹스와 사이버 음란물 접촉

인터넷상으로는 다양한 성행위가 포함된 자위행위, 남녀 간의 성행위 및 집단행위에 관한 사진이나 음란물을 쉽게 접할 수 있다. 동물과의 성관계나 어린 아동과의 성관계를 담고 있는 사진이나 자료들 가상인물이나 실제 인물과의 강간, 집단 성행위들에 관한 것도 접하고 있다. 인터넷 이용자들은 혼외정사나 하룻밤 같이 지낼 동성 또는 이성 파트너를 구하는 광고에 접할 수 있으며, 폰섹스와 성매매를 알선하는 장소에 관한 광고와 성 도구 및 카탈로그를 보게 된다(필립 라이스, 2009).

김민(2011)은 사이버 섹스를 "인터넷과 무선 정보 통신망 등에서 이용 가능한 사이버 음란물을 매개로 타인과 의도적으로 성적 관계를 형성하려는 모든 시도와 움직임"이라고 정의하고 있다.

또한 성적인 시도와 움직임의 구체적인 종류로서 X등급 이미지, 게임, 동영상, 야한 이야기뿐만 아니라 이성간의 오프라인상 접촉 제안과 에로틱한 채팅과 메일 등을 포괄해서 설명하고 있다

5. 음란물

음란물이란 사회통념상 일반 보통인의 성욕을 자극하여 성적 흥분을 유발하고 정상적인 성적 수치심을 해하여 성적 도의관념에 반하는 글, 소설, 그림 만화, 동영상 파일, CD, DVD, 성기구 등 다양한 형태로 존재하는 것을 말한다.

이렇게 과도하고도 노골적인 방법에 의하여 성적 부위나 행위를 적나라하게 표현하거나 묘사함으로써 존중, 보호되어야 할 인격체로서의 인간의 존엄과 가치를 훼손, 왜곡한다고 평가되는 것을 말한다.

아동음란물은 아동청소년으로 인식되는 사람이나 표현물이 등장하여 신체 전부 또는 일부를 접촉, 노출하거나 성교, 유사 성교 행위를 하여 일반인의 성적 수치심, 혐오감을 유발하는 일체의 음란성 글, 소설, 19금 온라인게임, 가상현실, 그림, 만화, 동영상 파일, 실시간 스트리밍, 음란 사이트 배너 광고, 광고 전단지 등 정보통신망을 통해 배포(불특정 다수인에게 전송하여 유통시키는 행위), 판매, 임대하거나 공공연하게 전시하는 행위를 말한다.

단속대상은 다음과 같다.

- 아동 청소년 이용 음란물 제작, 수출입, 소지, 운반, 알선 행위
- 웹사이트, 인터넷 프로토콜 기반의 네트워크에서 도메인 이름이나 IP 주소, 루트 경로만으로 이루어진 일반 URL(웹 페이지, 문서 파일, 그래픽 파일, 응용 프로그램과 같이 서버에 저장된 모든 형식의 파일)을 통하여 보이는 웹페이지
- 웹하드 p2ppeer-to-peer network를 통해 음란물 공연전시 및 배포 행위
- SNSSocial Network Service 사용자 간의 자유로운 의사소통과 정보 공유, 그리고 인맥 확대 등을 통해 사회적 관계를 생성하고 강화시켜 주는 온라인 플랫폼을 의미한다. 모바일 기기를 이용한 음란물 공연전시, 배포 하는 행위
- 아동 청소년 이용 음란물을 발견하기 위한 조치 또는 발견 후 삭제, 전송 방지, 중단 조치를 하지 않은 온라인 서비스 제공자
- 대한민국에서 흔히 말하는 홈페이지는 엄밀히 말해 웹사이트를 지칭한다. 카페, 블로그 등을 통한 음란물을 공연, 전시, 배포하는 모든 행위자이다.

참고문헌

국가인권위원회(2013). **성희롱예방안내서.**

김민(2011). 디지털 미디어 시대 청소년 사이버섹스 중독.

김인수(2014). 성인 사이버섹스 중독에 영향을 미치는 요인.

법제처(2015). 성폭력방지 및 피해자보호 등에 관한 법률. http://www.moleg.go.kr

법제처(2015). 아동·청소년의 성보호에 관한 법률. http://www.moleg.go.kr

법제처(2015). 양성평등기본법 제3조 2항.

여성가족부(2007). **2007년 전국 성폭력실태조사.**

여성가족부(2010). **성폭력 가해자 교정·치료 프로그램 매뉴얼 연구보고.**

여성가족부(2015). 교육정보. http://www.mogef.go.kr

여성의학연구소 http://chaimc.chamc.co.kr/Default.aspx#&panel1-2

이화영(2014). 데이트 폭력을 경험한 여성의 관계 중단 과정에 대한 연구. "데이트폭력을 말하다"

장필화(2000). **여성·몸·성.** 또 하나의 문화. 서울.

전종설, 신선아, 심혜진(2014). **성폭력 피해자 지원체계 및 서비스 실태와 개선방안: 성폭력상담소 및 보호시설 종사자를 중심으로.** 서울: 보건사회연구.

조진경(2016) 한국폭력예방상담학회 심포지엄 "청소년 성매매 현황과 진단".

필립 라이스 저, 정영숙, 신민섭, 이승연 역(2009). **청소년심리학.** 서울: 시그마프레스.

한국가정법률상담소(2010). 학교에서의 성인지적 예방교육 교안.

한국성폭력상담소. http://www.sisters.or.kr

한국양성평등교육진흥원(2014). **성폭력예방교육 중앙지원기관 성폭력·성희롱 각론.** 서울: 여성가족부.

한국양성평등교육진흥원(2014). **폭력 예방의 통합적 이해 자료집.** 여성가족부.

한국여성인권진흥원 정보마당 자료실 http://www.stop.or.kr

한국인터넷진흥원 http://www.kisa.or.kr/main.jsp

한국일보 사회면 http://www.hankookilbo.com

Burt, M.R.(1980), Cultural Myths and Supports for Rape, *Journal of Personality and Social Psychology* 38(2): 217-230.

Lonsway, K.A., Fitzgerald, L.F.(1994). Rape Myths. *Psychology of Women Quarterly*, 18(2): 133-164.

Warshaw, Robin, & Harper Perennial(1994). I Never Called It Rape: The Ms. Report on Recognizing, Fighting, and Surviving Date and Aquaintance Rape(Paperback).

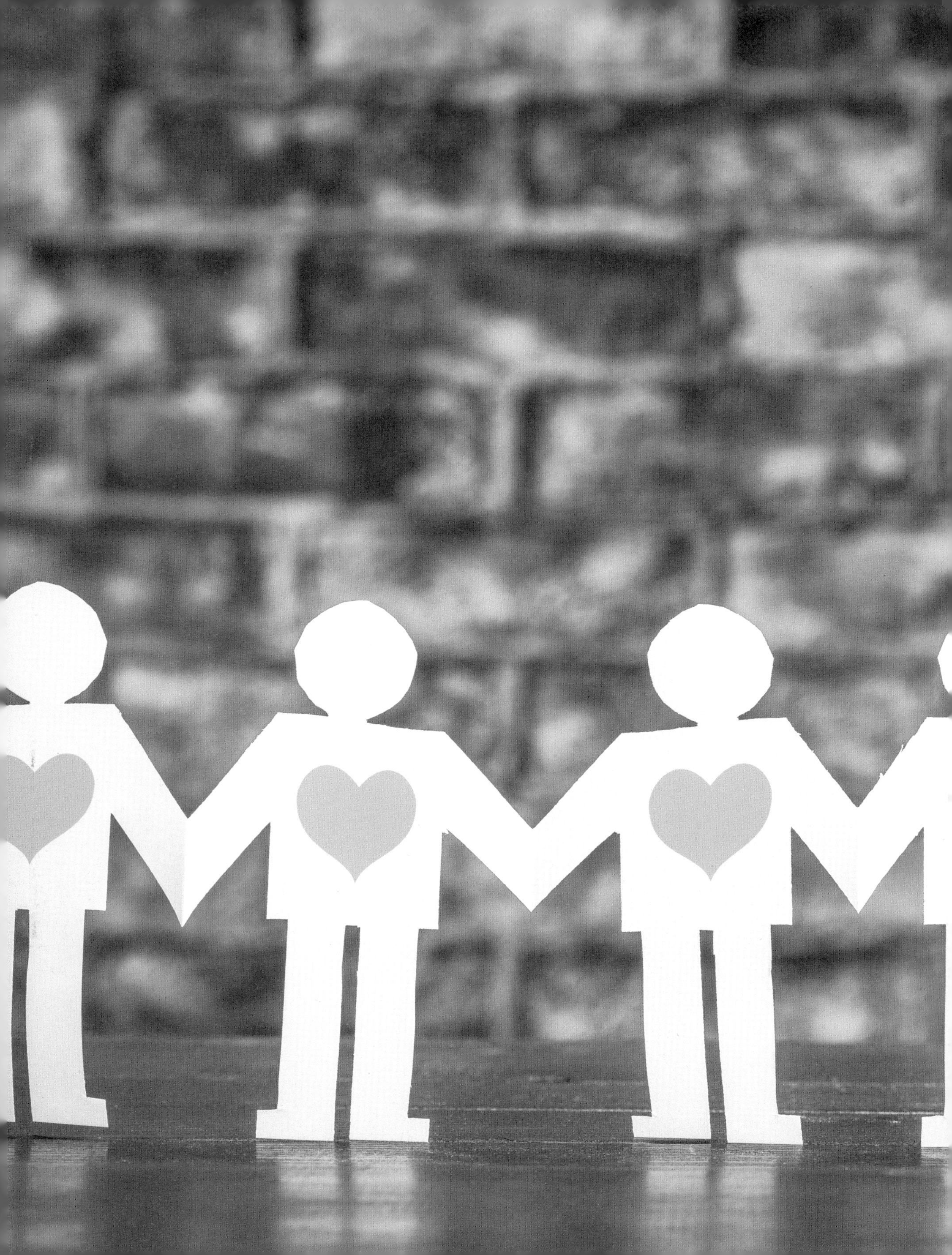

제2부

성의 해부학

CHAPTER 4

성 반응

일반적으로 성적인 행동은 흔히 사람의 마음에 의해서 움직인다고 생각하지만, 우리가 생각하는 것처럼 '마음'이 아니라 두뇌에서부터 성적인 반응은 시작된다고 할 수 있다. 인간의 성행동은 자동적이라기보다는 성적인 욕구나 의지의 결정과 연관성이 있는 행동이라고 할 수 있다(채규만, 2013). 인간이 성적인 생활을 할 때는 남·녀 서로에게 나타나는 생리적 및 심리적인 반응들이 주기성을 지니게 된다. 일반적으로 이것을 성의 반응주기라고 부른다.

성 반응은 하나로 이어지는 과정을 말하며, 그 과정을 관찰하고 다루기 편리하도록 전문가들은 몇 개의 단계로 구분한다. 고대의 의사들은 성 반응주기를 무려 12단계로 구분하였다. 이후 20세기에 이르러 영국의 성 심리학자인 엘리스Haverlock Ellis는 간단하게 2가지로 집약하여 '팽창하는 단계'와 '수그러지는 단계'로 구분했다. '팽창한다'는 것은 충혈된다는 뜻으로 음경과 질이 흥분되는 것을 가리키며, '수그러진다'는 것은 극적인 쾌감을 느낀 후에 생리적·심리적으로 이완되는 것을 가르킨다.

미국의 산부인과 전문가인 윌리엄 마스터스William Masters와 그의 아내이자 임상심리학자인 버지니아 존슨Virginia Johnson은 1966년에 출판한 책을 통하여 인류의 성반응과 그것의 분기分期개념을 최초로 주장하였는데, 성 반응주기를 흥분기excitement phase, 지속기plateau phase, 절정기orgasmic phase, 해소기resolution phase인 4단계로 나누었다. 이렇게 구분하는 이유는 성활동 중에 나타나는 생리학적 변화들을 이해하는 데 매우 유리하다. 마스터스와 존슨 부부는 성 반응주기는 사람마다 차이가 있으며, 시간의 길고 짧음의 정도 등, 단계 과정상에 일정한 차이가 나타나기는 하지만 기본적으로 갖추어진 형식은 비슷하다고 하였다. 그 예로, 남자의 경우에는 해소기 후에 무반응기가 나타나기도 한다는 것이다.

성 반응주기에 따라 다음과 같은 두 가지의 생리 변화과정을 거치는데 하나의 생리 변화는 충혈 상태가 되는 것이고, 또 다른 하나는 근육이 긴장되는 것이다. 충혈은 유방 주변과 생식기 및 주위 많은 조직의 혈류량이 늘어나면서 이와 관련 있는 기관과 조직들의 부피가 커지는 것을 말하고, 근육 긴장은 근육의 수축과 홍분 상태로, 신경근육의 끌어당기는 힘이 축적되어 신체의 모든 부분이 성활동을 하기 위한 준비를 하는 것을 말한다.

미국의 저명한 성 치료학자인 헬렌 S. 캐플란 박사Helen Singer Kaplan, M.D. Ph.D.는 마스터스와 존슨 부부의 작업을 계승하고 성 반응을 2개의 단계로 구분하여 통합하였는데, 첫번째는 생식기 혈관의 충혈이고, 다른 하나는 최고로 고조되었을 때의 근육 수축반사를 말한다. 캐플란은 한걸음 더 앞서 1979년에 이르러 이 같은 양식을 수정하여 3기 분류법을 만들었다. 이 분류, 즉 성욕, 홍분, 오르가즘을 말한다. 이러한 분류법은 사람들에게 성욕이라는 것도 하나의 생리·심리작용으로 여기게 함으로써 성행위를 더욱 충분히 이해할 수 있도록 하고 있다.

1. 정상적인 성 반응단계

정상적인 성 반응은 성에 대한 심리·생리적 반응이 곤란을 느끼지 않으며 각 단계에 따라 자연스러운 신체 반응이 나타난다.

정상적인 성 반응단계에 대한 분류는 학자에 따라 다양하지만, 마스터즈와 존슨은 홍분기, 지속기, 절정기, 해소기의 4단계로 나눈다.

홍분기(자극 단계)는 성적인 욕구와 홍분을 서서히 느끼기 시작하는 단계로 남녀 모두 성감대의 혈액량이 증가하는 상태가 되며 신체적, 성적 홍분감이 증가한다. 이러한 욕구와 홍분은 외부 자극이나 내면적 상상에 의해 촉발된다. 이 단계는 충분한 근육 이완과 긴장을 풀어 주는 것이 우선적으로 필요하다.

지속기(고조 단계)는 홍분 단계에서 시작된 과정들이 지속되어 강화되는 단계로 성적인 쾌감이 서서히 증가하고 신체·생리적 변화가 나타난다. 성기가 부풀어 오르는 등의 변화가 더욱 뚜렷해지고 근육의 긴장, 혈압의 상승, 심장박동률과 호흡수의 증가와 같은 변화와 더불어 성적인 흥분이 고조된다.

절정기(오르가즘)는 성적인 쾌감이 절정에 달하는 극치감을 경험하게 된다. 여성은 질 내부의 리듬을 타는 듯한 수축을 경험할 수 있으며 동시에 자궁도 수축이 일어난다. 남성은 사정을 통해 더욱 분명하게 절정기를 확인할 수 있다. 즉, 정액이 처음 몇 번의 수축과 함께 요도로 밀려나가면서 음경 밖으로 나오게 된다.

해소기(해소 단계)는 성 행동과 관련된 생리적 반응이 사라지고 전신이 자극 전의 평상시 상태로 급격하게 돌아가기 시작한다. 근육이 이완되고 팽창된 부분은 수축하며 심장박동이나 혈압, 호흡 등도 정상화된다. 남자와 여자는 이러한 단계를 거치지만, 각 단계를 느끼는 시점은 다를 수 있다(채규만, 2013).

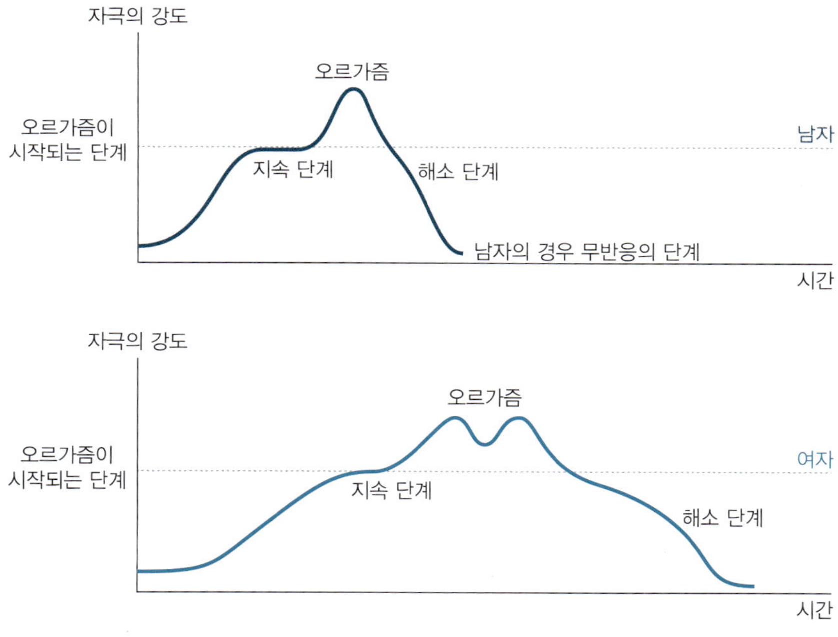

그림 4-1 남녀의 성적 반응

위 〈그림 4-1〉과 같이 더욱 구체적으로 남녀의 성 반응단계를 살펴 보자.

2. 남성의 성 반응단계

1) 흥분기(자극 단계)

남성의 경우에는 성욕이 증가하여 흥분이 고조되면 음경 속에 위치하는 음경해면체와 요도해면체에 혈액이 몰리게 되어 음경이 발기하기 시작하지만 흥분기에는 완전한 발기는 이루어지지는 않는다. 음경이 확대되는 것은 음경으로 혈액을 수송하는 동맥이 늘어날 수 있도록 해주는 신경으로 이러한 신호전달의 과정을 반사작용이라고 한다. 반사작용이란 외부의 자극에 의해 거의 무의식적으로 일어나는 현상을 말하는데, 이는 신경 흥분이 뇌까지 전달되지 않고 척수에서 직접 근육과 같은 효과기에 전달되는 과정을 말하며, 반사작용이 음경 발기를 조절한다. 정상적인 경우에는 신체적 자극뿐만 아니라 공상이나 청각 및 시각적인 자극에 의해 뇌로 전달된 후, 이 자극이 척수의 위쪽에 위치하는 발기중추를 자극함으로써 음경의 발기를 유발할 수도 있다고 한다.

흥분기에는 음경의 발기 외에 근육 긴장에 의해 음낭에 위치하는 근육이 수축되어 정삭(고환의 상단에서 아랫배의 근육 안쪽 끝 사이에 위치한 조직)이 짧아짐으로써 음낭이 두꺼워지고 정소가 몸쪽으로 달려 올라오게 되는데, 흥분기의 후반기가 되면 정소에 혈액이 가득차게 되어 크기가 커지며, 간혹 어떤 남성은 유두가 발기되기도 한다. 그리고 성교에 대한 준비과정으로 얼굴이 붉어지거나 호흡이 거칠어지고 심장박동이 빨라진다.

발기 시에는 성적인 자극이 계속된다 할지라도 어떤 다른 자극에 의해 쉽게 중단될 수 있다. 예를 들면, 갑자기 큰 소리가 나거나 불빛이나 기온이 변했을 때, 그 외에 정신적인 방해가 있으면 부분적으로 또는 완전 발기가 어렵게 된다.

2) 지속기(고조기)

지속기는 성적 자극이 가장 긴 시기이며, 약간의 자극으로도 오르가즘에 도달할 수 있는 단계이다. 사람에 따라 그 지속시간이 차이가 있으며, 오르가즘과 같은 정도의 만족감으로 매우 길게 지속되는 경우도 있다. 이 단계에서는 성기 충혈은 최고점에 도달하는데, 남성의 음경 지름이 더욱 증가하게 되어 음경 귀두관만큼 음경 체부가 커지고, 고환이 혈액으로 가득 차서 음낭은 그 크기가 50~100% 이상 증가한다.

또한 음낭 뒤의 표면은 회음부에 닿을 정도로 계속 상승하고, 절정기가 계속되면 요도

구멍에서는 카우퍼선에서 분비되는 몇 방울의 알칼리성 액체가 스며나온다. 이때 남성의 피부 곳곳에서 성적 홍조(가슴과 목, 얼굴로 퍼짐)가 생기기도 하지만 사정한 뒤에는 사라진다. 이 시기에 호흡과 혈압도 빨라지고, 여성과 마찬가지로 유두가 커지고 딱딱해진다.

3) 절정기(오르가즘)

남성의 절정기는 최고조의 흥분 상태를 말하며 정액이 배출되는 과정에 따라 두 가지로 나누어 볼 수 있다. 하나는 정루이고 다른 하나는 사정이다.

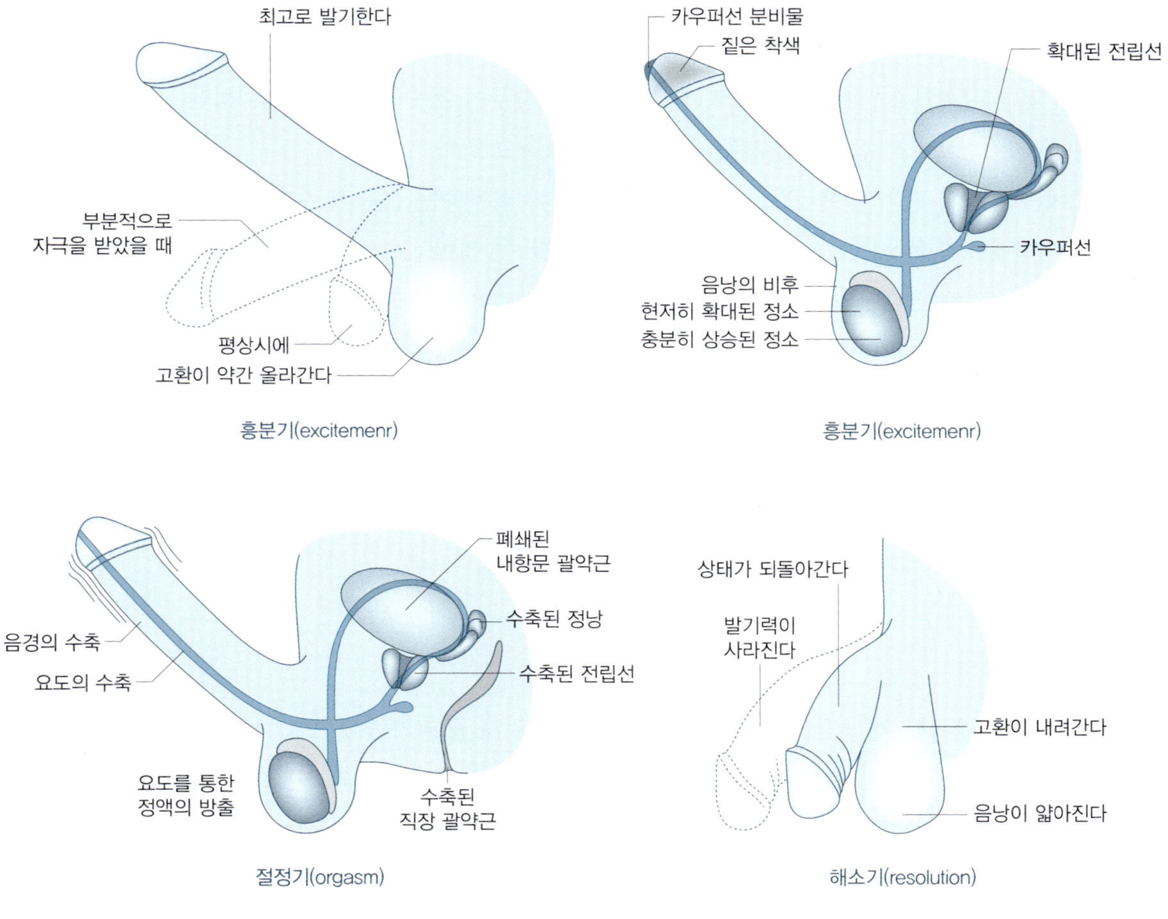

그림 4-2 남성의 성 반응단계

자료: 한국성과학연구소

정루는 부고환의 말단, 정관, 정낭, 전립선 등에서의 율동적 근육 수축을 통해 성숙된 정자를 정낭의 분비액과 함께 전립선이나 사정관을 통해 전립선 요도 내로 방출하는 과정이다. 이때 남성은 요도괄약근이 수축되어 역행성 사정을 방지하기 때문에 사정감을 느낀다. 사정은 요도와 음경 기저부 근육의 수축을 통하여 정액을 음경에서 사출시키는 과정을 말한다. 오르가즘의 지속시간은 4초 정도되며, 발기된 음경은 0.8초의 간격으로 3~7회에 걸쳐 정액을 사출한다. 학자의 주장에 따라 다르나, 이때 사정의 양은 약 2~6mm로 찻숟가락으로 한 숟가락 정도 되는데 보통 2천에서 1억 5천 마리의 정자가 들어 있다.

정루와 사정 시에는 요도괄약근이 수축됨으로써 소변과 정액이 섞이지 않게 하는데, 역행성 사정과 같이 괄약근이 열려야 할 때 닫히고, 거꾸로 닫혀야 할 때 열리게 되면 정액이 체외가 아니라 방광으로 보내지는 경우도 있다. 이러한 현상이 지속될 경우 성 기능 장애의 원인이 된다.

오르가즘과 사정은 각기 다른 과정이지만 동시에 일어날 수도 있고 그렇지 않을 수도 있으며 둘 중에 어느 하나만 일어나기도 한다. 성적 자극에 의해 오르가즘 없이도 사정을 할 수 있지만 사정을 하지 않는 오르가즘은 그리 흔하지 않으며, 대부분의 남성은 여러 번 오르가즘을 경험하더라도 사정은 한 번만 한다.

대체적으로 이 시기에 대부분의 남성은 오르가즘을 하고 난 뒤에 보통 갑자기 졸음이 오기도 하고 정신적으로는 멍한 상태가 되며 사정한 직후에는 성적인 자극을 더이상 원하지 않는다.

4) 해소기

절정기 후에는 신체 각 부분들이 평소의 상태로 되돌아가는데, 남성에서는 음경 속에 몰려 있던 혈액이 점차 빠져나가 유연해지고, 고환의 크기와 위치가 정상으로 되돌아오며, 성적 홍조도 사라진다.

지속기부터 고환에 가득차기 시작한 혈액의 울혈이 오르가즘에 너무 오랫동안 지속되면 통증을 느끼는 경우도 있지만, 이러한 현상은 대부분 일시적이며 위험하지는 않다. 격렬했던 신체적 흥분이 가라앉으면서 점차 신체적 이완 상태를 경험하게 되며, 표정도 편안해진다. 많은 남성은 성교 동안 2~3번의 절정기에 도달하기도 한다.

한 번의 절정기 후 감정적, 신체적 성적 자극이 지속되면 성적 반응이 절정기 수준보다는 떨어지지만 홍분기 이하로는 떨어지지 않는다.

이 시기에는 발기는 가능하지만 반응이 절정기에 다시 도달하기 전까지는 또 다른 오르가즘에 도달할 수는 없다. 이 시기를 불응기라고 하며, 개인에 따라 길이가 다르지만 나이가 듦에 따라 점차 길어지게 된다. 이 시기에 계속적으로 성적 자극이 증가하면 짧은 불응기를 지나 또 다른 오르가즘을 경험하게 된다.

3. 여성의 성 반응단계

1) 흥분기(자극 단계)

여성은 홍분기에 접어들면 몇 초 안에 질벽으로 혈액이 몰리고 질벽으로부터 애액이 분비된다. 보통 애액은 성적 자극이 있은 후 30초 이내에 질벽에서 분비되기 시작한다.

애액은 혈장의 일부로서 남성의 음경을 받아들일 환경을 만드는 것으로 성교 중 과도한 마찰을 줄여 주는 윤활유 역할을 한다. 하지만 애액의 양은 자극의 정도와는 아무런 관계가 없다.

여성은 질 내부에 애액이 분비된다는 사실을 스스로 인식하지 못하며, 특히 성 경험이 적은 젊은 여성의 경우에는 질 내부 분비가 성적 자극에 의한 것이라는 사실조차도 모르는 경우가 많다.

애액의 양은 홍분기 상태 이전보다 성적으로 더욱 홍분된 상태인 홍분기에 도리어 줄어드는 양상을 보이는 등 홍분의 증가와 애액의 분비량의 증가는 반드시 일치하지 않는다. 홍분기에는 질 입구를 막고 있던 소음순이 납작해지고 벌어지기 시작하며, 질벽도 확장되고 부풀어 오르며 자궁의 위치도 올라간다. 남성의 음경과 같이 두 개의 음경해면체로 구성된 음핵은 혈액으로 가득차게 되어 체부의 지름과 길이가 증가하고 음핵귀두는 지름이 증가한다.

성기와 피부의 충혈, 근육의 긴장 등 피부에 나타나는 반응은 남성보다 여성에서 훨씬 현저하며, 유방의 근육이 수축됨으로써 유두가 발기하고, 유방조직의 충혈에 의해 홍분기 후기에 유방의 크기가 약간 증가한다.

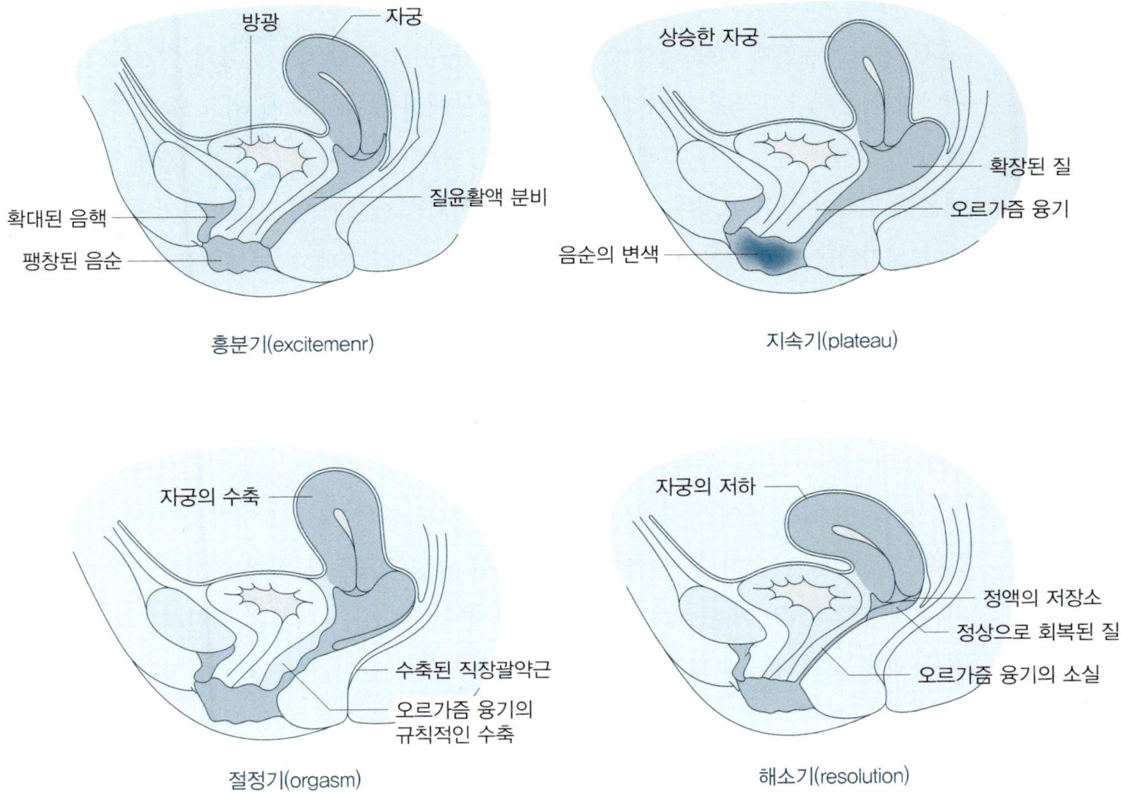

그림 4-3 여성의 성 반응단계
자료: 한국성과학연구소

이 시기에 질은 깊이가 깊어지고 또 넓어져 발기된 남성의 음경을 받아들일 준비를 한다. 동시에 질 내부는 신축성이 있고 질 입구의 근육은 탄력성이 생긴다.

2) 지속기(고조기)

여성의 지속기에는 질 내부 2/3가 풍선처럼 부풀어 오르며 자궁은 위로 올라간다.

질의 일부 조직은 혈액으로 가득차고 부풀어올라 오르가즘 융기를 형성하며, 질 입구가 30~50%까지 좁아져 질의 외부 조직이 음경을 감싸게 된다. 지속기에는 50~70%의 여성에게서 홍역과 같은 붉은 반점이 유방, 상복부, 엉덩이 등의 피부에 나타나게 된다. 이 시기에는 여성의 내부에서는 성적 반응이 더욱 강해지고 있음에도 불구하고 도리어 반응이 감소되고 있다고 착각하는 경우가 있다.

그 이유는 울혈에 의해 음핵이 치골쪽으로 당겨 올라감으로써 음핵 발기는 그대로 유지되지만 음핵이 음핵포피 아래로 사라져 외부에서 보이지 않게 되고, 유두의 크기는 감소되지 않지만 유두륜이 혈액으로 가득차고 유방 전체의 크기가 20~25% 정도 커지기 때문에 도리어 작아 보이며, 질벽으로부터 분비되는 애액의 양도 줄어들기 때문이다.

이 시기에는 바르톨린선에서 몇 방울의 액이 분비되는데, 이는 윤활작용를 위한 것이 아니라 정자에 손상을 줄 수 있는 질의 산성도를 중화시키는 역할을 한다. 또한 소음순은 혈액으로 가득차서 두께가 2~3배 증가하며, 분홍색에서 빨간색이나 와인색으로 변화하게 된다.

마스터스와 존슨의 주장에 의하면 소음순 색깔의 변화는 오르가즘에 가까워졌다는 사실을 의미하며, 두께가 증가되면 더욱 벌어지게 되어 결국 질구가 완전히 노출된다고 한다. 절정기가 단순히 흥분기의 연속일 뿐인 남성의 경우에 비해 여성의 경우에는 흥분기와 절정기의 구별이 확실하다. 성 흥분이 지속기에 있는 여성은 약간의 자극에 의하여 매우 쉽게 오르가즘에 도달할 수 있기 때문에 이와 같이 계속해서 몇 번이고 오르가즘을 경험할 수 있으며, 이를 다중성 오르가즘Multiple orgasm이라고 한다.

이 시기는 질을 둘러싼 조직의 충혈로 질의 입구로부터 출구부까지 죄어오는 현상을 보이며 자궁벽이 혈액으로 충만하면 성적 쾌감이 증가되고 최고의 단계에 도달하는 경험을 하게 된다.

3) 절정기(오르가즘)

성적 자극(특히 음핵 자극), 대부분의 여성은 성적 자극이 계속되면 오르가즘에 도달하게 되는데, 이러한 절정감은 일차적으로 음핵에서 느끼게 되며, 그후 점차 전신적인 느낌으로 다가온다.

여성들의 경우는 오르가즘 동안 질의 1/3이 약 0.8초 간격으로 3~10회 정도 강하게 수축하며, 이 과정을 통하여 성적 자극에 의해 유발된 울혈과 근육강직은 불수의적으로 풀게 된다. 그후 자궁경부가 약간 열리고 요도도 약간 이완되기도 하는데, 이로 인하여 일부 여성은 배뇨현상을 나타내기도 하며, 극치감에 얼굴을 찌푸리는 등의 표정 변화도 극심하게 나타나기도 한다.

여성의 오르가즘은 3단계로 나눌 수 있는데, 처음에는 음핵을 중심으로 하는 강한 감각을 느끼는 단계가 오고, 두 번째는 청각, 시각, 촉각을 포함하는 모든 감각이 흐려지는 과정을 거치고, 세 번째는 골반 부위가 따뜻하게 느껴지며 울렁거리는 기분을 느끼는 과정이 온다.

많은 여성이 오르가즘 초기에는 성기 부분에서만 느껴지던 쾌감이 점차 온몸으로 퍼진다고 설명하는 것으로 보아 오르가즘은 성기뿐만 아니라 뇌의 작용도 중요하다고 보고 있다.

오르가즘을 유발하는 뇌의 역할에 대한 증거로서 어떤 여성은 신체적 자극 없이도 상상만으로 오르가즘을 느끼며, 사지나 반신을 사용할 수 없는 사람들도 오르가즘의 특징인 심장박동 변화와 근육 긴장을 나타낸다는 사실을 설명할 수 있다. 여성의 성감곡선은 완만하게 상승하여 그것이 어느 높이까지 올라갔을 때 더욱 높은 오르가즘의 단계가 밀려오며, 그 후는 다시 그 이전의 높이까지 되돌아가 다시 완만하게 하강한다. 어느 일정한 높이까지 되돌아갔을 때 다시 자극이 주어지면 오르가즘의 느낌이 다시 밀려온다.

남성은 오르가즘이 있은 후 일정기간 성적 자극에 무반응하게 되는 것과 대조적으로, 여성은 오르가즘 후에도 아직 흥분·지속기에 있는 동안은 몸이 피로해서 더 이상의 자극을 원하지 않을 때까지 몇 번이고 자극에 반응하여 반복해서 오르가즘을 경험할 수 있다. 그러나 연속적인 오르가즘은 계속적인 성욕과 효과적인 자극이 있을 때만 가능하다. 어떤 여성에게서는 직접적인 성관계보다 자위행위 시에 여러 번의 오르가즘을 느끼는 횟수가 더욱 많다. 그 이유는 섹스 파트너에게 성적 흥분 상태를 방해받지 않고 자신의 성 반응주기에 따라 적당한 성적 자극을 하는 것이 가능하기 때문이다.

이 시기에는 팽창한 질 근육의 조직은 0.8초 간격으로 율동적인 수축을 반복하며 황홀한 극치감을 느낀다. 이때는 음핵과 질에 의한 최고의 단계를 경험하며 극치감의 유발은 음핵의 자극에 의해 일어나고, 극치감의 표현은 질의 율동적 수축에 의해 일어난다.

4) 해소기

해소기는 남녀의 신체가 성관계 전의 원래의 상태로 되돌아가는 것을 말한다. 즉, 성기관에 충혈된 혈액이 빠져나가서 성기의 크기나 모양이 성관계를 갖기 이전의 상태로 돌아간다. 여성의 경우도 오르가즘 후에는 성적 흥분이 절정기 이하로 떨어져 자극이 없었던 시기와 동일한 상태로 되돌아가고, 오르가즘 후 5~10초 안에 수직 방향으로 위축되어 있던 음핵은 평상시로 되돌아가고 오르가즘 융기도 신속히 사라진다. 유방과 질의 외부 조직에서 피가 빠져나가고 성적 홍분이 사라지며, 자궁이 내려오고 질의 넓이와 길이가 짧아진다. 질이 이완되어 평상시로 돌아오는데 10~15분가량 걸린다. 오르가즘이 끝난 후에도 음핵 귀두는 몇 분 동안 가벼운 접촉에 매우 민감한 채로 남아 있다. 이 시기에는 심리적으로 만족감을 느끼며 육체적 피로를 동반한다. 여성의 경우 회복속도가 남

표 4-1 섹스중독증 자가진단법(설문지)

번호	문항	yes	no
1	어려서나 청소년기에 성추행을 당한 적이 있다.		
2	너무 자주 섹스를 요구해 커플간에 다툰 적이 많다.		
3	자신의 성적 행동으로 인해 자신이나 가족에게 문제를 일으킨 적이 있다.		
4	상대방이 나의 성적 행동을 걱정하거나 불평한 적이 있다.		
5	술자리를 하면 반드시 섹스로 끝나야 한다.		
6	섹스를 할 수 있다면 상대방이 누구든 관계가 없다.		
7	섹스를 못하면 자위행위라도 하고 자야 직성이 풀린다.		
8	성문제로 부모님과의 갈등이나 다툰 적이 있었다.		
9	자신의 성적 행동이 정상이 아니라는 생각이 들었을 때 멈추려고 해보지만 잘 안 된다.		
10	때와 장소를 가리지 않고 섹스를 하고 싶은 욕구를 느낀다.		
11	섹스를 하기 위해 성매매업소 등을 찾는다.		
12	변태적인 섹스에 대한 강한 충동을 느낀다.		
13	자신이 섹스를 너무 밝히는 것이 아닌가 하는 걱정이 문득문득 생긴다.		
14	하고 싶을 때 섹스를 하지 못하면 불안해 견디기 힘들다.		
15	실제적인 성관계 시간 외에도 간접적인 섹스(인터넷, 포르노 등)를 즐기는 시간이 거의 매일 있다.		

성인 남성 기준으로 위의 15개의 질문들 중에
-4개 문항 이하가 해당되면 아직은 안전하다는 정도이고,
-5~8개 문항이 해당되면 문제점이 있는 섹스 지상주의자이고,
-9~11개 문항이 해당되면 본격적인 섹스 중독자로 요주의형이고,
-12개 이상의 문항이 해당되면 섹스 중독 말기로 위험한 상태라고 볼 수 있다.

자료: 한국성과학연구소

성보다 느리기 때문에 해소기에서 조그만 성적인 자극을 받아도 다시 오르가즘을 느낄 수 있다. 남성은 성관계가 끝나면 피곤해져서 바로 곯아 떨어져 자고 싶은 충동을 느끼지만, 여성은 회복기에도 남성이 자신을 안아주기를 원하면서 성적인 여운을 즐기고 싶어 한다. 그러므로 남성은 해소기에 여성의 성적인 욕구를 알고 배려해 주는 관심이 필요하다(채규만, 2013).

참고문헌

김정일(2003). **성욕에 관한 세 편의 에세이**. 서울: 열린책들.

김종흡(2009). **성과학의 이해**. 서울: 월드사이언스.

윤가현(2014). 성반응주기 모델의 발달과 여성의 성. **대한성학회지** 1(1): 1-9.

임홍빈, 홍혜경(2014). **새로운 정신분석강의**. 서울: 열린책들.

조두영(1999). 성(性)생활과 성기능장애. **정신신체의학**, v.7, no.1, pp.10-25.

자닌모쉬-라보 저, 정창진 역(2003). **현대인의 성생활**. 서울: 이마고.

최인광(2013). 인간의 성 반응에 대한 모델. **생물정신의학학회지** 20(3): 66-73.

천성문, 남정현, 김정남, 전은주, 곽미용(2013). **성심리의 이해**. 서울: 양서원.

천영일(2014). 성 중독, 관계중독. 한국정신보건사회복지학회 학술발표논문집, 117-148.

채규만(2013). **성행동심리학**. 서울: 학지사.

채규만(2002). 성 중독 치료. **목회와 상담** 제2권, 227-249.

프로이트 저, 오현숙 역(2007) **성에 관한 세편의 해석**, 서울: 을유문화사.

하재청(1997). **성의 과학**. 서울: 아카데미.

홍성묵(2003). **아름다운 사랑과 성**. 서울: 학지사.

한국성과학연구소(2007). http://www.sexacademy.org/

Clint E. Bruess, Jerrold S. Greenberg 저, 박선영, 유우경, 조아미 역(2011). **성교육의 이론과 실제**. 서울: 학지사.

William H Masters (2006), *Masters & Johnson on Sex & Human Loving*, Motilal Books Uk.

CHAPTER 5

성 기능장애

1. 성 기능장애

성 기능장애biogenic disorder란 성 기능을 유지시켜 주는 어느 한 가지 혹은 일부분에 문제가 발생한 것을 말한다. 우선 성 기능장애를 이해하기 위해서는 정상적인 성 반응의 과정과 단계를 살펴보는 것이 필요하다.

성 반응주기의 첫 단계는 자극 단계excitemenr stage로 성적인 쾌감이 서서히 증가되고 신체 생리적인 변화가 나타나는 단계이다. 두 번째는 고조 단계plateau stage로 남성의 경우 음경이 발기되고, 여성의 경우는 질에서 분비물이 나오며 성기 부분이 부풀어 오른다. 세 번째는 절정 단계orgasm stage로 성적인 쾌감이 절정에 달하는 극치감을 경험하게 된다. 마지막 단계는 해소 단계resolution stage로 성행동과 관련된 생리적 반응이 사라지면서 평상시로 돌아가게 된다. 이러한 네 단계의 성 반응주기 중 마지막 해소 단계를 제외한 어느 한 과정에서 문제가 발생하는 것이 성 기능장애sexual dysfunction이다.

1) 성 기능장애의 이해

'성은 과정이다'라고 표현한다. 이는 인간의 성이 한순간의 성이 아니라 전생애적全生涯的임을 이른다. 그러므로 성을 제대로 알면 삶의 시너지 효과를 드높일 수 있으며, 그만큼 생활이 윤택해지고 풍요로워질 수 있다. 인간의 성[性 = 마음(心) + 몸(生)]은 마음과 몸에 대한 것이며, 둘은 항상 밀접한 관계를 지니고 있음에 대해 인식해야 한다.

성sex은 인간의 삶에 있어서 매우 중요한 영역으로 가장 기본 욕구인 동시에 사랑을 나누는 애정 표현의 중요한 통로이다. 뿐만 아니라 사랑을 나눌 수 있는 성적인 능력은 자기 가치감을 확인하는 중요한 요소이기도 하다. 그러나 이러한 성 기능의 문제로 고민하는 사람들은 의외로 많다. 성 기능에 장애가 생기면 자신감을 잃고 열등감을 유발하기도 하며 부부관계가 파경에 이르기도 한다(권석만, 2000). 성에 대한 올바른 이해는 성관계를 더욱 풍요롭게 만들어준다. 특히 여자의 성은 신체뿐만 아니라 다른 영역의 지식도 필요하다. 여자의 성은 상징적, 감정적, 그리고 관계적 측면과 복잡하게 연결되어 있다. 남자는 발기를 중요시하기 때문에 신체적 기능에 초점이 맞추어져 있다. 반면에 여자는 해부학적 성 외에 신비의 영역에 의해 성적 쾌락을 경험한다(이정주, 2003). 인간의 성행동은 타고난 생물학적 구조와 환경에서 습득한 경험에 의해 결정된다(이근후, 성금영, 박영숙, 1990). 성과 관련된 장애를 치료하기 위해서는 이 두 가지를 모두 이해해야 한다. 성은 사랑하는 사람과 육체적 기쁨을 나누는 중요한 애정 표현의 수단이다. 그러나 조루증, 발기불능, 불감증 등과 같은 다양한 성 기능장애로 인하여 침실 속에서 남몰래 고민하는 사람들이 많다(권석만, 김지훈, 2000). 그러나 많은 사람이 자신의 성적 능력에 대해 지대한 관심을 가지고 있으면서도 막연한 추측에 그치고 있다. 이러한 현실을 고려하여 브라질 상파울로의대 성과학자 압도Camita, H. N. Abdo 박사가 화이자제약회사의 임상의학자들과 함께 SQSexual Quotient(성 능력지수)를 개발하여 발표하였다. 연구자들은 사람들이 SQ를 이용하여 자신의 성생활을 평가하고, 개선방안을 찾아 현재의 성생활보다 더 나은 성생활을 영위할 수 있기를 기대하였다.

한편, 성 기능장애는 보편적으로 성 반응단계에 따라 하위 유형으로 분류된다. 즉, 성 반응주기의 각 과정에서 문제가 발생하게 되는 것이 성 기능장애이다. 성관계 시에 성적인 감정이 최고조에 이른 상태를 극치감orgasm이라고 한다. 극치감을 전후한 과정을 단계로 구분하여 성 반응주기로 보고 있다.

마스터스와 존슨은 성반응을 직접 관찰하여 기록함으로써 인간의 성생리에 대한 이해의 폭을 넓혔다. 그들은 성 반응주기를 4단계로 구분하고 각 단계의 특징적인 생리적 반응을 과학적으로 기술하였으며, 오늘날 정상적 성 기능과 병적 성 기능의 차이를 이해하는 주된 근거가 되고 있다.

2) 성 기능장애의 분류

남성 성 기능장애는 발기, 사출, 사정, 태감 등 모든 과정 중 어느 한 곳에라도 이상이 생긴 경우를 말한다. 대표적인 남성 성 기능장애인 발기부전은 60세 이상의 인구가 증가함에 따라 그 발생률이 증가 추세에 있으며, 우리나라의 경우 남성 성 기능장애가 약 120만 명 이상으로 추정된다(최명애, 1998).

남성 성 기능장애는 크게 발기가 안 되는 발기부전증으로, 일명 임포텐스Impotence가 있고, 발기는 되나 사정에 문제가 있어 조기에 사정되는 조루증premature ejaculation과 지루증(성적 흥분 상태에 사정이 지연되거나 어려운 상태)이 있다. 남성은 성적 흥분 상태가 되면 음경이 확대되고 단단해지는데 음경이 발기됨으로써 여성의 질에 삽입이 가능해진다. 그런데 성욕구가 있음에도 불구하고 음경이 발기되지 않아 성교에 어려움을 겪는 경우가 있는데 이를 발기장애라 한다. 남성 발기장애는 성행위 시 남녀가 모두 만족스러울 정도의 성행위를 할 수 있도록 발기가 충분히 되지 않거나, 발기가 되더라도 성행위가 끝날 때까지 발기가 만족스럽게 유지되지 않는 상태를 뜻하며, 그런 경우가 전체 성생활 중 25% 이상 일어날 때를 두고 발기부전증이라고 한다(김세철, 1997). 또한 발기장애는 남성에게 있어서 가장 빈도가 높은 성 기능장애이다.

킨제이의 보고서에 따르면 청·장년의 8%가 발기에 문제가 있으며, 나이가 많아질수록 그 빈도가 늘어나 80대가 되면 75%가 영구적인 발기 불능현상을 보인다고 한다. 성 기능장애로 치료를 원하는 남성의 40~53%가 이를 호소한다는 보고도 있다.

남성의 성기는 발기를 유발하는 성적인 자극이 주어지면 여러 가지 호르몬과 효소가 분비되고, 이는 음경 해면체의 평활근을 이완시켜 동맥의 피가 대량으로 해면체에 들어오도록 유도하는데, 이때 흘러들어오는 혈액의 양은 정상 상태의 10배에 해당된다. 해면체가 부풀어오를수록 성기 부위의 정맥이 압박을 받아 빠져나가는 혈액의 양이 줄어들어 발기가 유지된다(권석만, 김지훈, 2003).

여성 성 기능장애도 다양한 형태로 나타난다. 여성 성 기능장애로는 첫째, 성욕구 장애(sexual desire disorder)가 있다. 성적 욕구는 성행위가 시작되는 촉발 요인이다. 성행위가 이루어지기 위해서는 먼저 성욕을 느껴야 한다. 어떤 자극이나 대상으로부터 성적인 흥분을 느끼고 성행위를 하고자 하는 욕구를 지니지 않고서는 성행위가 이루어질 수 없다. 사람에 따라 천차만별이지만 성욕을 느낄 수 있는 적절한 연령과 상황임에도 불구하고 전혀 성적 욕구를 느끼지 못하거나 현저히 떨어지는 여성이 많다. 이런 성 기능장애를 가진 여성은 배우자가 옆에 오는 것조차 귀찮게 생각하고 대체로 성행위를 회피하게 되는데 대부분 비만인 여성에게서 나타난다. 이런 여성들은 삶의 재미를 느끼지 못하며 생활에 잘 적응하지 못하는 심각한 문제가 있는데, 주로 신체적, 심리적, 환경적 원인이 있을 수 있다. 둘째, 여성도 성적 자극을 받게 되면 흥분이 고조되고 성욕구를 느끼면서 심리적 쾌감뿐만 아니라 남성의 성기 삽입이 가능하도록 다양한 신체적 변화가 나타나면서 질이 확장되고 분비물이 많이 나오게 된다. 그러나 이 단계가 원활하지 않는 경우 여성 성적 흥분장애female sexual arousal disorder, 혹은 불감증frigidity이라고 한다. 많은 여성이 경험하는 성 기능장애 중 가장 흔한 증상이다(홍성묵, 2003).

이러한 장애를 지닌 여성들은 성교나 성적 자극에 쾌감을 느끼지 못할 뿐만 아니라 성적 자극을 받아도 성기의 윤활·팽창 반응이 나타나지 않으며, 음핵과 유두도 발기되지 않는다. 골반의 충혈과 질 윤활액의 분비, 질의 확장, 외부 성기의 팽창으로 구성되는 성적 흥분반응이 지속적으로 일어나지 않거나 유지되지 않아 남성의 성기 삽입이 어렵거나 성교통으로 인하여 성교가 지속되기 어렵게 된다. 이런 경우는 성행위 도중 갑자기 질 분비물이 없어져 성교가 지속되지 못하는 경우가 흔하다.

여성 성적 흥분장애는 여러 가지 원인에 의해 생겨날 수 있는데 심리적인 원인, 즉 성행위에 대한 죄책감, 상대에 대한 혐오감, 가정불화 과거의 나쁜 경험, 우울증 등도 있지만 대부분 신체적 요인에 의해 발생한다. 이는 나이가 들어감에 따라 폐경기로 인한 성호르몬 분비의 감소, 당뇨병, 만성고혈압, 비만증, 만성적 피로 등의 신체적 질병을 가진 여성에게 심하게 나타난다. 그리고 약물 복용(질 분비를 감소시키는 항고혈압제나 항히스타민제)등도 여성 성 기능장애의 원인이 될 수도 있다(김수영, 2006).

성 기능장애는 성 반응주기의 한 단계 이상에서 문제가 발생하는 경우를 말하며, 성욕장애, 성적 흥분장애, 오르가즘장애, 성적 통증장애로 인한 성 기능장애로 분류하고 있다(강진령 역, 2008).

(1) 성욕 장애

① 성욕감퇴장애

• 지속적 또는 반복적으로 성행위에 대한 성적 환상 및 욕망이 결핍(또는 결여)된다. 결

핍이나 결여에 대한 판단은 연령과 개인의 생활 상황과 같이 성 기능에 영향을 주는 요인들을 고려하여 임상전문가에 의해 진단된다.

- 장애가 현저한 고통이나 대인관계의 어려움을 초래한다.
- 여성 성 기능장애 중 가장 흔한 경우이다.

② 성혐오장애

- 지속적 또는 반복적으로 성행위 상대자와의 모든(또는 거의 모든) 성기를 통한 성적 접촉에 대한 극심한 혐오나 기피를 하는 경우이다.
- 성장과정에서 심한 성적 학대나 폭력을 당한 경우에도 장애가 발생한다.
- 장애가 현저한 고통이나 대인관계의 어려움을 초래한다.

성행위가 이루어지기 위해서는 먼저 성욕구를 느껴야 하므로 성욕구는 성행위가 시작되는 촉발요인이다. 성욕은 성적 행위에 대한 욕망을 말하는 것으로 연령, 성별, 상황에 따라 변할 수 있다.

성욕구의 장애는 정상적인 성적 욕구를 느끼지 못하는 것으로 성욕감퇴 장애와 성적 혐오 장애가 있으며, 성 반응주기의 첫 단계에 문제가 있는 경우이다. 성욕감퇴장애는 성욕구를 느끼지 못하거나 성욕구가 현저하게 감소한 상태를 말하며, 성혐오장애는 이성과의 성행위에 대해서 극심한 혐오감이나 회피 행동을 보이는 것이다.

성욕구장애와 관련하여 성적 욕구를 느끼는 대상이 비정상적인 경우를 성도착증이라 한다. 성도착증을 지닌 사람들은 상대 대신에 동물, 물건, 아동 등과 같이 비정상적 대상에게서 성적인 욕구를 느끼고 부적절한 방식으로 성적 만족을 취하는 경향이 있다(권석만, 김지훈, 2000).

성도착증에 대한 더욱 구체적인 내용은 본서의 7장에서 다루고 있다.

(2) 성적 흥분장애

① 여성 성적 흥분장애

- 지속적 또는 반복적으로 성적 흥분에 따른 적절한 윤활·부종 반응이 성행위가 끝날 때까지 나타나지 않거나 유지될 수 없다.
- 장애가 현저한 고통이나 대인관계의 어려움을 초래한다.

- 질 건조증이 대표적이다.

② 남성 발기장애

- 지속적 또는 반복적으로 성행위가 끝날 때까지 적절히 발기되지 않거나 발기를 유지할 수 없다.
- 장애가 현저한 고통이나 대인관계의 어려움을 초래한다.

(3) 절정감(오르가즘) 장애

① 여성 오르가즘 장애

- 지속적 또는 반복적으로 정상적인 성적 흥분 국면에 이어 나타나는 오르가즘의 지연 또는 결여, 여성의 오르가즘을 유발하는 자극의 유형과 강도는 매우 다양하다.
- 여성 오르가즘 장애의 진단은 여성의 오르가즘 수용력이 연령, 성 경험, 그리고 성적 자극의 적절성에 기대할 수 있는 정도보다 낮다는 임상전문가의 판단에 근거하여 내려져야 한다.
- 장애가 현저한 고통이나 대인관계의 어려움을 초래한다.

② 남성 오르가즘 장애

- 지속적 또는 반복적으로 성행위 중 정상적인 성적 흥분 국면에 뒤따르는 오르가즘이 지연 또는 결여되는 상태로, 임상전문가가 개인의 연령과 성적 자극의 초점과 강도, 그리고 기간이 적절한지를 고려한다.
- 장애가 현저한 고통이나 대인관계의 어려움을 초래한다.

③ 조루증

- 지속적 또는 반복적으로 최소한의 성적 자극으로도 질내 삽입 이전, 도중, 직후 또는 개인이 원하기 전에 사정이 일어난다.
- 장애가 현저한 고통이나 대인관계의 어려움을 초래한다.
- 조루증이 전적으로 물질의 직접적인 효과(예: 아편류 금단)로 인한 것이 아니다.

(4) 성적 통증장애

① 성교통증

- 지속적 또는 반복적으로 성교와 관련되어 남성이나 여성에게 유발되는 성기 통증
- 장애가 현저한 고통이나 대인관계의 어려움을 초래한다.

② 질경련증

- 지속적 또는 반복적으로 질의 외측 3분의 1을 차지하고 있는 근육의 불수의적 수축이 성행위를 방해한다.
- 장애가 현저한 고통이나 대인관계의 어려움을 초래한다.

2. 성 기능장애의 원인

성 기능장애는 어떤 한 가지 원인에 의해 유발되기보다는 다양한 원인들이 서로 영향을 주고받으면서 복합적으로 작용하여 발생한다는 것이 일반적인 견해이다(권석만, 2000). 또한 심리적 원인이나, 심리적 원인과 신체적 원인이 복합되어 나타나는 다차원성이 반영된 통합적 관점에서 논의되어야 한다.

성 기능장애는 발병이 대개 성인 초기이고 그 경과는 매우 다양하며, 임상 유형에 따라 일시적 경과를 취하기도 하고 계속 반복적인 장애로 나타나기도 한다. 성 기능장애는 직업적인 기능에는 큰 영향을 주지 않지만 결혼생활과 성교 상대자와의 관계를 악화시킨다. 또한 불안, 우울, 죄의식, 강박감, 좌절감, 창피함 등의 정신병리 증상을 동반한다.

성 기능장애의 원인은 크게 4가지 측면으로 구분할 수 있는데 직접적 원인, 정신 내적 갈등, 상호관계 문제, 신체적 원인으로 구분된다.

직접적 원인이란 성sex과 성 생리에 대한 무지, 혐오 및 기피, 서로의 의사소통이 실패했을 때 등이며 환경 역시 중요한 요인이 된다.

내적 갈등은 무의식적인 소아기의 경험과 성적갈등의 요인이 되었던 오이디푸스 콤플렉스 등이며 여기에는 문화적 영향이 크게 관여된다. 상대방과의 상호관계에 있어서는 거부, 증오, 무관심, 결혼생활의 불화 등 대화와 감정 교류의 결핍 그리고 성행위 시 성공적 수행에 대한 불안performance anxiety 등이 원인이 될 수 있다(민성길, 2006).

성 기능장애의 신체적 원인으로는 영양장애, 신체 질병, 호르몬 장애, 약물의 영향 등이 있는데 성 기능장애를 일으키는 약물에는 혈압강하제, 이뇨제, 신경안정제, 항우울제 등이 있다. 혈압강하제 중 프로프라놀올propranolol은 발기장애, 성욕 감퇴를 일으키고, 메틸도파Methyldopa는 상당히 높은 빈도에서 남성에게는 발기장애, 성욕 감퇴, 유방 비대, 사정장애, 여성에게는 오르가즘 장애를 일으킨다.

프로이트를 중심으로 정신분석적 관점에서는 성 기능장애에 대해 억압된 심리적 갈등이 신체적으로 드러난 증상으로 간주한다. 이에 따라 성 기능장애를 초래하는 무의식적 갈등이 무엇인지에 관심을 갖는다. 성 기능장애가 어떤 상징적인 의미를 지니고 있으며, 어린 시절의 성장 경험과 어떠한 관련이 있는지를 탐색함으로써 성 기능장애를 초래하는 무의식적 갈등을 찾아내고자 한다.

벡Aaron T. Beck을 비롯한 인지이론적 관점에서는 성 기능장애를 유발하는 요인으로 성에 대한 역기능적 신념과 성행위 시의 부정적 사고로 나누어 설명한다. 사람들은 사회문화적 배경과 개인의 성경험에 의해 다양한 성 관련 신념을 지니게 되는데, 역기능적 신념의 예로는 "성 행위 시에 항상 상대방을 만족시켜야 한다. 성 기능이 약하면 나는 무가치한 존재이다."와 같은 것들이 있다.

성 기능장애의 생물학적 원인은 대부분 심리적 요인과 복합적으로 작용하여 발생과 악화로 이어진다. 예를 들면, 당뇨와 같은 신체적 질병에 의한 발기불능, 다양한 치료약의 부작용이나 음주 등으로 인한 성 기능의 문제, 신체적 노화에 따른 성 기능의 쇠퇴 현상 등이 있다.

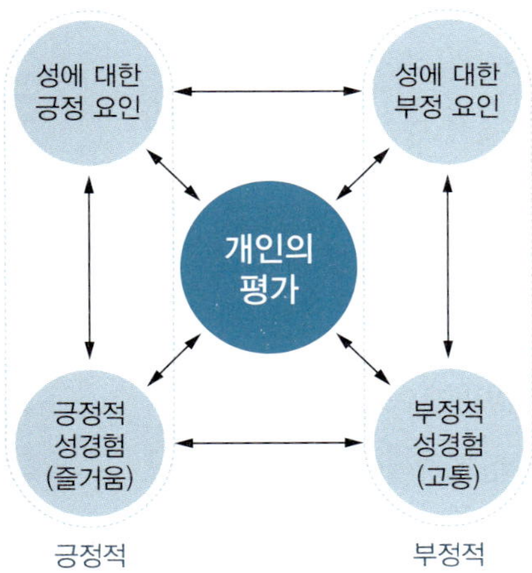

그림 5-1 성 기능장애 모델

성 기능과 관련된 긍정적이거나 부정적 요인은 개인의 평가과정을 통하여 성 반응에 영향을 미치게 된다. 성 기능장애에 영향을 미치는 긍정적 요인은 성에 대한 풍부한 지식, 부모나 배우자와의 관계를 통한 충분한 애정 표현, 심신의 건강 등을 들 수 있으며, 부정적 요인은 성에 대한 무지, 부모나 배우자와의 부정적 관계, 성격적·정신적 장애, 충격적인 과거 성경험, 약물 복용 등을 들 수 있다.

더욱 중요한 것은 이러한 요인을 개인이 어떻게 받아들이고 평가하느냐에 따라 성 기능에 관여하게 되며, 대체적으로 상호관계에서 순환적이고 상호작용적 과정을 통해 부정적인 경우 성 기능장애가 발생한다.

3. 성 기능장애의 상담 및 치료

1) 성교육

성 기능에 문제를 지니고 있는 사람 중의 상당수가 성에 대한 지식이 부족하거나 잘못된 지식을 지니고 있는 경우이다. 성 기능장애를 상담하거나 치료하기 위해서는 먼저 성 기능 문제를 지니고 있는 사람이 성적 반응 및 성에 대해 제대로 이해하고 있는지에 대하여 확인해야 한다.

성에 대해 무지한 경우 성에 대해 올바른 정보를 제공하고 이해하도록 하는 것이 성 기능장애 치료의 첫 단계가 될 수 있다. 성기의 해부학적 구조와 성교 과정의 생리적 변화를 이해하고 성 기능장애의 주요 증상, 원인, 치료방법에 대해 이해함으로써 자신이 지닌 성기능 문제의 실상을 파악하고 그에 따른 구체적인 치료에 노력을 기울일 수 있게 된다.

성 기능을 향상할 수 있는 구체적인 성적 기술을 학습하는 것도 중요한 성상담이나 치료의 요소이다. 예를 들면, 조루증의 치료를 위해 스퀴즈법(압박법)을 활용하여 사정을 지연시키는 방법이 있다. 성의학자 부부인 마스터스와 존슨이 개발한 스퀴즈법은 단기간의 훈련으로 98%의 성공률을 보였고, 5년 후의 추적조사에서 재발률은 0.5%에 불과한 것으로 알려졌다. 방법은 귀두 위쪽에 집게손가락과 가운데손가락, 아래쪽에는 엄지손가락을 꼭 대고 누르면 흥분을 가라앉힐 수 있다. 이때 손가락의 위치는 집게손가락은 귀두 중앙부에, 가운데손가락은 포피 주위에, 엄지손가락은 귀두 안쪽의 주름진 부위에 붙인다. 이 방법을 일주일에 1회 이상 6개월 정도 지속적으로 훈련하면 조루증에 많은 도움이 된다.

조루를 치료하기 위한 또 다른 방법으로 콘돔을 사용하여 귀두의 민감성을 떨어뜨림으로써 성교 시간을 연장하거나, 매일 저녁 수면 전에 냉온수를 15분씩 번갈아가며 목욕함으로써 사정 억제능력을 개선할 수 있다고 제안하기도 한다.

2) 성에 대한 부정적 감정의 해소

성행위에 대한 과도한 불안감, 두려움, 죄책감, 혐오감 등은 성 기능을 방해하는 주요 원인이 된다. 그러므로 성 기능장애를 치료하기 위해서는 이러한 요소들을 완화하거나 제거하여야 한다. 성행동에 대한 불안의 감소나 성적 혐오증, 성 공포증을 치료하기 위해서는 행동치료적 기법들이 적용될 수 있다.

대표적 방법으로는 행동치료의 체계적 둔감법을 들 수 있으며, 이 방법은 '성적 상황-불안 및 긴장'의 연합을 '성적 상황-안정감 및 긴장이완'의 연합으로 점진적인 변화를 유도하는 것이다. 즉, 성적인 불안을 야기하는 상황에 대해 위계를 정하고, 긴장·이완훈련을 실시하여 편안하게 이완된 상태에서 불안을 유발하는 상황에 노출시키되 불안의 위계에서 가장 낮은 단계의 약한 성적 자극부터 제시하여 불안을 느끼지 않으면 점진적으로 더욱 강한 자극을 제시함으로써 성에 대한 불안을 느끼는 예민성을 둔화시키는 것이다.

성 기능장애에 대한 상담이나 치료에 있어서 정신역동적 관점은 불안이나 죄의식이 무의식적 갈등에 의해서 초래된다고 전제하고 그 갈등을 탐색하여 자각하도록 유도한다. 이는 어린시절 부모와의 관계에서 경험했던 갈등이나 충격적인 성경험들이 무의식에 잠재하고 있다가 현재의 성생활에 미치는 영향을 탐색하여 자각하도록 도움으로써 갈등이 완화되고 성에 대한 불안감이 감소할 수 있다고 보았다.

3) 부부관계의 개선

성생활은 부부 두 사람의 상호작용에 의해서 이루어지는 과정이다. 그러므로 부부간에 성적 친밀감이 부족하거나 심리적 갈등이 있는 경우에는 원만한 성생활을 영위하기 어렵다.

부부간 성 기능의 문제가 생길 수 있는 몇 가지 예는 다음과 같다.

- 부부간의 성욕구나 성반응이 현저하게 차이가 있는 경우
- 부부 상호간에 성에 대한 생각과 느낌을 교환하지 않은 경우
- 자녀 양육문제나 가사 분담, 성격의 차이 등으로 인한 갈등으로 배우자에게 미움, 적대감, 분노, 두려움 등 부정적인 감정이 생긴 경우
- 습관의 차이 : 배우자 중 한 사람은 아침형(종달새형)이고, 한 사람은 저녁형(올빼미형)인 경우

• 성적인 친밀감이나 애정이 부족한 상태에서 형식적인 성관계를 유지하는 경우

이러한 문제들로 인하여 부부관계가 좋지 않을 경우 성 기능의 문제로 발전할 수 있다. 그러므로 원만한 성생활을 위하여 부부간에 서로의 욕구와 바람을 자유롭게 이야기하고, 성행위에 대한 느낌을 교환하여 문제를 사전에 예방하거나 해결하고, 성 기능을 향상시키는 기술을 훈련하는 데도 부부의 상호 협조가 필요하다.

4) 감각 집중훈련

감각 집중훈련은 성감대 확인 단계, 유방과 성기 이외의 부위 자극 단계, 성기 자극 단계, 성교 단계의 순으로 이루어진다.

(1) 성감대 확인 단계

감각 집중훈련의 첫 단계로 성감대 확인 단계에서는 부부가 서로의 전신을 애무하며 신체적 감각과 쾌감에 주의를 집중하여 성적 쾌감을 느끼는 신체의 부위를 찾아낸다. 성감대의 민감 정도를 수치화(1점 : 아주 좋음~5점 : 매우 많이 좋음)하여 몸의 성감대 지도를 그려볼 수 있다.

(2) 유방과 성기 이외의 부위 자극 단계

유방과 성기 부분 이외의 다른 신체 부위를 자극하며 촉감에 주의를 집중하고 부드러움, 따뜻함, 애정어린 감정 등 다양한 느낌을 학습하며 배우자로부터 애무와 사랑을 받고 있다는 느낌을 가질 수 있는 자연스러운 기회를 갖는다.

(3) 성기 자극 단계

이 단계에서는 부부가 한 사람씩 상대방의 성기(음경, 유방, 질, 음핵)를 자극하며 애무를 하되, 성기 삽입은 하지 않는다. 이 단계에서 부부는 서로 편안함을 느끼는 상태에서 부담 없이 애무를 주고받으며 자신의 성적 흥분을 체험하는 것이 중요하다. 이때 애무를 받는 사람은 애무의 강약이나 빈도에 의해 어떻게 느낌이 다른지를 배우자에게 알려준다.

(4) 성교 단계

성기 자극 단계에서 부부가 한 배우자의 성기 애무에 대해 성적 쾌감과 흥분을 충분히 느낄 수 있게 되면 성기를 직접적으로 삽입하는 성교 단계로 넘어간다. 성교 단계의 초반에는 남편의 음경이 발기 여부를 떠나 서로의 성기를 접촉하며 감각을 느끼는 단계이다. 그러다가 성기 접촉 훈련을 통해 부부가 서로 충분한 성적 흥분을 느낄 수 있으면 성기를 삽입하여 성관계를 한다.

이와 같은 감각 집중훈련은 성욕구를 느끼고 성적으로 흥분하며 절정감에 도달하는 성 반응주기의 과정이 원활하게 진행되는 것을 돕는다.

5) 케겔 운동

미국의 의학자 케겔Arnold H. Kegel 박사는 항문거근과 괄약근이 성기능 강화와 요실금 치료에 효과가 있다는 것을 알아냈다. 당초에는 요실금 치료용으로 쓰였으나, 점차 질의 수축력을 높여 여성 자신의 성감을 개발하고 남성을 더욱 즐겁게 한다는 소문이 퍼지자 널리 보급되었다.

케겔 운동을 하면 항문거근과 괄약근이 강화되어 섹스에 대한 자신감이 생기고 사용한 만큼 민감해지기 때문에 오르가즘에 빨리 오르는 것으로 보고되고 있다.

케겔 운동은 괄약근에 힘을 주었다가 빼기를 반복하는 것인데, 처음 훈련하는 사람은 감각을 익히는 것이 필요하며, 그 구체적인 방법은 다음과 같다. 이 훈련은 남녀 모두 활용할 수 있다.

① 평소에 소변을 볼 때 중간 중간 끊는 연습을 하며, 어떤 근육이 움직이는지 인식하도록 한다. 항문과 질을 둘러싼 괄약근은 조이는 느낌, 골반을 지지하는 항문거근은 들어 올려지는 느낌을 준다.

② 8자 근육이 한꺼번에 움직이도록 힘을 주어 조였다가 힘을 빼기를 반복하는데, 이때 복부·허벅지·엉덩이의 근육은 이완시킨 채 움직이지 않아야 한다.

③ 8자 근육을 움직이는 수축과 이완의 시간을 점차 늘린다. 약 5초 정도의 시간을 유지하되, 아주 강하거나 약한 수축과 이완의 상태만 익히는 것이 아니라 중간 상태의 느낌도 인지한다. 강한 수축과 이완의 상태를 최소한 5단계로 나누어 서서히 힘

을 빼는 연습을 한다.

④ 위의 방법을 약 두 달 이상 지속하면 효과가 나타나기 시작한다. 훈련은 지하철, 버스 안, 사무실, 식당 등 아무 때나 할 수 있지만, 결코 서둘러서는 제대로 효과를 보기가 어렵다.

표 5-1 SQ(sexual quotient) 자가진단표

구분	응답 내용				
	절대 아니다	거의 아니다	가끔 그렇다	종종 그렇다	항상 그렇다
	(1)	(2)	(3)	(4)	(5)
1. 당신의 성욕은 섹스를 자신 있게 시작할 정도로 충분한가?					
2. 당신의 성적 매력이 상대를 침대로 유도하고, 또 섹스가 만족스러울 정도로 충분하다고 생각하는가?					
3. 섹스 전 애무를 즐기며 당신과 상대 모두 만족하는가?					
4. 성행위가 상대의 성적 만족이나 절정감 정도에 영향을 받은 적이 있는가?					
5. 오르가즘을 충분히 느끼면서 성행위를 끝낼 때까지 발기 상태를 유지할 수 있는가?					
6. 성적 자극을 받으면 오르가즘을 충분히 느낄 수 있는 섹스를 할 수 있겠다는 확신이 들 정도로 단단하게 발기가 되는가?					
7. 성행위 동안 발기 상태를 일관되게 유지할 수 있는가?					
8. 원하는 시간만큼 성행위를 할 수 있도록 사정을 조절할 수 있는가?					
9. 섹스 시 오르가즘과 절정감을 느낄 수 있는가?					
10. 성교 능력이 성행위 중 다른 체위를 시도하거나 성교 횟수를 늘리는 등의 시도를 자신 있게 할 수 있을 정도라고 생각하는가?					

※ 채점 결과

① 0~20점(좌절된 애정생활, Frustrated love life) : 성관계를 하느니 차라리 야한 책을 보는 것이 더 즐거울 것 같다.

② 20~40점(실망스러운 애정생활, Disappointing love life) : 성생활이 전혀 만족스럽지 않다.

③ 40~60점(미지근한 애정생활, Tepid love life) : 현재보다 더 나은 성생활을 즐기고 싶다.

④ 60~80점(따뜻한 애정생활, Warm love life) : 성행위를 즐기지만 개선해야 할 점이 남아 있다.

⑤ 80~100점(뜨거운 애정생활, Hot love life) : 성적으로 만족스러우며 성생활을 최대로 즐긴다.

6) 질 경련의 자가치료

질 경련은 반사작용에 의한 것으로 여성의 의지적으로 조절할 수 없다. 이런 문제를 가진 여성은 성에 대한 반응을 보일 수는 있으나, 성교에 대한 공포나 과거의 고통스러웠던 기억 때문에 모든 성행위를 피하고 싶어한다. 질 경련은 다음과 같은 절차를 통해 스스로 자가치료하거나 또는 남편의 도움으로 치료를 시도할 수 있다.

① 편안한 상태에서 손거울을 활용하여 자신의 질을 살펴본다.

② 손가락 끝으로 질구를 건드린다. 필요하면 손가락에 윤활유를 발라 미끄럽게 한 다음 질에 집어넣어 볼 수 있다. 손가락이 넣어진 다음 호흡으로 긴장을 해소하며 근육을 조였다 풀었다를 반복해 준다. 처음엔 부담이 작용할 수 있지만, 아주 서서히 점진적으로 진행하면 차츰 불안이 사라진다.

③ 윤활제를 충분히 바르는 것을 잊지 말고 손가락 하나를 쉽게 넣을 수 있으면, 다음에는 두 개도 넣어 보고, 두 개가 익숙해지면 세 개도 넣어 본다. 이러한 동작을 절대 서두르지 말고 천천히 한다.

④ 성교할 준비가 되면 삽입의 깊이를 여성이 조절할 수 있는 여성 상위를 택한다. 처음에는 그 수위를 여성이 조절하며 질 근육을 조였다 풀었다를 연습하여 점차 성교를 진행한다.

SQ(Sexual Quotient)

SQ는 자신들의 성생활의 질(quality)을 평가할 수 있는 지표를 개발하기 위하여 성 과학자 압도 박사와 화이자의 임상의학자들이 공동 연구한 것이다. 브라질의 상파울로 의과대학 정신의학연구소에서 성 기능장애 클리닉을 운영하며 얻은 내원 환자들의 증언과 26개국의 2만 7천여 명의 남녀를 대상으로 한 성의식 및 성행동에 대한 화이자제약의 광범위한 연구 결과를 토대로 만들어졌다. SQ 진단은 전희, 발기 정도, 오르가즘, 성생활 만족도 등의 10문항에 대한 자기평가 질문양식으로 이루어져 있으며, 이들 설문을 통해 성행위의 신체적인 요소와 감정적인 요소를 함께 설명할 수 있다. 구체적으로, 지난 6개월간에 이루어진 자신의 성생활을 토대로 각 문항마다 빈도, 성적 만족도 수준에 따라 1~5점의 점수를 매기고, 이를 합산한 수에 2를 곱하여 총 100점 만점으로 산출하는 것이다.

자료: 임해리(2005)

참고문헌

권석만, 김지훈(2000). **성 기능장애: 침실 속의 남 모르는 고민**. 서울: 학지사.

권준수, 김재진, 남궁기, 박원명 역(2015). DSM-5 **정신질환의 진단 및 통계편람**. 서울: 학지사.

김세철(1997). **남성 성 기능 장애의 진단과 치료**. 서울: 일조각.

김수영(2006). 단식요법이 성 기능장애 회복에 미치는 영향. 경기대학교 대체의학대학원 석사학위논문.

김원희(1991). 여성 성 기능장애. **대한산부인과학회지**, 34(7): 911.

미국정신의학회 저, 강진령 편역(2008). DSM-IV-TR Mini-D, **간편 정신장애진단통계편람**. 서울: 학지사.

민성길(2006). **최신정신의학**. 서울: 일조각.

박정세, 백재승(2008). **남성의 성 기능장애**. 경기: 군자출판사.

신희천(200). **성도착증과 성정체성장애**. 서울: 학지사.

윤가현(2014). 성반응주기 모델의 발달과 여성의 성. **대한성학회지**, 1(1): 1-9.

이정주(2003). **여자의 성**. 서울: 영림카디널.

임해리(2005). **SQ를 높여야 연애에 성공한다**. 서울: 큰나무.

조두영(1999). 성(性)생활과 성기능장애. **정신신체의학**, 7(1): 10-25.

하재청(1997). **성의 과학**. 서울: 아카데미.

홍성묵(2003). **아름다운 사랑과 성**. 서울: 학지사.

Clint E. Bruess, Jerrold S. Greenberg 저, 박선영, 유우경, 조아미 역(2011). **성교육의 이론과 실제**. 서울: 학지사.

CHAPTER 6

성 소수자

성 소수자sexual minority는 주류를 이루는 이성애자heterosexual를 제외한 모든 소수의 성적 취향을 가진 사람을 포괄하는데 여기에는 동성애자homosexuality; gay and lesbian, 양성애자bisexual, 성전환자transgender, 자신의 정체성에 대해 의문을 갖고 있는 사람questioning 등이 포함된다. 미국에서는 레즈비언lesbian, 게이gay, 양성애자bisexual, 트렌스젠더transgender, 퀴어queer의 앞글자를 따서 LGBTQ라고 부르기도 한다(강병철, 2010).

1. 성 소수자의 개념

사전적 의미의 성 소수자sexual minority는 사회적 다수인 이성애자, 시스젠더Cisgender(생물학적 성별과 정신적인 성별이 일치하는 사람들을 가리키는 용어)와 비교되는 성적 지향이나 성 정체성, 신체 등을 지닌 이들을 말한다. 성 소수자는 동성애자뿐만 아니라 양성애자와 트랜스젠더, 간성, 젠더퀴어, 제3의 성 등을 포함한다. 동성애자는 자신과 성별이 같은 사람에 대해 끌리는 것을 말하고, 양성애자는 양성 모두에 대해 끌리는 것을 말한다(강병철, 2006).

성 소수자는 과거에서부터 현재까지 어느 문화권에서도 존재해 왔지만 성 소수자라는 집단에 대한 각 사회의 인식은 시대적, 사회문화적 맥락에 따라 변화해 왔고, 수세기 동안 그들의 인격은 사회적 낙인으로 차별받아 왔다. 또한 성 소수자의 가족이나 친구 역시 성 소수자에 대한 사회적 편견에서 자유롭지 않기 때문에 성 소수자는 주변인에게 차별이나 폭력을 경험할 수 있으며, 이들로부터 적절한 정서적 지지를 받기도 어려울 가능성이 높다(이호림, 2015).

1) 양성애

양성애bisexuality는 생물학적 성과 젠더와는 상관없이 정서적으로 또는 성적인 감정의 정도가 남성과 여성 중 어느 한쪽으로만 치우치지 않는다는 것을 의미한다. 사람의 정서적인 발달은 환경과 경험을 통해 평생 동안 이루어지듯이 성적 지향 역시 인생 전체에 걸쳐 형성되는 것이다. 미국심리학회American Psychological Association는 성적 지향이 연속선 위에 있는 것이라고 했으며, 동성애와 이성애 모두를 다양한 감정으로 느낄 수 있는 것을 양성애라고 하였다. 사람들은 어떤 대상이나 상대에게 정서적인 이끌림을 느끼는 시기는 각기 다르다. 하지만 자신이 이성애자인지, 양성애자인지, 아니면 동성애자인지는 정확하게 알기란 어려우며 깨닫는 시기도 개인마다 차이가 있다.

성적인 행동, 이끌림과 성적 정체성은 서로 일치하지 않을 수 있다. 어떤 사람들은 아무런 성적 경험이 없이도 스스로를 특정한 성애자라고 정체화시키는 반면, 어떤 사람들은 현재 동성과의 성적인 접촉을 하고 있거나, 예전에 경험을 했던 적이 있지만 스스로를 동성애자이거나, 양성애자라고 여기지 않을 수 있다.

때로는 양성애를 이성과 동성 모두를 받아들일 자세가 되어 있다고 생각하여 다성애나 범성애와 함께 혼용해서 쓰는 경우도 있다. 하지만 그들의 특정한 성적 지향과 관련되어 있으므로 모두 다르게 사용 되어야 한다.

다성애polysexuality는 남성과 여성을 포함하여 제3의 성 등, 3개 이상의 성을 향한 정서적으로 또는 성적으로 끌리는 감정이나 행동을 의미하며, 범성애Pansexuality는 특정한 하나의 성적 지향이 존재한다는 관념을 의도적으로 거부하는 입장으로, 정서적 이끌림의 감정이나 행동이 남성이나 여성으로 구분 짓지 않고, 성정체성 또한 무관하다는 개념으로 양성애와는 다르게 해석한다.

양성애는 다른 성 소수자의 정체성과 마찬가지로 차별을 받아왔다. 이는 사회적 통념으로 인식되고 있는 이성애중심주의 관점에서 볼 때 이성에게 매력을 느끼는 감정만이 정상적으로 받아들인다. 동성이나 제3의 성에 똑같은 성적 매력을 느낀다는 것을 인정하지 않으며 온전히 이성애만이 존재한다는 결론을 내린다.

이성애 중심주의에 반론을 제기한 영국의 심리학자 리거Gerulf Rieger 박사는 자신이 이성애라고 생각하는 여성들에게 다른 여성의 누드 사진과 누드 동영상을 보여주고 성적 흥분을 느끼는지에 대한 뇌파 변화 실험을 하였다. 실험결과 대부분의 여성들은 성적 흥분을 보인 반면, 동일한 검사를 수행한 남성들에게는 성적 흥분이 나타나지 않았다. 연구 결과를 통해 여성들 중에는 완벽한 이성애자는 거의 없으며 잠재적인 양성애자의 가능성이 높다고 하였다. 또한 시버스Meredith L. Chivers는 피험자에게 짧은 포르노 영상을 보여주고 혈류측정기의 반응과 키패드의 흥분점수를 매겼다. 그 결과 남성 피험자들은 객관적인 결과와 주관적인 결과가 일치하여 몸과 마음이 똑같다는 것을 보여준 반면, 여성 피험자들은 여자들끼리의 애무하는 장면과 남자들끼리 섹스하는 장면에서 자신들은 덜 흥분하였다고 보고하였지만 흥분의 수치는 증가했다. 또한 혈류측정기의 질내 조직에서 센서로 전달된 수치를 분석한 후 막대그래프로 출력을 하여 보니 여성의 성충동은 그야말로 잡식성이라고 할 만큼 무작위적인 결과를 나타냈다(김학영, 2013). 이에 연구자들은 양성애 정체성이 남자에게는 흔하지 않으며, 여성에게서 높게 나타난다는 결론을 내렸다.

일부 연구자들은 이 연구에 사용된 측정기술과 한쪽성에 치우쳐 그 사람들의 정체성을 무시했다는 비판을 하기도 했다. 하지만 그녀의 다양한 종류의 임상, 심리실험은 복잡미묘한 남, 녀의 성적 감정을 설명해 주고 성적 지향을 파악할 수 있는 기반이 되었다.

2) 동성애

동성애homosexuality는 생물학적, 사회적으로 동일한 성별을 가진 사람들 사이에 정서적, 성적으로 끌리는 정도, 또는 성적인 행위를 의미한다. 동성애를 구분하는 단어로 남성 동성애자는 게이, 여성 동성애자를 레즈비언이라고 일컫어 부른다. 동성애는 흔히 사람에게 나타나는 행동들이라고 생각하지만 사람뿐만 아니라 많은 종의 동물에게도 발견되었다는 기록이 있다.

동성간의 성행위나 동성의 상대를 사랑하는 일은 어느 시대를 막론하고 행해져 왔지만 동성애자라는 명칭이 생긴 것은 19세기 말에 들어와서이다. 동성애자를 뜻하는 호모섹슈얼homosexual은 1869년 벤커르트라는 한 의사가 고안한 단어이고, 이성애를 일컫는 헤테로 섹슈얼heterosexual은 그보다 늦은 1892년에 처음 쓰이게 되었으며, 제임스 키에르난이 시카고의 한 의학지에 글을 기고하면서부터이다. 그 당시에는 이성애의 정의가 '이성을 향한 비정상적이고 성도착적인 취향'으로 1930년대 이전까지 웹스터 사전에도 그러한 의미로 기술되었다. 이런 과정은 카츠Jonathan N. Katz의 《Invention of Heterosexuality》에 잘 설명되어 있다(변혜정, 2006).

이렇듯 동성애자는 아주 오래전부터 존재해 왔음을 보고한다. 그렇다면, 왜 동성애가 되는가? 그 원인을 규명하기 위해 수없이 많은 연구를 해왔다. 하지만 아직도 그 이유를 명확하게 밝히지는 못하고 있다.

동성애 원인론에 대한 연구결과를 살펴보면 유전이나 호르몬 불균형 또는 부모의 육아 방식이나 유아 때의 경험과 부모와의 상호작용에서의 문제점으로 동성애의 원인을 설명한다. 또한 미국 정신분석가 비버Bieber 등의 연구에서는 아동기의 갈등에서 야기된 무의식적인 불안에서 시작된다고 하였다. 그렇지만 그러한 결과는 일반화의 가능성이나 신뢰성이 매우 낮아 충분한 근거로 규정짓지 못하였다. 원인에 관한 연구를 주도하는 학자들은 한 개인의 성적 지향에 대한 결정은 생의 초기에 발달된다는 의견에 일치하고 있으며, 동성애 지향은 선천적으로 타고난 생물학적 차원이 아니라 사회환경적 요인과 복합적으로 조합된 결과라고 본다.

일반적으로 정상적인 한 개인이 이성이나 동성에 대한 자신의 관심을 드러내는 시기는 사춘기를 지나면서부터 시작된다. 그런데 동성애자들은 자신의 성적 지향을 10대 후반이나 20대까지도 알아차리지 못하는 경우가 많다.

동성애자 중에서도 동성과 성관계를 유지하면서도 게이나 레즈비언으로 여기지 않는 반면, 또 다른 사람들은 자신이 게이나 레즈비언이라고 인정하면서도 동성과 성관계를 시도하지 않는다는 것이다. 그래서 게이라는 의미는 동성과의 성행동을 결부시킨 차원으로만 해석해서는 안 될 것이다. 즉, 동성과의 성행동에 대한 환상을 지니고 있다고 해서 모두 게이로 여기는 것은 잘못이다(윤가현, 2008).

동성애가 부자연스럽게 보인다거나 문제로 보는 사람도 있다. 동성애는 사랑의 또 다른 표현 방식이다. 학자들에 의하면 동성애는 정상적이고 극히 자연스러운 것이라고 한다. 단지 개인의 성적 지향에 대한 차이점일 뿐 부정적인 심리적 원인이 아니며 동성애 관계는 심리학적인 측면에서 이성애 관계와 동등하다는 것이다.

사례

우리나라 최고의 대학이라고 알려진 S대에서 약 87%의 찬성표를 받고 성 소수자인 총학생회장이 최초로 당선되었다. 당선된 K모씨는 자신을 레즈비언이라고 당당하게 밝혔다.

3) 간성, 젠더퀴어, 제3의 성

(1) 간성(모호한 생식기)

간성intersex이란 외부 생식기의 모양이 남녀의 특징에서 벗어난 애매모호한 상태, 즉 모호한 생식기ambiguous genitalia라고 한다. 모든 인간의 성은 태어날 때부터 X와 Y의 염색체로 결정된다. 하지만 그 발생과정과 분화과정 중 어느 한 곳에 이상이 생길 경우 표출되어 드러나는 형태는 분명하지 않을 수 있다. 성 분화 이상은 남성 또는 여성의 특징을 나타내는 한 가지 성으로 완전하게 발달하지 못하고 성별의 잘못된 분화를 말한다. 간성은 염색체의 이상, 성선의 이상과 외성기의 이상 등에 의해 신체적, 정신적인 기능이나 활동이 원활하지 못할 때 나타난다.

간성을 성선의 상태에 따라 분류해 보면 크게 남녀의 생식선이 동시에 들어 있는 진성반음양(난소와 고환을 모두 가진 경우)과 내·외부 생식기가 남녀의 특징을 모두 가지고 있어 일치하지 않는 가성반음양(남성은 고환을 가지고 있으나 외부생식기가 여성의 형태를 가진 경우)으로 나눌 수 있다.

간성의 치료 시기는 발견 당시의 나이를 중요하게 여긴다. 자신의 성에 대한 인식이 확고해지는 생후 18~30개월에 치료를 시작하는 것이 적절하며, 이 시기를 지나면 자신의 성 정체성에 대한 혼란을 느껴 정신적인 문제를 야기할 수 있다. 3세 이후가 되면 본래의 성을 바꾸기란 매우 어렵기 때문에 성 분화 이상이 있는지의 여부를 정확하게 진단하여 자신에게 주어진 정상적인 성적 역할과 생식능력을 갖출 수 있도록 하는 것이 중요하다.

(2) 퀴어

퀴어라는 단어는 원래 '괴짜', '기이한', '별난' 등의 의미로 사용되었다. 하지만 현재는 성 소수자, 즉 동성애자나 양성애자, 성전환자 등 성적 소수자(이 범주에 포함되지 않는 그 외의 사람들)를 포괄하는 뜻으로 사용되고 있다.

퀴어가 성 소수자를 의미하는 단어로 쓰이기 시작한 것은 20세기에 들어서이다. 당시만 해도 퀴어라는 단어는 동성애자를 모욕하거나 비하하기 위한 경멸적인 호칭으로 사용되었다. 그러나 그 의미가 달라지기 시작한 시기는 1980년대의 미국 동성애에 대한 인권운동의 영향이 컸다고 할 수 있으며, 그들은 자신들을 적극적으로 퀴어라 지칭하기 시작했다. 동성애자들이 자신들을 퀴어라고 부르기 시작하면서부터 본래의 가지고 있던 경멸적이고 혐오적인 의미는 사라졌다. 이후 동성애자뿐만 아니라 성 소수자 전반을 포함하는 단어로 긍정적인 의미가 확장되었다. 한국에서는 2000년부터 매년 퀴어문화축제가 개최되고 있으며, 1998년부터 2년에 한 번씩 서울퀴어영화제가 개최되고 있다.

(3) 제3의 성

제3의 성은 성별이 남성도, 여성도 아닌 사람을 말한다. 다만 생물학적 성별이 남녀 어느 쪽도 아닌 경우는 드물기 때문에 보통은 사회적인 성별을 말한다. 일반적으로 우리는 그 사람의 외모나 목소리 등으로 성별을 구분하는 예단을 하여 가끔씩 실수를 저지르는 경우도 있다. 우리나라 조선시대의 노비였던 사방지도 제3의 성을 가진 사람이라고 볼 수 있으며, 유전적으로는 여성이지만 외부 생식기는 남성의 형태를 갖추었다고 한다. 예를 들면, 생물학적으로 남성으로 태어났으나 여성의 성 정체성과 여성의 성역할을 수행하는 것을 제3의 성이라 한다.

이는 자신의 성 정체성을 커밍아웃할 수 있는 현대의 트랜스젠더와는 또 다른 부류라고 할 수 있다. 일반적으로 제3의 성은 다른 사람들이 알아서는 안 되는 부끄러운 일로 여기고 밖으로 들어내기를 꺼려했다. 하지만 최근에는 성별 표기에 남녀를 제외한 '제3의 성'을 넣도록 허용하는 국가가 늘어나고 있으며, 성적 정체성의 차이를 존중하면서 인정 범위를 확대하고 있다. 호주에서는 성 전환자의 성적 정체성과 연관된 재판에서 제3의 성을 인정하는 판결을 내리기도 했으며, 인도, 네팔, 독일 등, 제3의 성을 인정하는 나라들이 점차 늘어가고 있다.

그 외 개념은 다르나, 학창시절 남자같은 여자, 여자같은 남자를 한 번쯤은 들었거나 마주친 경험이 있을 것이다. 잘못된 표현이지만 우리는 흔히 이들을 중성이라고 부른다. 여학생들 사이의 남자 같은 여자들은 인기가 많았던 반면, 남자들 세계에선 여자 같은 남자는 무시당하거나 놀림의 대상이었다. 그러나 사회의 변화와 함께 이들을 바라보는 시각 또한 변화되었다. 현대 사회에서는 과거의 강한 남성성을 부각시킨 야성적인 남성보다 패션이나 외모에 관심을 가진 섬세하고 부드러운 남성을 선호한다. 최근에는 메트로 섹슈얼metrosexual, 크로스 섹슈얼Cross Sexual 등의 용어를 사용하며, 부정적 의미보다는 긍정적으로 받아들이는 사회현상을 나타내고 있다.

여기서 잠깐! 생각해 보기

나의 남성, 여성지수에 대해 살펴보자. 다음에 나오는 문항에 답을 적은 다음 점수를 합해 자신의 여성지수와 남성지수를 알아볼 수 있다. 여성적이다. 남성적이다. 라는 판단은 독립 변수이기 때문에 여러분은 여성적이거나, 남성적이거나, 여성적인 동시에 남성적이거나(양성적), 아니면 여성적이지도 않고 남성적이지도 않을 수 있다.

나의 여성지수는?

1 사향 냄새를 가장 잘 설명해주는 단어는? ( )
1. 곰팡내가 난다. 2. 시큼하다. 3. 쓰다. 4. 자극적이다. 5. 잘 모르겠다.

2 다른 사람들이 나에 대해서 듣기 좋은 말을 하면 나는 기분이 좋다. ( )
1. 그렇다. 2. 아니다. 다른 사람들이 나에 대해 무슨 말을 하든 아무렇지 않다.

3 꽃상추는?( )
1. 자몽처럼 생겼다. 2. 상추처럼 생겼다.
3. 오레가노처럼 생겼다. 4. 브로콜리처럼 생겼다.

4 처음 보는 사람들과 함께 있을 때 수줍음을 탄다 ( )
1. 종종 2. 때때로 3. 거의 그런 일은 없다.

5 황토색과 가장 비슷한 색깔은?( )
1. 갈색 2. 노란색 3. 녹색 4. 파란색 5. 잘 모르겠다.

6 재봉틀은 어느 때 사용할까?( )
1. 부엌을 정리할 때 2. 커튼 뒤쪽의 먼지를 털 때
3. 케이크를 만들 때 4. 옷을 수선할 때 5. 잘 모르겠다.

7 기분이 별로 유쾌하지 않을 때도 사람들 앞에서 유쾌한 것처럼 행동하려고 애쓴다.( )
1. 종종 2. 이따금 3. 거의 또는 전혀 그렇게 하지 않는다.

8 다른 사람이 도움을 필요로 하는지 금방 알 수 있다.( )
1. 거의 언제나 2. 때대로 3. 별로 그렇지 못하다.

9 나는 사실이 아닌 것을 믿을 정도로 다른 사람들의 말에 잘 속는다. ( )
1. 절대로 그렇지 않다. 2. 인정하고 싶지는 않지만 종종 그렇다.

10 내가 아는 사람이 슬퍼할 때(　　)
1. 아마 나도 같이 슬퍼서 도와주고 싶어 할 것이다.
2. 도와주고 싶기는 하겠지만 아마도 슬퍼하지는 않을 것이다.
3. 슬퍼하지도 않을 것이고 특별한 요청이 없는 한 도와주려 하지도 않을 것이다.

점수 알아보기

1번　4. 자극적이다라고 답을 했으면 1점. 나머지는 모두 0 점이다.
2번　1. 그렇다라고 답을 했으면 1점. 2.에 답했으면 0 점이다.
3번　2. 상추처럼 생겼다라고 답을 했으면 1점. 나머지 답들은 모두 0 점이다.
4번　1. 종종이라고 답을 했으면 1점. 나머지 답들은 모두 0 점이다.
5번　2. 노란색이라고 답을 했으면 1점. 나머지 답들은 모두 0 점이다.
6번　4. 옷을 수선할 때라고 답을 했으면 1점. 나머지 답들은 모두 0 점이다.
7번　1. 종종이라고 답을 했으면 1점. 2. 이따금이라고 답을 했으면 0점.
　　3. 거의 또는 전혀 그렇게 하지 않는다라고 답을 했으면 -1점이다.
8번　1. 거의 언제나라고 답을 했으면 1점.
　　2. 때때로라고 답을 했으면 0점.
　　3. 별로 그렇지 못하다라고 답을 했으면 -1점이다.
9번　1. 절대로 그렇지 않다라고 답을 했으면 0점.
　　2. 인정하고 싶지는 않지만 종종 그렇다라고 답을 했으면 1점이다.
10번　1. 같이 슬퍼서 도와주고 싶어 할 것이다라고 답을 했으면 1점. 2.는 0점. 3.은 -1점이다.

〈점수를 모두 합산해서〉
-3에서 +3점을 받은 경우 : 결코 여성적이지 않다.
+4에서 +6점을 받은 경우 : 캐서린 헵번상! 제법 여성적이다.
+7에서 +10점을 받은 경우 : 오드리 헵번상! 상당히 여성적이다.

나의 남성지수는?

1 누군가가 반드시 책임을 져야만 한다면? (　)
1. 종종 내가 나선다.　　2. 보통 다른 누군가가 나설 때까지 기다린다.

2 자동차에 대하여 이야기할 때, 곡면(camber)이라는 단어의 뜻은?(　)
1. 기어를 P에서 D로 바꿀 때를 말한다.
2. 예리한 모서리를 돌 때 자동차가 도로에서 미끄러지지 않고 노면에 밀착하여 달려갈 수 있게 하는 솜씨를 말한다.
3. 타이어가 도로와 교차하는 각도를 말한다.
4. 연료 투입기로부터 엔진까지 연료가 전달되는 것을 말한다.
5. 무슨 말인지 모르겠다.

3 어떤 일에 대해 아무 것도 모르면서도 쉽게 결정한다. (　)
1. 대체로　　2. 가끔　　3. 별로 그렇지 못하다.

4 이전에 한 번도 해보지 않은 일을 해야만 할 때는 다른 사람에게 물어보기 전에 먼저 혼자서 그 일을 어떻게 해야 하는지 시간이 걸리더라도 해보는 편이다. ( )
1. 맞다. 2. 아니다. 나는 다른 사람들에게 쉽사리 도움을 요청하는 편이다.

5 나는 게임을 할 때 이기지 못하면 종종 당황해한다. ( )
1. 맞다. 2. 아니다.

6 사람들이 하기 싫어해도 내가 원하는 일이면 다른 사람들이 하게 만들 수가 있다. ( )
1. 대체로 그렇다. 2. 때때로 그렇다. 3. 별로 그렇지 않다.

7 근육이 5kg 정도 더 생기면 내 모습이 더 멋져 보일 거라고 생각한다. ( )
1. 맞다. 2. 아니다.

8 독서를 할 때 내가 좋아하는 분위기는? ( )
1. 조용한 방이다. 그래야 나는 집중도 더 잘 되고 신경이 분산되지 않는다.
2. 소리가 너무 크지만 않으면 음악이나 TV를 틀어놓는 것이 좋다. 너무 조용한 것은 싫다.
3. 아무래도 상관없다. 소음이 있건 없건 아무런 차이가 없다.
4. 위의 것 모두 해당 사항이 없다. 나는 책을 거의 읽지 않는다.

9 뭔가 하고 싶은 일이 있을 때 지식이 풍부한 어떤 친구가 그 일이 무척 위험하거나 모험을 필요로 하는 일이라고 말한다면? ( )
1. 그렇더라도 아마 그냥 추진할 것이다.
2. 인정하고 싶지는 않지만 종종 내 계획을 수정할 수도 있다.
3. 해당되지 않는다. 나는 사람들이 위험하다고 생각하는 일이 대체로 하지 않는다.

10 내 성적을 아는 다른 사람들이 생각하는 것보다 나는 훨씬 똑똑하다. ( )
1. 맞다. 2. 아니다.

점수 알아보기

1번 1. 종종 내가 나선다라고 답을 했으면 1점
2. 다른 누군가가 나설 때까지 기다린다고 답을 했으면 0점이다.
2번 3. 타이어가 도로와 교차하는 각도를 말한다라고 답을 했으면 1점.
나머지 답변은 모두 0점이다.
3번 1. 대체로라고 답을 했으면 1점. 나머지 답변은 모두 0점이다.
4번 1. 맞다라고 답을 했으면 1점. 2번은 0점이다.
5번 1. 맞다라고 답을 했으면 1점. 2는 0점이다.
6번 1. 대체로 그렇다라고 답을 했으면 1점. 나머지 답변은 모두 0점이다.
7번 1. 맞다라고 답을 했으면 1점. 2는 0점이다.
8번 3. 아무래도 상관없다와 4. 위의 것 모두 해당 사항이 없다라고 답을 했으면 1점
나머지 답변은 모두 0점이다.
9번 1. 그렇더라도 아마 그냥 추진할 것이다라고 답을 했으면 1점.
2. 인정하고 싶지 않지만 종종 내 계획을 수정할 수도 있다라고 답을 했으면 0점.
3. 해당되지 않는다. 나는 사람들이 위험하다고 생각하는 일은 대체로 하지 않는다는 -1점이다.
10번 1. 맞다에 답을 했으면 1점. 2는 0점이다.

〈점수를 모두 합산해서〉
-1에서 +3점을 받은 경우 : 결코 남성적이지 않다
+4에서 +6점을 받은 경우 : 존 리터 상! 제법 남성적이다
+7에서 +10점을 받은 경우 : 클린트 이스트우드 상! 상당히 남성적이다

여러분이 반드시 기억해야 할 점은 이 문항들을 작성한 목적은 단지 인간이 여성적이면서 '동시에' 남성적일 수 있고, 또는 여성적이지도 남성적이지도 '않을' 수 있다는 사실을 이해하도록 돕기 위한 것이다.

자료: 이소영 역, 2007

4) 커밍아웃

커밍아웃coming out이란 스스로가 자신의 성적 지향 또는 성 정체성을 다른 사람에게 공개적으로 드러내는 것을 의미하며, 성적 취향이 다르다는 이유로 고통을 받으며 살아야 했던 그들이 사회적 통념에서 벗어나고자 하는 선택의 길일 것이다. 'coming out'은 'coming out the closet' (다락에서 나오다)라는 어구에서 유래되었다. 일반적으로 커밍아웃은 세 단계로 설명된다. 첫 단계는 '스스로 알게 되는 것'으로, 정체성을 자각하게 되며 동성 간의 관계에 받아들이는 상태이고 이것을 내적인 커밍아웃이라고 한다. 두 번째 단계는 가족과 친구 등 다른 사람에게 밝히기로 마음먹은 것을 말하는 과정이다. 세 번째 단계는 공개적으로, LGBT로 드러내놓고 살아가는 것의 단계를 거친다.

우리나라는 2000년대 초 연예인 홍석천이 공식적으로 커밍아웃을 선언 한 후 다락방에 숨어 지내던 동성애자들이 하나둘씩 자신의 목소리를 내며 등장하기 시작했다. 이후 차가운 시선으로 바라보았던 성 소수자에 대한 사회적 편견이나 인식을 바꾸려는 시도로 커밍아웃에 대한 다양한 TV프로그램도 진행되는 것을 볼 수 있었다.

커밍아웃은 아웃팅과 함께 사용하기도 하는데 이 둘은 서로 다른 개념이다. 커밍아웃은 본인 스스로가 원할 경우이고, 아웃팅은 자신의 성적 지향과 성 정체성이 본인의 동의 없이 타인에 의해 강제적으로 밝혀지는 경우를 뜻한다. 최근에는 아웃팅이 일반화되면서 비단 동성애자들뿐만 아니라 유명인이나 정치인까지 아웃팅이라는 용어를 사용하기도 한다.

(1) 커밍아웃의 장점

- 자신을 수용하는 마음과 성적인 성향에 대해 떳떳하고 당당한 태도
- 타인의 시선보다는 자신의 주관적이고 자신감 있는 삶의 실현
- 다른 동성애자들과의 유대관계를 확대시키고 사회적인 도움망을 구성

(2) 커밍아웃의 단점

- 부모, 형제, 가족들의 부정적인 반응, 특히 남성은 가문의 대를 이어갈 수 없다는 것에 대한 충격
- 사회적으로 기피 대상이거나 불이익을 당하는 고통을 경험할 수 있음

한 마디로 동성애자는 ① 다른 사람이 어떻게 바라보고 생각하는가, ② 떳떳하게 자신의 삶을 살 것인가 등의 여러 가지 장단점을 고려해서 자신의 인생에 대한 중대한 결정을 내려야 한다.

사례

모델 출신 탤런트 故 김지후는 2008년 커밍아웃을 한 후 연예기획사 전속 계약이 무산되고 네티즌들의 악플로 인해 고통을 느끼면서 자살로 생을 마감하였다.

표 4-3 동성애에 대한 인식

구분 \ 응답 내용	그렇지 않다 (1)	대체로 그렇지 않다 (2)	보통 이다 (3)	대체로 그렇다 (4)	매우 그렇다 (5)
1. 동성애는 자연스러운 성의 한 표현이다.					
2. 서로가 원한다면 동성끼리의 성관계는 괜찮다.					
3. 동성애는 사회적으로 인정되어야 한다.					
4. 동성연애는 비도덕적이고 혐오스러운 것이다.					
5. 동성끼리 성관계를 해본 적도 없고 하고 싶지도 않다.					
6. 동성애를 해본 적은 없지만 나중에 할 수도 있다고 생각한다.					

자료: 우남식 역(2015)

참고문헌

강병철(2010). 사회적 낙인 인식이 성 소수자의 삶의 만족도에 영향을 미치는 과정. 서울대학교 박사학위논문.

강병철, 김지혜(2006). **청소년 성 소수자의 생활실태조사**. 한국청소년개발원.

권석만(2000). **성 기능장애 : 침실 속의 남 모르는 고민**. 서울: 학지사.

김연지(2011). 성전환증보유자의 기본권에 관한 연구. 고려대학교 석사학위논문.

김준자(2010). **커밍아웃 프롬 더 클로젯**. 서울: 화남출판사.

변혜정(2006). **섹슈얼리티 강의, 두 번째**. 서울: 동녘.

신희천(2000). **성도착증과 성정체감 장애**. 서울: 학지사.

연동원(2007). **역사속의 성 영화속의 젠더**. 서울: 연정미디어.

우남식(2015). **성심리 : 대학생의 성의식**. 서울: 시그마프레스.

윤가현(1997). **동성애의 심리학**. 서울: 학지사.

이진(2013). 성 소수자를 향한 한국 주류 미디어의 시선-1990년부터 2012년까지의 미디어, 재현을 중심으로. 고려대학교 석사학위논문.

이호림(2015). 소수자 스트레스가 한국 성 소수자의 정신건강에 미치는 영향. 서울대학교 석사학위논문.

임민경(2014). 남녀 동성애자의 내면화된 성적 낙인척도 타당화 연구. 고려대학교 석사학위논문.

Bogaert, Anthony F. 저, 임옥희 역(2013). Understanding Asexuality: **무성애를 말하다**. 서울: RSG.

Bruess, Clint E., Greenberg, Jerrold S. 저, 박선영, 유우경, 조아미 외 역(2011). **성교육의 이론과 실제**. 서울: 학지사.

Chivers, Meredith L., Rieger, Gerulf, Latty, Elizabeth & Michael Bailey, J. (2004). A Sex Difference in the Specificity of Sexual Arousal. *Psychological Science*, Vol.15, Number 11, pp. 736-744(9).

Daniel Bergner 저, 김학영 역(2013). **욕망을 말하다**. 서울: 메디치미디어.

Leonard Sax 저, 이소영 역(2007). **남자아이 여자아이**. 서울: 아침이슬.

제3부

이상 성행동

CHAPTER 7

성행동의 이해와 유형

성 치료자들은 성이란 단순히 남녀가 오르가즘을 제조하는 과정이 아니고 서로가 성적인 쾌감을 느끼고 즐기는 과정이라는 것을 강조한다(Ellison, 2000).

성관계를 맺는 태도는 사람마다 다를 수 있다. 즉, 스트레스를 풀기 위해서 또는 현실에서 도피하기 위해서, 또는 서로 사랑을 전달하고 확인하기 위해서 등의 다양한 동기들이 있을 수 있다. 이렇듯 사람마다 성에 대한 개인차나 취향이 다르기 때문에 정상적인 성행동과 비정상적인 성행동을 구별하는 것은 쉬운 일이 아니다. 흔히 일반적인 생각의 틀에서 벗어난 행동을 비정상적이라 말한다. 인간은 섹스 자체를 통해서 즐거움을 느끼는 것을 공통적으로 원한다. 섹스 후에 오는 오르가즘에 도달하는 방법은 문화권마다 다를 수 있다.

1. 다양한 성행동의 이해(체위)

1) 정상위

정상위는 가장 보편적이고 기본적인 체위이다.

여성은 반듯하게 누워 무릎을 조금 세우고 다리를 벌리는 자세를 취하며, 남성은 팔꿈치와 무릎으로 몸통을 받치고 체중이 실리지 않도록 여성의 몸 위로 올라간다. 남성의 다리는 여성의 다리 사이에 있게 한다.

이 체위는 서로 마음껏 끌어안을 수 있고 몸의 가장 많은 부위를 접촉할 수 있으므로

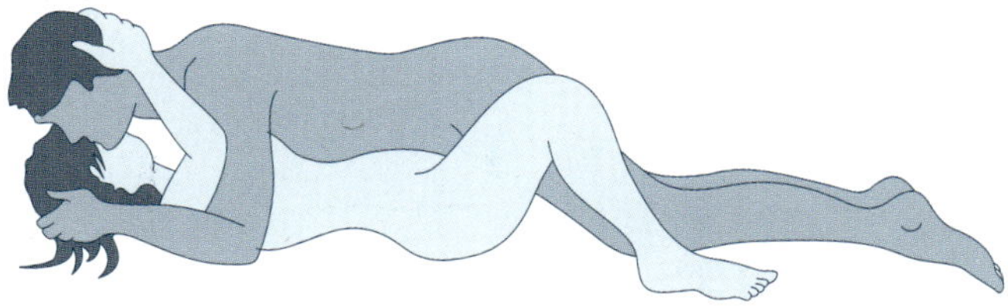

그림 7-1 정상위

만족도가 높다. 그러나 남성의 체중이 여성에게 실려 여성이 임신했을 때는 자궁에 무거운 외부 압력이 가해져 위험할 수도 있다.

2) 신전위

신전위는 정상위로 삽입한 후 여성은 다리를 모으고 다리를 편다. 이렇게 하면 남성의 다리가 여성의 넓적다리를 감싸게 되고, 여자가 두 다리를 쭉 펴면 음도는 좁게 되고 음경은 음도로 들어갈 때 압박감을 갖게 되는데 이는 더 충만한 감촉으로 정상위보다 더 적극적인 자세가 된다. 즉, 남성은 페니스의 밑뿌리가 활처럼 굽은 여성의 치골에 밀착되고 대음순과 여성의 넓적다리 내면에서 마찰을 얻기 때문에 자극이 매우 강하다. 또한 여성은 클리토리스가 페니스의 배면에 의해 많이 마찰되어 음문과 질 입구가 한층 자극되는 효과를 얻는다.

그러나 이 체위는 질 속에 들어간 정액을 머물게 하는 데는 효과가 있지만 자궁에 정액을 진입시키는 데는 효과적이지 않다. 이 자세는 페니스가 깊숙이 들어가지 못한다. 질

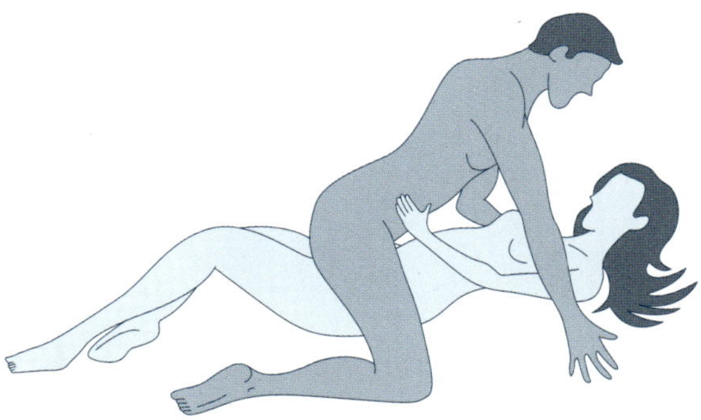

그림 7-2 신전위

입구가 아래쪽에 있기 때문이다.

3) 기승위(말타는 자세)

말타는 자세는 여성 상위나 남성 상위에서 위에 있는 사람이 앉아 있는 자세를 하고 성행위를 하는 체위를 말하며, 마치 말을 타고 있는 모양과 흡사하다 하여 기승위라고도 한다. 그러나 해부학적 이유에서 취할 수 없는 여성이 있는데, 즉 질이 비교적 얇고 탄력성이 없으며 상처 입기 쉬운 경우엔 할 수 없다. 또한 키스와 포옹이 불가능한 자세라서 심리적인 거리감이 있다.

남성은 성욕에 불타고 여성이 피로할 때는 취하기 어려운 체위이며 더불어 임신 중에는 하지 않는 것이 좋다. 말 탄 자세를 선호하는 이유는 페니스가 질에 최대로 삽입되기 때문에 귀두가 자궁 질부와 밀착되고 운동이 자궁 경부에 전달됨으로써 귀두가 마찰된다. 이 때문에 다른 체위에서 경험하지 못했던 강력한 자극을 받게 되는데, 여성의 운동은 전후좌우로 또는 골반을 원추형으로 움직이게 된다.

그림 7-3 기승위

4) 굴곡위

굴곡위는 남성 상위에서 여성이 두 다리를 높이 올리고 남성은 무릎을 바닥에 대고 남성의 손으로 여성의 엉덩이를 조금 들은 상태에서 여성의 다리와 몸을 한꺼번에 감싸고 성교하는 체위다. 이는 여성의 질 입구가 위쪽을 바라보게 하는 자세로 페니스와의 결합에 좋은 각도가 유지되며 여성의 다리 및 질 입구가 충분히 이완되어 페니스가 쉽게 들어갈 수 있다. 이의 변형으로 한쪽 다리만 올리기도 한다.

일반적으로 임신하기에 가장 알맞은 체위라고 한다. 그러나 지나친 굴곡위는 남성이나 여성에게 괴로움이 따르며, 상반신이 서로 떨어지게 되어 밀착감이 상실되기도 한다.

5) 여성 상위

여성 상위는 여성이 능동적 자세를 취하며 성행위를 시작하고 주도적인 역할을 담당하는 형태이다. 남성에게 애정을 주듯 사랑과 만족감을 느낄 수 있고 남성도 여성으로부터 키스와 애무받기를 원하며 사랑하는 여성에게 애정이 충만한 좋은 느낌을 받는 자세다. 여성이 좀 더 적극적으로 리드하는 체위이다.

남성 상위에서 할 수 있는 여러 가지 변형 중 대부분을 여성 상위에서도 마찬가지로 할 수 있다.

6) 구강성교(오럴섹스)

구강성교는 남녀 파트너와 섹스하기 전 주로 전위 상태로 가기 위해 하는 섹스이다.

입으로 상대의 성기를 애무하는 성행위를 말한다. 사람을 포함하여 몸을 움직이는 동물은 좋거나 사랑하는 것에 서로 입을 맞춤으로써 표현한다. 이러한 면에서 구강성교는 문화적 개인적 차이가 있기는 하지만 성행위의 한 방법으로 행해지고 있다.

남녀 간에 구강 성행위는 서로 간의 사랑과 믿음의 표시가 되기도 한다. 과거에 비해서 구강성교의 빈도가 많아진 까닭은 성생활의 기교에 대한 지식이 넓어졌기 때문으로 여겨진다. 대개는 여성이 남성의 페니스를 입으로 애무하는 여성 구강 성행위를 먼저 하게 된다.

기타 이외에도 성행동 체위와 체위에 대한 용어 또한 다양하게 표현되고 있다.

2. 이상 성행동의 유형

1) 이상 성행동의 정의

이상성욕sexual perversion(변태성욕)은 '사랑에서 벗어난beyond love' 성행위를 뜻하므로 개인의 성적 관심이나 대상의 본질이 비정상이라고 생각되는 성적 기호를 가리키며, 어떤 성적 기호가 정상 혹은 비정상인지를 판단하는 기준은 문화별로 큰 차이가 있다. 같은 문화 내에서도 개인별로 상당한 차이가 있으므로 그 기준이 명확하지는 않으며, 정신의학에서는 성도착paraphilia이라는 용어를 주로 사용하고 인간의 정상적인 성행위에서 벗어난 것을 의미한다(윤가현, 2014).

성도착이란 남성 및 여성의 성기관을 결합시킴으로써 성적 만족을 구하려는 것이 아닌, 성기관 자체가 성욕의 대상으로 여기지 않고, 사랑의 대상에게 고통을 주거나 받음으로써만 성욕의 목표를 달성하려고 하는 사람들의 충동에서 비롯된 성행위를 의미한다.

성도착은 변태degeneration나 질환의 징후로서 간주되지만 일부 증상들은 정상적인 성생활에서도 나타나며 특수한 상황에서 도착적인 성행위가 정상적인 상황을 대체할 수 있다. 프로이트는 건강한 사람들도 정상적인 성 목적에 더하여 도착적인 행위를 한다는 의미에서 성도착이라는 말에 비난의 뜻을 포함시키는 것은 적절하지 않다고 보았다. 그러나 일방적이고 극단적인 성적 행동은 도착과 구별하여 변태로 규정하였다.

성도착자들의 일부는 자신의 성적 특이성을 정상적으로 받아들이고, 정당성을 주장하지만 일부는 자신의 성 대상 도착에 반발하고 병리적으로 받아들인다(최윤숙, 2014).

성도착증이란 용어는 DSMDiagnostic and Statistical Manual of Mental Disorders-III에서 처음으로 사용하였으며, DSM-5에서 성도착 장애paraphilic disorder로 변경되었다.

성도착 장애는 성행위 대상이나 성행위 방식에서 비정상성을 나타내는 장애이다. 흔히 이상성욕, 변태성욕, 성적 일탈sexual deviation로 알려져 있다. 성도착 장애는 이상한 성적 환상(공상)을 가지고 있거나 또는 비정상적인 성적 행동 때문에 일상생활에서 심각한 문제가 생긴 것을 모두 포함하고 있다. 이러한 장애는 정상적인 방식으로는 성적 흥분을 느끼지 못하고, 일반적이지 않은 성과 관련된 행위로만 성적 만족을 느끼는 증상이다.

성도착 장애의 유형은 대부분 상대가 동의하지 않거나 원하지 않는 행위를 반복하기 때문에 경우에 따라 법적으로 구속 대상이 된다. 성도착증은 현재 정신과적 질환(질병코

드 F65)으로 분류되어 있는 엄연한 질병이다. 환자의 대다수는 본인도 병이라는 것을 알지만 그러한 충동을 이겨내지 못하고, 주위 사람들에게 피해를 주는 범죄행위로 본인에게는 고통을 주는 정신질환이며 반드시 치료가 필요하다.

DSM-5에서 말하는 성도착 장애는 각각 노출증, 여성물건애, 접촉도착증, 소아성애증, 복장도착증, 관음증, 성적가학증, 성적피학증 등 8개의 유형으로 나뉜다. 그 외 분류되지 않은 성도착장애에는 50여 가지 이상의 흔하지 않은 성도착 장애가 포함되어 있다. 임상적으로 성도착증은 매우 다양한 종류의 질환이 있는데 실제로 Money는 136가지의 성도착증을 제시하였고, 아그라왈Aggrawal은 547가지의 성도착증을 제시한 바 있다(임영호, 2014).

2) 이상 성행동의 종류

(1) 노출 장애

노출 장애exhibitionistic disorder는 여러 형태의 성도착 장애의 일부이며 그중 가장 많이 차지하는 대표적 유형이다. 이는 '왜곡된 성적 각성'이라는 생물학·의학적 용어로 사용되었으며, 19세기 말까지 이러한 성적 이상 증세는 내과적 질환으로 간주되지 않았으나, 이후 정신의학계에서는 사회병질적 성격 장애의 하위 유형으로 판단해 왔다(임명호, 2014). 성적 행위 중에 누군가를 엿보는 상태에서 자신의 신체 부위를 드러내며 성적 흥분 및 쾌감을 얻으려 한다면 병적인 성적 노출 장애의 범주로 볼 수 있다.

DSM-5의 기준에 따르면, 노출 장애는 자신의 성적 욕구를 충족시킬 목적으로 낯선 사람에게 자신의 성기를 노출시키는 증상이 6개월 이상 지속적이며 반복적으로 나타나고, 이로 인해 사회적·직업적, 또는 다른 중요한 기능 영역에서 심각한 고통을 겪거나 부적응적인 증상들이 나타나는 경우에 노출 장애로 진단된다.

노출 대상은 사춘기 이전의 아동만 한정되는 경우, 청소년, 일반 성인만 한정되는 경우, 또는 대상을 구별하지 않고 노출시키고 싶은 경우로 나뉜다.

국내에서 일명 '바바리 맨'으로, 외국에서는 '레인코트 맨'으로도 알려져 있다. 노출 장애를 가진 사람들은 자신의 생식기를 노출함으로써 성적 흥분이 높아지고, 때로는 노출시켰다는 상상을 하면서 자위행위를 한다. 피해자의 대부분은 여성이지만 드물게는 여성

가해자(속칭 바바리 우먼)도 있다. 그들은 바라보는 사람들을 놀라게 하거나 충격을 받는 모습을 보고 홍분을 한다. 그들은 또 바라보는 사람들도 자신처럼 성적으로 홍분할 것이라는 상상을 하기도 한다. 이들의 목적은 행위 그 자체가 아니라 충격을 받고 놀라는 상대여성의 반응을 보고 성적 홍분과 쾌감을 느끼는 것에 있다. 주로 여성이 많이 모이는 장소를 선택하기도 하고, 여성들이 지나가는 길목에서 갑자기 생식기를 노출하기도 한다. 어떤 사람은 종종 마음에 드는 여성 앞에 다가가서 자신의 생식기를 노출시키거나 자위행위를 하고 도망가 버리는 경우도 있다.

현대는 미디어의 발달로 인해 과거와는 다른 양상을 나타내기도 한다. 자신의 성기를 직접 미디어상에 노출하거나 자신의 신체 일부를 사진이나 동영상으로 찍어 전송하는 경우도 있다. 이들은 성적 충동이 사라지고 난 후에는 수치심과 함께 우울해지기도 하고, 자신의 행동에 대해 양심의 가책을 느낀다. 노출 장애가 있는 사람들은 자신의 노출 행동을 극복해 보려고 하지만 의지대로 잘 되지 안 는다. 그리고 노출 충동이 최고점이라고 느끼게 되면 안절부절 못하거나 불안과 두통을 호소하고 열이 나는 등 심장 박동에 변화가 오면 행동으로 옮기게 되어 극복하려는 노력을 포기하게 된다.

건강보험심사평가원 자료에 의하면 2009년부터 2013년까지 성도착 장애로 진료를 받은 환자는 708명에 달하며, 진료환자의 수가 2009년 103명, 2013년에는 166명으로 증가했다.

그러나 이것은 진료를 받은 통계에 의한 것이므로 드러나지 않은 환자까지 추산해 볼 때 실제 환자의 수가 얼마나 되는지 가늠할 수 없으며 통계자료 또한 없다. 단지 치료받은 환자의 10~20배로 예측하고 있을 뿐이다. 치료는 주로 법적으로 문제가 되었을 때 시작되고 성범죄 이후에 법적 처벌을 받은 사람들을 대상으로 조사나 연구가 이루어진다.

사례

50대 P씨는 우연히 산림욕을 하기 위해 옷을 벗었다. 그 모습을 보고 지나가던 여성들이 소리를 지르며 도망갔다. P씨 자신도 처음에는 놀라서 당황하며 도망갔다. 그런데 그때의 기분은 당황스러움과 함께 좋았던 감정으로 느껴졌다. 그런 일이 일어난 후 더욱 과감하게 노출을 했으며, 순간적으로 노출 충동을 주체할 수가 없었다고 한다.

(2) 물품음란 장애

물품음란 장애fetishistic disorder는 성적인 흥분과 만족을 얻기 위하여 특정 신체 또는 신체와 밀접하게 연관되어 있는 물건에 집착하는 경우를 말하며, 흔히 남성에게 볼 수 있는 도착증이다. 이러한 물건들을 모으고 때론 훔치기도 하며 이 물건들을 통해 성적 공상을 하며 혼자서 자위행위를 할 때 사용하기도 한다.

DSM-5에 의하면, 물품음란 장애는 자신의 성적 욕구를 충족시킬 목적으로 무생물인 물건에 의존하여 성적 흥분을 갈구하는 증상이 6개월 이상 지속적이며 반복적으로 나타나고, 또한 이로 인해 사회적·직업적 또는 다른 기능적 영역에서 심각한 고통을 겪거나 부적응적 증상들이 초래되는 경우에 물품음란 장애로 진단되며, 물품음란증 또는 성애물 장애라고도 한다.

물품음란 장애를 지닌 사람은 성적 흥분을 얻기 위해 주로 생식기와 관련된 여성의 팬티, 브래지어, 속옷이나 또는 신체의 특정 부위에 착용하는 스타킹, 양발, 신발, 장갑, 머리핀 등 기타 장신구를 선호하거나 필요로 한다. 이러한 물건들을 만지거나 비벼대고 냄새를 맡으면서 자위행위를 한다. 또한 성교를 할 때는 상대방에게 그런 물건을 착용하도록 요구하고, 그런 물건이 없거나 상대방이 그런 물건을 착용하지 않을 경우 발기부전이 나타나기도 한다. 이러한 장애를 지닌 남성들 중 이성의 속옷을 수집하여 보관하고 또 착용까지 하며 자위행위를 하는 남성도 있다. 이 경우 의상전환 장애와 비슷해 보이지만 차이가 있으며, 이성애적 남성에게 나타난다. 이성애적 남성은 여성의 옷으로 바꿔 입고 자위행위를 하면서 본인이 여성이라는 생각을 한다. 그러나 물품음란 장애가 있는 남성은 그런 생각을 하지 않는다는 점에서 차이가 있다. 물품음란 장애의 유병률은 잘 알려져 있지 않다. 증상은 보통 청소년기에 시작되고, 일단 발병이 시작되면 만성화될 가능성이 높다.

사례

주택가를 걷던 30대 A씨는 담장 너머 빨랫줄에 걸린 여성 팬티를 보고 이성을 잃었다. 순간 담을 넘어 여성의 팬티를 들고 부리나케 도망갔다. 이후 주변의 여러 집을 돌며 같은 행동을 하였으며, 이성 상대보다는 빨랫줄에 걸린 야한 팬티에 더 많은 흥분을 느낀다고 했다.

(3) 접촉마찰 장애

접촉마찰 장애frotteuristic disorder는 자신의 성적 욕구를 충족시킬 목적으로 동의하지 않은 사람에게 자신의 성기를 접촉하고 문지르며 비벼대는 증상이 6개월 이상 반복적으로 나타나고, 이로 인해 사회생활이나 또는 다른 기능영역에 심각한 지장을 주거나 부적응적 증상들이 초래되는 경우 접촉마찰 장애로 진단된다.

이런 장애를 지닌 사람은 다른 사람의 눈에 띌 걱정이 없는 장소, 예를 들면 버스나 지하철에서 매력을 느낀 이성에게 다가가 자신의 성기를 접촉하고 마찰하여 성적 흥분을 얻으려고 한다. 주로 상대방의 허벅지나 엉덩이에 자신의 성기를 비벼대는 것이 보통이지만, 때로는 손으로 상대방의 성기나 유방을 건드리기도 한다. 이러한 행위를 하면서 상대방과 비밀스런 애정관계를 맺는다는 상상을 하기도 하고, 상대방도 이런 자극이 싫지 않을 것이라고 생각하면서 성적 흥분과 스릴을 느낀다. 그러나 접촉마찰증적 행동은 모두 법적 구속대상이된다.

접촉마찰 장애의 유병률은 잘 알려져 있지 않다. 진단기준에는 도달하지 않지만 일반 성인 남성의 최고 30%가 접촉마찰증적 행동을 나타내는 것으로 추산된다. 성도착 장애의 발병은 보통 15~20세이다. 경과는 연령에 따라 다양하게 나타나며, 나이가 들어가면서 증상이 줄어드는 경향이 있다(김청송, 2015).

(4) 소아성애 장애

소아성애 장애pedophilic disorder는 자신의 성적 욕구를 충족시킬 목적으로 사춘기 이전의 아동(보통 13세 이하)을 대상으로 성적 만족을 추구하는 것을 말하며, 정신 장애 진단 및 통계편람(DSM-5)에 의하면 이 증상이 6개월 이상 지속적이고 반복적이며, 연령은 16세 이상으로 대상 아동보다 5세 이상 많은 연상이어야 한다. 이로 인해 사회적, 또는 다른 기능영역에서 심각한 지장을 주거나 부적응적 증상들이 초래되는 경우에 소아성애 장애로 진단 내려진다. 소아성애 장애는 아동성애 장애, 소아성애증, 소아기호증이라고도 한다.

이러한 장애를 가진 사람들은 선택의 가능성이 있는 상황에서 성인을 배제하고 사춘기 이하의 아동과 성관계나 성적인 접촉을 즐긴다. 대부분은 남자이지만 간혹 여성도 있다. 이러한 사람들은 이성관계를 즐기는 결혼한 가장들이며, 알코올 중독이나 결혼생활에 어려움을 겪고 있는 사람들이다. 피해자의 대부분은 어린 여아들이나 최근에는 어린 남아들도 늘어나는 추세에 있다. 이러한 장애를 가진 사람들이 경찰에 체포되면 술에 취해 자신도 모르는 우발적인 실수였다고 변명을 한다.

소아성애 장애는 폐쇄형과 비폐쇄형이 있으며, 아동에게만 성적 매력을 느끼는 폐쇄형과 아동과 때때로 성인에게도 성적 매력을 느끼는 비폐쇄형이 있다. 성적 대상으로 남성만을 선호하기도 하고, 여성만을 선호하기도 하며, 남성과 여성 모두를 선호하기도 한다.

남성이라면 보통 8~10세 여자아이를 선호하는 경향이 있지만 남자아이를 대상으로 하는 경우도 있다. 대상 아동의 옷을 벗기고 바라보거나 자위행위를 한다. 아동의 성기를 만지면서 질 안에 손이나 이물질을 넣기도 하고 입으로 성기 접촉을 하는 등 심하면 성기삽입을 시도하기도 한다. 대상 아동이 남자라면 대개 9~12세를 선호하고 항문접촉을 시도하며, 이러한 과정에서 반항할 경우에 아동에게 위협이나 폭력을 사용하기도 한다. 소아성애 장애는 사회적으로 심각한 문제를 야기하며 이는 형사 처벌 대상에 해당된다(권석만, 2014).

소아성애 장애가 있는 사람들의 성행위 영역은 친자식과 의붓자식, 친척에 국한되기도 하고 타인의 자녀로까지 확산되기도 한다. 이들은 소아의 부모에게 신뢰를 얻는 방식으로 자신의 행위를 감춘다. 아주 드물게는 후진국에서 온 소아를 기르거나 유괴하는 등의 소아에게 접근하는 방법을 개발하기도 한다(신희천, 2000).

13~16세의 성인이 되기 전의 청소년들이 가장 성적으로 매력이 있다고 생각하며 이들에게 과도하게 메달리는 사람들을 헤베필리아hebephilia라고 부른다. 헤베필리아는 이제 막 사춘기에 접어든 여자 청소년을 대상으로 성도착증적 행동을 보이는 경우를 말하며, 이를 롤리타 증후군Lolita syndrome이라고도 한다.

롤리타 증후군은 러시아 출신의 미국 작가 나보코프Vladimir Nabokov(1899~1977)의 소설 《롤리타Lolita》에서 유래된 것으로, 이 소설은 1955년에 프랑스에서 발간되었으나 이내 판매가 금지되었다.

소설 《롤리타(Lolita)》 줄거리

프랑스 출신의 험버트는 제2차 세계대전 이후에 미국의 뉴잉글랜드로 건너간다. 그곳에서 열두 살 된 돌로레스를 보게 된다. 그는 그 아이에게서 자신의 어릴적 사랑을 떠올린다. 험버트는 즉시 돌로레스를 사랑하게 되고, 그 아이를 롤리타로 부른다. 그 후로 그는 롤리타에 빠져든다. 그는 롤리타의 곁에 있을 수 있다는 이유로 롤리타 엄마 샬로트 헤이즈와 결혼한다. 얼마 후 샬로트가 자동차 사고로 죽자 험버트는 롤리타를 자동차에 태우고 수개월 동안 미국 전역을 돌아다니며 여행한다. 아버지와 딸처럼 보이는 그들은 낮에는 도로 주변에 있는 관광지나 지방 토산품을 구경한다. 여행 첫날 밤에 험버트는 처음으로 롤리타와 잠자리에 든다. 롤리타가 험버트를 유혹하고 험버트가 롤리타를 폭력적으로 범한다.

(5) 성적 피·가학 장애

성적 피학 장애sexual Masochism disorder는 가학 장애의 반대의 개념으로 성교 상대자로부터 실제로 괴로움과 고통을 당함으로써 성적 만족을 얻는 경우를 일컫는다. 이들은 모욕을 당하거나 채찍질로 구타를 당하거나 끈으로 묶이는 등 그 밖의 다른 방식으로 고통을 당하면서 성적 흥분을 얻으려고 한다. 경우에 따라서는 생명에 위협이 되는 행동에도 의도적으로 몸을 맡기기도 한다. 성적 피학증을 가진 사람 중에 30% 정도는 가학적 환상도 동시에 가지고 있다. 고통을 당하는 행위는 가상일 수도 상상일 수도 있지만, 대부분은 실제로 일어나게 되며, 성적으로 흥분을 얻기 위해 고통과 굴욕감을 받는 것을 선호하거나 필요로 한다. 간혹 심할 경우에는 스스로 자신의 신체 일부에 상처를 내기도 하고 상대방과 함께 다양한 방법을 사용하기도 한다.

어떤 남성 환자는 자신에게 채찍을 때려줄 매춘부를 찾아가는 일도 있으며, 여성 환자들 역시 상대방에게 매를 맞고 모욕감을 느끼면서 성적 만족을 얻으려 하는 경우가 있다. 성적 피학 장애의 극단적인 형태는 저산소 기호증을 들 수 있다. 이는 가슴을 압박하고 노끈과 마스크 등을 사용하여 산소 부족 상태에서 성적 쾌감을 즐기려는 행위인데, 때로는 산소 부족 상태가 되면 죽음에까지 이를 수 있다. 피학적 행위는 대체로 성인초기에 시작되며 만성적이고 반복적 경향을 가지고 있다. 보통은 시간이 지남에 따라 위험한 행동을 하지 않는 경우가 많지만, 극히 일부에선 피학 행위 정도가 심해지며 결국 심각한 상해를 입거나 사망에 이르는 문제가 발생하기도 한다.

성적 가학 장애sexual sadism disorder란 성적 대상에게 고통을 느끼게 함으로써 자신의 성적인 쾌감을 얻는 이상 성행위를 말한다. 성적 가학 장애는 성적 피학 장애와 반대되는 경우인데, 기저에는 자신이 상대방보다 더 우월하다는 우월성을 상징하며 성취감의 표시가 내포되어 있다. 동의하지 않은 상대자에게 신체적·정신적인 고통을 반복적으로 줌으로써 성적 흥분을 얻으며, 서로 동의된 상대자와는 처음에는 장난삼아 신체상의 가벼운 상처를 반복해서 일으키기도 하지만 경우에 따라서는 난폭한 성행동으로 그 상처가 심하고 생명이 위험할 때도 있다. 성적 가학 장애는 강간이나 성교 살인과 관련이 되기도 하여 성도착증 중 가장 정신적·신체적으로 문제가 되는 경우이다.

또한 성적 가학 장애와 성적 피학 장애를 동시에 둘 다 가지고 있는 사람도 있으며, 이 두 가지 증상 가운데 한 가지 증상은 항상 내재해 있는 경향이 있다. 즉, 성적 가학증을 보이는 사람의 내면세계는 성적 피학증이 잠재하고 있고, 반대로 성적 피학증을 보이는 사람의 내면세계에는 성적 가학증이 잠재하고 있다. 따라서 어떤 우연한 기회에 잠재하고 있는 증상이 성적 가학증 또는 성적 피학증의 형태로 나타나게 된다(김청송, 2015).

(6) 복장도착 장애

복장도착 장애transvestic disorder는 동성애뿐만 아니라 성전환증과도 때때로 혼동된다. 이들은 자신이 좋아하는 이성의 옷을 수집하여 바꿔 입는 것을 선호하고 그렇게 함으로써 상대방이 되는 것을 상상하며 성적 만족을 느낀다. 그러나 성전환 수술이나 동성의 대상과 성적으로 관계를 맺는 것에는 흥미를 갖고 있지 않다. 대부분의 경우 혼자서 행동하거나 혹은 자신을 이해해 주는 상대가 있을 때만 이성의 옷을 입는 것 이외는 모든 면에서 상당히 정상적인 이성애 관계를 맺고 있다.

이런 장애는 주로 이성애적 남성에게 많이 나타나며, 이들이 선호하는 옷 종류(속옷, 스타킹, 내의, 양말 등)는 그 자체가 하나의 성적 자극을 위한 물건이 된다. 처음에는 자위행위를 할 때 사용되다가 점차 시간이 지난 후 성교 시에도 습관적으로 자신이 좋아하는 옷을 사용하게 된다.

복장도착 장애를 지닌 남성은 수술에 통해 해부학적으로 여성임이 밝혀진 사례들도 있고, 또 일부의 남성들은 수술하기를 희망하기도 한다. 그 결과 복장도착 장애가 성전환증으로 발전되는 경우도 있다. 그러나 성전환을 하고자 하는 그들의 욕망이 모두 해부학적으로 사실로 밝혀진 것은 아니며, 망상에 사로잡혀 다른 성으로 바꿔보고 싶어 하는 변태 욕망의 표현을 하는 사람들이다.

한편, 성역할에 대한 불편증 때문에 이성의 옷을 입는 경우는 복장도착 장애로 보지 않으며, 성불편증으로 진단한다. 왜냐하면 성불편증은 자신의 유전적이고 생물학적 성과 자신이 경험하고 표현하는 성역할 간의 불일치 때문에 불편감 또는 불쾌감이 초래되는 것이다. 그렇지만 복장도착 장애는 그런 불일치가 없으며, 아동기에도 반대의 성행동을 나타낸 병력도 없다. 그러나 복장도착 장애와 성불편증을 둘 다 지니고 있다면, 2개의 서로 다른 진단이 내려진다.

사례

대학교 2학년에 재학 중인 A양은 얼핏 보기에 남학생인지 여학생인지 구분이 잘 되지 않는다. 옷차림은 늘 청바지에 편안한 티셔츠를 자주 입었고 짧은 커트 머리였으며 흔한 성인 여성의 외모에서 벗어날 정도로 가슴이 없어 보이는 것이 특징이다. A양은 자신이 여자처럼 보이는 것에 대해 혐오적이었으며, 여자인 것에 대해서 거부감을 나타냈다.

(7) 관음 장애

관음 장애voyeuristic disorder는 옷을 벗거나 성행위하는 사람을 몰래 훔쳐 봄으로써 성적 만족을 얻는 경우를 말한다. 다른 사람의 성적인 활동을 바라보는 데서 쾌락을 추구하는 행위를 지칭하는 용어이며, 이 용어는 광범위한 임상 상태를 포함하는데, 그중에 어떤 것은 정상으로 설명되고, 다른 것은 도착으로 간주된다. 관음 장애는 절시증이라고도 하며, 성적 도착증의 하나로 다른 사람의 나체 또는 성행위를 하는 사람을 관찰하는 것과 이와 관련된 행동 등에 사로잡히는 질환이다.

프로이트에 따르면, 관음증적 경향은 성기를 보고 싶어 하는 구성 본능으로부터 온 것이고 이것은 정상적 성행위에서 중요한 역할을 한다. 관음증에는 정상적인 요소와 도착적인 요소가 한데 섞여 있으며, 임상적으로 다양하게 나타난다. 기본적인 공통 요소는 직접적 또는 간접적으로 성적 대상이나 성행위를 보고 싶어하는 충동이다. 예컨대 포르노 잡지를 보거나 음란 전화를 거는 행동들이 그것이다. 도착적 관음증은 강박적이며 만족을 모르는 욕구와 관련되어 있다. 이것은 심각한 불안과 죄책감 그리고 피학적 행동을 가져올 수 있다. 관음 장애의 일반적 특징은 눈을 통해서 삽입하는 환상을 가지며 이것은 노출 충동에서도 보이는 증상이다. 다른 사람의 성기를 보려는 소망은 한편으로 자신의 성기가 보여지기를 바라는 소망으로 변형된다.

관음 장애를 지닌 사람들은 관찰되고 있는 상대방과 성행위를 하는 상상도 하지만, 실제로 그런 일이 일어나는 경우는 극히 드물다. 이들은 몰래 엿보는 행동을 통해 자신의 성적 흥분을 추구하지만 관찰되는 상대방과 성행위를 실제로 시도하려는 마음은 별로 없다.

관음 장애가 심할 경우 엿보기가 유일한 성적 행위의 형태가 된다. 유병률은 대개 15세 이전에 시작되면 만성화되는 경향이 있다.

피핑 톰 증후군

밤만 되면 불켜진 창문을 통해서 엿보기를 좋아하는 사람을 피핑 톰(peeping tom) 또는 피핑 톰 증후군(peeping tom syndrome)이라고 한다.

3) 기타

그 밖에도 다양한 이상 성행동에는 근친 강간, 색광, 동물 성교, 시체애호 장애 등이 있다.

(1) 근친 강간

근친 강간이란 매우 가까운 사이라 법적으로 결혼할 수 없는 친척 사이의 성적인 행동을 말한다. 일반적으로 아버지와 딸 사이에 일어난 일들이 대부분의 사례들에서 볼 수 있지만 실제로는 남매 사이에서 더 많이 일어난다. 근친 강간은 최근 몇 년 사이에 아동학대의 종합적인 패턴의 일부로 역할하기 때문에 모두 공개되고 있다. 근친 강간의 발생빈도는 통계적으로 어림짐작하기가 어려우며, 소아성애에 대한 통계 또한 근친 강간과 관련이 매우 깊다. 근친 강간의 피해자는 힘이 약한 어린 아동이나 청소년일 경우가 많으며, 자신의 현재 상태를 알리지 못하고 침묵할 가능성이 높다.

근친 강간의 피해자인 아동은 어느 누구에게도 말하기를 두려워한다. 그렇기 때문에 성인 및 교육자는 만약 소년이나 소녀에게 하나 혹은 그 이상의 〈표 4-4〉와 같은 행동이 나타난다면 그들이 성적 학대를 받는다는 것을 깨달아야 한다.

표 4-4 성적 학대 의심 행동

- 행동 혹은 학교 성적이 급격히 변한다.
- 부모가 주의를 기울여야 하는 신체적 혹은 의학적 문제에 대한 도움을 받지 않는다.
- 다른 원인이 없어 보이는 학습문제(혹은 집중하기 어려움)를 가지고 있다.
- 무언가 나쁜 일이 일어날 것을 준비하는 것처럼 항상 조심스러워한다.
- 성인의 관리감독이 결여되어 있다.
- 과도하게 고분고분하거나 수동적이거나 수줍어 한다.
- 학교에 일찍 오거나 늦게까지 머물러 있고 집에 가려고 하지 않는다.

자료: Recognizing Child Abuse and Neglect: Signs and Symptoms Factsheet, 2006

(2) 색광

색광hypersexuality이란 지나칠 정도로 성욕의 빈도가 많으며, 성적 충동 또한 매우 높아서 여러 사람과 성적 접촉을 하고도 계속해서 성관계를 갖고 싶어 하는 사람을 일컫는다.

색광이란 명칭은 남, 녀 각기 다르게 사용한다. 여자의 경우 님포마니아nymphomania, 남자의 경우 사티리아시스satryiasis라고 부른다. 조선시대의 왕이었던 연산군이 이에 속한다. 그 당시 연산군은 궁녀와 기생들, 심지어는 이복여동생과 백모에게도 음행하였다고 역사가들은 밝히고 있다.

대체로 색광들이 나타내는 특징은 성적인 욕구가 지나치게 강해서 일상생활에 지장을 초래한다는 것과 기계적인 성적 관계로 인해 친밀성은 찾아보기 힘들고 빈번하게 절정감을 느끼면서도 성적 욕구와 행동이 중단되지 않는다는 것이다.

(3) 동물 성교(수간)

동물 성교zooerastia는 사람이 아닌 동물과의 성적인 접촉을 갖는 경우를 말한다. 특히 동물 성교자들은 동물과 지속적이고 반복적인 성행위를 하거나 환상에 빠져 있는 것이 특징이다. 킨제이 보고서에 의하면, 자신들이 연구한 남성의 8%, 여성의 3.6%가 동물과의 성접촉을 가졌다고 한다. 여성의 경우 집안에서 키우는 애완동물을 대상으로 삼고,

남성의 경우는 양, 어린 젖소, 당나귀들을 대상으로 한다. 남자들은 동물의 성기관에 삽입을 시도하지만, 여성의 경우는 동물로 하여금 자신의 생식기를 빨도록 하거나 동물의 성기를 마스터베이션해 주기도 한다. 어떤 여성들은 남성과 성관계를 가지듯이 개와 정기적으로 자신의 몸 위에서 하는 경우도 있었다(채규만, 2011).

동물과의 성적 접촉을 원하는 사람들은 처음에는 호기심에서 시작하며, 성적 상대를 구할 수 없을 때도 동물과 성행위를 하는 경우도 있다. 아주 오래전부터 수간은 법적으로도 금지해 왔다. 고대 로마법에는 암양과 성적 관계한 남성과 숫양과 성적 관계한 여성을 처벌하는 구체적인 내용이 있었다고 한다. 그만큼 수간이 일반적으로 통용되었다는 것을 알 수 있다. 현재에도 여러 국가에서는 수간을 금지하는 법이 있다. 하지만 아직도 곳곳에서는 수간이 왕왕 이루어지고 있으며, 그로 인해 동물에서 인간에게로 전염되는 위험한 질환의 원인이 보고되기도 한다.

(4) 시체애호 장애

시체애호 장애necrophilia disorder는 말 그대로 죽은 시체에 성적 흥분을 느껴 성관계를 맺는 행위를 뜻한다. 시체애호 장애의 역사는 아주 오래되었다. 과거에는 전쟁에서 죽은 이들과 성관계를 맺는 군인들도 있었다고 하며, 트로이 전쟁의 일화에서도 찾아볼 수 있다. 시체애호 장애를 가진 사람들은 시체를 보며 자위를 한다거나 혹은 직접적으로 성관계를 맺는 등의 행동을 한다.

미국 위스콘신주의 작은 마을에 사는 농부 게인Edward T. Gein은 겉으로 보기엔 평범해 보이지만 그에게는 '세기의 살인마'라는 호칭이 붙었다. 에드워드는 주저함없이 사람을 죽이고, 죽은 사람의 피부를 벗겨 장식품으로 만드는 등 괴이한 행동을 했으며, 그는 또 묘지에서 시체를 몰래 훔쳐와 성관계를 맺었다고 한다.

또 다른 예는 독일의 중년 의사 칼 폰 코젤의 이야기다. 그는 자신의 환자로 온 20대의 젊고 아름다운 여성에게 첫눈에 반해 사랑에 빠졌다. 그러나 그녀가 죽자 묘지를 파헤쳐 시체를 가져오는 행동을 하였으며, 그녀를 닮은 인형을 만들어 사랑을 나누었다고 한다.

이렇듯 시체애호 장애는 심각한 정신병리적인 행동을 보이는 등 사랑의 극단적인 형태로 나타나기도 한다.

(5) 그 외 성도착 장애

괴상하고 색다른 성적 취향을 가진 역사적 인물들이 있다. 후일담에 의하면 나폴레옹은 냄새 도착증으로 알려졌다. 특히 그의 아내 조세핀의 체취가 카망베르 치즈와 같아서 아주 좋아했다고 한다. 그는 전쟁터에서 돌아올 때는 그의 아내에게 목욕을 하지 말고 기다려달라는 부탁의 편지를 보냈다는 일화가 있다.

프랑스 소설가인 귀스타브 플로베르는 심할 정도로 구두냄새 도착증이 있었다. 그는 사랑하는 여자의 땀 냄새가 베인 구두를 무척 좋아했으며, 심지어는 구두를 보는 것만으로도 반응했다는 이야기도 전해진다.

역사적 인물들의 이야기처럼 성도착 장애의 유형은 매우 다양하다. 진단기준에는 부합하지 않지만 임상적인 관심을 받을 만큼 다양한 증상들이 존재한다. 예컨대 전화 외설증, 절편 음란증, 소변 기호증, 분변 기호증, 관장 기호증 등이 있다.

① 전화 외설증은 전화를 통해 보이지 않는 낯선 사람에게 음란스러운 말을 하며 성적 흥분을 느끼는 경우

② 절편 음란증은 상대방의 특정한 신체 부위에 지나치게 집착하여 성적으로 흥분을 느끼는 경우

③ 소변 기호증 또는 소변애증은 성행위를 하는 과정에 소변 보는 행위를 하며 성적 흥분을 느끼는 경우

④ 분변 기호증 또는 분변애증은 상대방의 생식기와 그 주변에 대변을 문질러 바르며 성적 흥분을 얻는 경우

⑤ 관장 기호증은 관장과 관련된 것에 성적 흥분을 느끼는 경우를 말한다.

이밖에도 인간이 성적 쾌락을 위해 할 수 있는 성적 행위와 그 대상은 상상을 초월할 만큼 매우 다양하다.

4) 이상 성행동의 원인과 치료

성도착 장애를 가진 사람들은 타인에게 고통을 준다는 것을 다소 알고 있다고 할 수 있다. 하지만 도착행동을 통해 얻어지는 흥분과 쾌감에서 벗어나기를 주저한다. 이들은

보통 일상생활에 지장이 주지 않는 한 특별히 불편함이 없기 때문에 치료받는 것을 심각하게 받아들이지 않는다. 성도착 장애는 거의 초기 어린 시절에 발병하여 성인 이후가 되면 만성적이고 복잡하여 그 원인을 찾기가 어렵다. 현재도 많은 학자에 의해 성도착 장애의 원인을 규명하기 위한 연구가 진행이 되고 있으나, 대체로 명확하게 밝혀진 것은 없다. 정신분석적 이론에서는 어린 시절의 비정상적인 경험에 의해 도착증 행동이 일어난다고 한다.

성도착 장애의 원인을 두 가지로 나누어 보면 생물학적 요인과 심리적 요인으로 구분할 수 있다. 첫 번째, 생물학적 요인은 성도착 장애를 지닌 사람들의 대다수가 남성이라는 점에서 남성호르몬(안드로겐, 테스토스테론)의 기능 이상, 뇌(측두엽)의 기능 이상, 성 자극에 의한 뇌하수체의 비정상적인 활동, 오랜 기간의 알코올 중독으로 인한 뇌 기능 변화와 진행성 정신병 등이 언급되고 있다. 두 번째는 심리적 요인으로 성격 특성과 인지구조의 왜곡, 학대 경험과 부모의 양육방식 및 성적 발달 단계의 고착 등이 있다.

성도착 장애를 가진 환자의 밑바탕에는 불안이 내재 되어 있다. 노출 장애 환자의 경우 자신의 행위에 대해 후회 하고 자책하는 경향이 있으며, 자신의 행동이 사회적으로 받아들여지지 않는다는 것을 알지만 자제하기 힘들어 한다. 그들은 또 불안을 낮추기 위해 약물이나 음주를 사용하지만 그로 인해 더욱 비정상적 성적 행위가 증가한다.

성도착 장애를 가진 사람들은 성태도나 성행동 등 타인이 생각하는 성 반응에 대해 심각하게 왜곡된 성 지각을 가지고 있는 경우가 많다. 예컨대 노출 장애의 사람들은 자신의 성기를 보고 놀라는 여성들이 실제로는 성적 흥분을 했다고 생각하며, 소아성애 장애의 사람들 역시 어린 소녀들이 자신과 성적 접촉을 원한다고 믿는 경향이 있다.

이는 성도착 장애를 지닌 사람들이 자신을 합리화시키기 위해 변명하는 것처럼 들리지만, 사실은 인지구조의 왜곡에서 기반한 것이다.

성도착 장애의 심리적 요인으로 아동기의 신체·정신적 학대 경험과 부모에게 적절한 양육을 받지 못한 아동들은 성인기가 되면 성도착증을 보일 확률이 높다. 아동기의 학대 경험은 사람에 대한 부정적 감정과 적대심을 키우고 사회적으로 문제를 야기하는 성도착적 행동을 불러일으킨다.

프로이트의 심리성적 발달 단계 중 남근기(3~6세)는 성적 호기심을 나타내고 남, 녀의 차이를 알아가는 시기이다. 또한 이 시기에 수행해야 하는 발달과업이 좌절되면 정체성에 혼란을 겪고, 열등감과 함께 남근기에 고착되어 성인기까지 지속된다. 남근기에 오이디푸스 콤플렉스가 해소되지 못한 사람들은 자신의 성기를 거세할 것이라는 불안을 느끼며 성도착 장애의 형태로 나타날 수 있다. 예를 들면 노출 장애를 가진 사람이 다른 사람들에게 자신의 성기를 보여 줌으로써 거세되지 않은 자신의 성기를 확인하는 것이며, 이런 과정을 통해 남근기에 해소되지 못한 거세 불안을 극복하려 한다.

또한 이들은 대인관계가 미숙할 뿐만 아니라 사회적으로 단절되어 있으며, 자신의 의견을 타인에게 내세우지 못한다는 보고도 있다. 따라서 이들은 정상적 관계에서 해소해야 할 성적 욕구가 이루어지지 않기 때문에 덜 위협적이거나 자신에게 고통을 덜 주는 대상에게 성적 욕구를 충족하려는 시도를 한다. 자신이 원하는 대로 통제가 가능한 아동, 동물, 물건 등과 같은 대상을 통해 성적 욕구를 충족하려 한다.

성도착 장애를 지닌 사람을 치료하는 일은 매우 어려운 일이며 많은 시간이 소요된다.

이들은 자신의 성도착적 행동을 장애로 생각하기보다는 개인의 독특한 하나의 성적 취향이라고 생각하는 경향이 있다. 성도착 장애의 환자가 치료를 받는 경우는 자발적이기보다는 법적인 문제가 관여되어 대부분 강제로 치료를 받는 경우이며, 본인 스스로가 치료를 받아야 한다는 동기는 거의 없다. 치료가 어려운 또 다른 이유는 성도착과 함께 나타나는 다른 정신적 질환이다. 성도착적 공상이나 행동 자체도 변화되기가 어렵지만, 환자의 상태가 경계선이거나 자기애성 혹은 반사회성 성격 장애와 동반될 경우에는 그 예후가 훨씬 더 나쁘다(신희천, 2000).

도착 장애에 가장 효과적이고 체계적인 치료방법은 없으며, 개개인의 특성에 따라 적절한 치료적 접근이 필요하다. 성도착 장애에 대한 일반적인 치료목표는 환자가 자신의 도착적 행동을 부인하지 않고 인정하는 것이며, 정상적인 성행동의 복귀를 위해 치료받을 수 있도록 돕는 것이다. 이를 위해 다양한 심리치료를 접목할 수 있다. 개인의 정서·심리적인 면을 다루어 줄 수 있는 개인 심리치료와 함께 정신역동적 집단치료, 인지 재구성, 행동 재조건화와 재발 예방과 같은 방법들이 포함된다. 또한 성도착 행위로 인해 피해를 당한 사람의 고통을 공감할 수 있도록 도와주고, 사회적인 결핍과 부적절한 대인관계를 인식하여 왜곡된 인지를 재구성할 수 있도록 한다. 성도착 행동이 유발되기 쉬운 상황을 올바르게 인식할 수 있도록 하고, 극단적인 상황을 회피하는 방법과 재발 예방에 대해 계획을 세울 수 있도록 하여 정상적인 이성관계가 가능하도록 이끌어 준다.

참고문헌

권석만(2014). **이상심리학의 기초**. 서울: 학지사.

김세철(1997). **남성성기능 장애의 진단과 치료**. 서울: 일조각.

김일용(2010). 성범죄에 대한 미국연방증거규칙의 대응과 도입가능성. **법조**, 59(12): pp.77-113.

김정일 역(2003). **성욕에 관한 세편의 에세이**. 서울: 열린책들.

김청송(2015). **사례중심의 이상심리학**. 서울: 싸이북스.

기시다슈 저, 박규태 역(2000). **성은 환상이다**. 서울:이학사.

민성길(2006). **최신정신의학**. 서울: 일조각.

블라디미르 나보코프 저, 김진준 역(2013). 롤리타. 서울: 문학동네.

신희천(2000). **성도착증과 성정체성장애**. 서울: 학지사.

유범희(2000). 빗나간 성, 동성애 & 성도착증. *KISTI*, 33(12): 86-87.

임영호 외(2014). 성도착증 혹은 성적 가해자의 인지행동치료. *Anxiet and Mood*, 10(2): 85-94.

임홍빈, 홍혜경 역(2003). 인간의 성생활. **정신분석강의**. 서울: 열린책들.

천성문, 남정현, 김정남, 전은주, 곽미용(2013). **성심리의 이해**. 경기: 양서원.

천영일(2014). **성 중독, 관계중독**. 한국정신보건사회복지학회 학술발표논문집, 117-148.

채규만(2013). **성행동심리학**. 서울: 학지사.

최윤숙(2014). 마수트 칸의 성도착 이론에 관한 연구. 한신대학교 석사학위논문.

하재청(1997). **성의 과학**. 서울: 아카데미.

APA 저, 권준수, 김재진, 남궁기, 박원명 외 역(2015). DSM-5 **정신질환의 진단 및 통계편람**. 서울: 학지사.

Bruess, Clint E., Greenberg, Jerrold S. 저, 박선영, 유우경, 조아미 외 역(2011). **성교육의 이론과 실제**. 서울: 학지사.

Freud, S. 저, 오현숙 역(2007). **성에 관한 세 편의 해석**. 서울: 을유문화사.

Freud, S. (1905). *Three Essays in the theory of Sexuality*(the Standard Edition). London: Hogath Press, 7.

Freud, S. (1917), *A General Introduction to Psychoanalysis*(The Standard Edition). London: Hogath Press.

Freud, S. (1927). *Fetishism*(The Standard Edition). London: Hogath Press, 21, 149.

CHAPTER 8

성병

1. 성병의 정의

성병의 정의로는 '성행위를 통하여 감염되는 질환' 또는 '주로 사람과 사람 사이의 성접촉(구강, 질, 항문)으로 전파되는 병'을 이르며 VDVenereal Disease(성병) 혹은 STDSexually Transmitted Disease(성매개 질환 또는 성인적 질환)라고 한다.

Venereal의 어원은 미(美)의 상징인 '비너스'에서 유래되었다. 이는 아름다운 여인과의 성관계로 인하여 생기는 병으로 묘사되어 왔다.

전염경로는 주로 성행위가 가장 압도적으로 많다. 그러나 모든 성병이 꼭 성교 및 성접촉에 의해서만 발병하는 것은 결코 아니다. 일부 성병의 경우에는 성교가 아닌 수혈 및 수직감염과 같은 다른 경로로 전파되기도 한다. 수혈로 인한 에이즈와 임신 중 태반조직을 통한 매독이 태아에게 전파되기도 하며, 분만 시 신생아에게 감염을 일으키는 임균성 안염 등이 대표적인 예라고 할 수 있다.

2. 성병의 종류

성병의 종류는 임질Gonorrhea, 매독Syphilis, 연성하감Chancroid, 서혜임파육아종증Lympho-granuloma inguinale, 후천성면역결핍증AIDS, Acquired Immune Deficiency Syndrome, 클라미디아Chlamydia, 사면발이증Pediculosis pubis 등과 같이 여러 종류가 있다.

원인균별로 살펴보면, 세균에 의해 감염되는 성병(임질, 매독, 연성하감, 클라이미디아, 마이

코플라즈마, 트리코모나스 등)과 바이러스에 의해 감염되는 성병(HIV 감염, 에이즈, 인간유두종 바이러스 등)이 있다. 또한 기타 원인에 의해 발병하는 성병(사면발이증, 옴진드기 등)이 있다. 이 중에서도 가장 흔히 볼 수 있는 대표적인 성병은 임질과 매독이다.

제2차 세계대전 후 페니실린의 발견으로 성병이 획기적으로 줄어든 것도 사실이나 이후 다시 늘어나기 시작하였고, 오늘날 높은 수준의 의학 발달과 정치적·사회적 여러 가지 대책에도 불구하고 성병은 계속 증가 추세에 있다. 그 이유 중의 하나로 성은 인간의 본능이자 은밀한 관계로 성접촉자 발견의 어려움이 있으며, 성병이 발병되면 치료 시 반드시 성 파트너와 함께 치료하지 않을 경우 반복 감염이 되고 있기 때문이다. 그리고 증상을 느끼지 못하거나 나타나지 않는 불현성 감염의 경우 치료를 하지 않아 점차 진행되고, 궁극에는 심각한 합병증을 유발하기 때문이다. 그 밖에도 강력한 어떤 약물에도 반응하지 않는 슈퍼Super균들이 나타나는 것도 그 이유 중 하나로 들 수 있을 것이다.

우리나라에서는 대한민국 수립 후 국립중앙성병원을 개원하여 접객업소에서 종사하는 업태부들을 정기적으로 진찰하고 치료해 왔다. 그러나 6·25전쟁이 일어나면서 성병은 더욱 확산되었고, 전국에 성병 진료소를 개설하였으나 그 효과는 실로 미미하였다. 이후 정부에서는 성병 환자에 대하여 지정 의료기관 및 보건소를 통한 무료 진료 시스템을 구축하였다. 그러나 이러한 제도에 있어 여전히 미비한 점은 성병 환자들의 인권과 관련된 개인의 비밀 보장과 치료방법 등을 선택할 수 있는 기회에 대해 더욱 심층적이고, 다각적인 관점에서 검토가 이루어져야 한다는 점이다.

최근 질병관리본부에서는 성병 예방 및 관리를 위해 「감염병의 예방 및 관리에 관한 법」에서 '제3군 감염병'으로 매독, 후천성면역결핍증AIDS 등을 명시하였다. 또한 대한에이즈협회에서는 에이즈 예방 교육뿐만 아니라 치료에도 많은 도움을 주고 있다.

그 밖에도 보건복지부 장관은 제1군부터 제5군 감염병까지의 감염병 외 유행 여부를 조사하기 위해 감시활동이 필요한 감염병인 '지정 감염병'에 임질, 클라미디아, 연성하감, 성기단순포진, 첨규콘딜롬 등을 포함시켰다.

3. 성병의 예방과 치료

1) 임질

임질Gonorrhea의 원인균은 1879년 나이서Albert L.S. Neisser가 처음 발견하였으며 병원균을 '나이세리아 고노레아*Neisseria gonorrhea*'라고 명명하였다. 이 세균은 질, 구강, 항문을 통한 성접촉으로 감염되며, 주로 여성의 나팔관이나 자궁, 자궁경부, 여성과 남성의 요도 등에 침범한다.

감염경로의 대부분은 성접촉(남성 성기, 질, 구강, 항문)에 의한 것이지만, 자연분만 시 산모의 질을 통과하는 신생아가 임질성 안염에 감염되는 경우도 있다. 그러므로 대부분의 산부인과에서는 출생 시 신생아의 임질성 안염을 예방하기 위하여 출생과 동시에 안연고(항생제)를 아기의 눈에 도포한다.

임질에 감염된 여성은 배뇨 시 통증이나 작열감, 질 분비물 증가, 비정상적인 질 출혈 등이 나타나며, 임산부가 감염되었을 경우에는 자연유산, 미숙아 출산, 신생아 임질성 안염을 일으킬 수 있다. 남성의 경우 성기에서 분비물이 나올 수 있으며, 감염 초기 배뇨 시 작열감, 고환 통증과 부종이 나타나기도 한다.

임질의 증상은 남성의 5~10%, 여성의 60~90%는 무증상이나, 10일 이내에 화농성의 냉, 성교 통증, 하복부 통증 등이 나타나므로 초기에 임질에 걸렸다는 사실을 인지하지 못하여 치료시기를 놓치기도 한다. 증상이 있는 경우라고 할지라도 단순한 방광염이나 질염으로 착각하기 쉽다.

진단법으로는 소변검사를 하거나 감염된 부위(여성은 자궁경부에서 남성은 요도)의 분비물을 채취하여 검사하여야 한다.

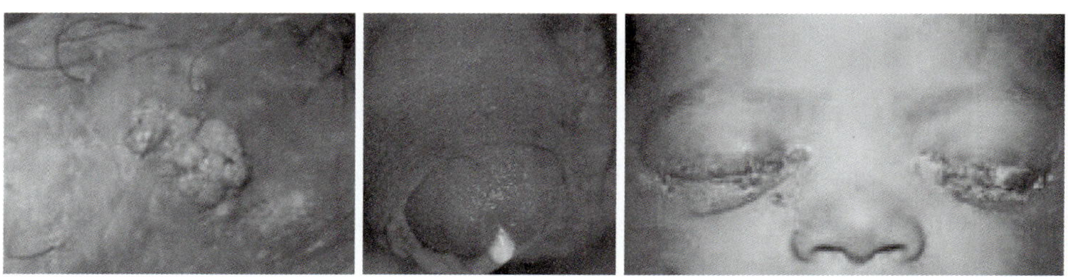

그림 8-1 임질

치료하지 않을 경우 합병증으로 여성은 골반염증성 질환PID : Pelvic Inflammatory Disease과 불임이나 자궁외임신을 할 수 있으며, 남성은 부고환염, 불임을 유발할 수 있다.

치료법으로는 본인을 포함한 성관계를 한 모든 상대가 임질검사를 받고 항생제 치료를 받아야 한다. 이때 배우자의 치료가 완전히 될 때까지 성교는 금해야 하며, 임질이 진단되면 클라미디아에 대한 치료도 함께 받아야 한다.

예방법으로 가장 확실한 것은 성접촉을 금하거나 검사를 통해 감염되지 않은 한 사람과 성관계를 갖는 것이다. 콘돔의 지속적이고 정확한 사용은 감염의 위험을 줄여줄 수 있다. 검사 및 필요 시 성파트너에게 알려 치료를 함께 받아야 재감염을 예방할 수 있으며 건강한 성생활을 할 수 있다.

2) 비임균성 요도염

비임균성 요도염Non-gonococcal urethritis은 임균 외의 다른 균에 의해 감염되는 것으로 성접촉으로 전파된다. 증상은 요도 불쾌감, 배뇨 곤란, 고름 및 끈적끈적한 농성 분비물, 가려움증이 나타나며 무증상일 경우도 있다. 합병증으로는 급성출혈성 방광염, 부고환염, 정낭염, 전립선염 등이 나타날 수 있다.

진단법은 요도 관찰 및 소변검사를 통하여 진단하며, 치료는 세균을 없애는 데 적합한 항생제로 가능하다.

예방법은 한 사람의 성파트너와 성관계를 갖거나 감염의 위험을 줄일 수 있도록 콘돔을 사용하는 것이 좋다. 만약 감염되었을 경우에는 성파트너에게 반드시 알려 검사하도록 하고, 필요시 치료를 함께 받아야 하며, 완전히 치료될 때까지 성생활을 금하는 것이 바람직하다.

3) 매독

매독Syphilis이 우리나라에서 전국적으로 유행하기 시작한 것은 임진왜란과 정유재란 때였다고 전해진다. 매독은 트레포네마 팔리듐*Treponema pallidum*이라는 균에 의해 발병하며, 감염경로는 직접적인 성접촉(질, 항문, 구강)을 통해 감염된다. 또한 감염된 임산부는 태아에게 수직감염 및 혈액을 통해 감염시킬 수 있다.

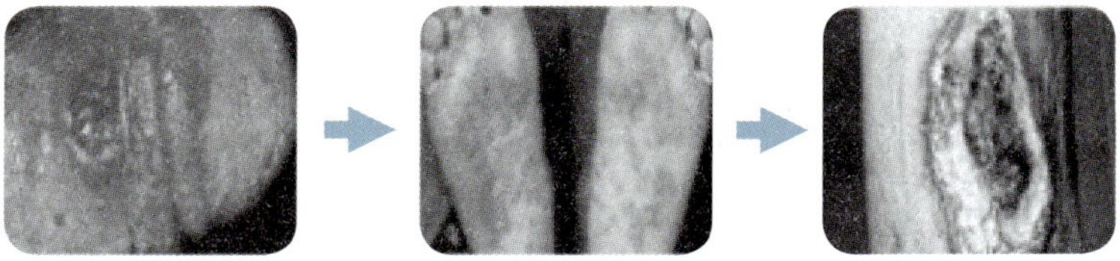

1기 매독 2기 매독 3기 매독

그림 8-2 매독

증상은 주로 외음부, 질, 항문이나 직장에 병변이 나타나지만 입이나 입술에도 나타날 수 있다. 그러나 많은 사람이 몇 년간 아무런 증상이 없을 수도 있으나 치료하지 않고 두면 진행되어 합병증의 위험이 있다.

매독에 감염 후 증상이 발현되기까지 잠복기는 10~90일(평균 28일)이며 감염 확률이 가장 높을 때는 성기에 궤양이 있는 제1기이다. 그러나 잠복기나 제2기, 제3기에도 감염은 가능하며 주로 세 단계로 나눌 수 있다.

- 1기 : 경성하감chancer이 특징적인 병변으로 균이 침입한 부위에 둥글고, 작고, 단단하며, 통증이 없는 경계가 분명한 구진이나 칼로 도려낸 것 같은 궤양Chancre이 발생하기도 한다. 대개 약 3~6주 정도 지속되며 치료 없이 자연 치유되기도 하나 치료를 하지 않는다면 2기로 진행한다.
- 2기 : 2기의 특징으로는 피부발진과 점막손상이 있으며 Chancre가 생긴 지 9~90일 후에 시작된다. 발현 시기는 감염 후 남자는 평균 2.1개월, 여자는 3.5개월 정도 걸린다. 증상은 피부 발진, 고열, 인후통, 두통, 탈모, 근육통, 피로 등의 감기 양상, 임파선비대증이 나타날 수 있으나, 대부분 소양감은 동반하지 않는다. 잠복기에는 제2기 매독 증상이 없어진 시기로 혈액검사상으로는 양성반응이 나오나 뇌척수액 검사에는 음성으로 나오는 시기이다. 보통 수개월 동안 지속되지만 경우에 따라 일생 동안 지속될 수도 있다.
- 3기 : 매독에 걸려 3~12년 후에 발생하며, 치료받지 않은 경우 다양한 양상으로 뇌, 신경, 눈, 심장, 혈관, 간, 뼈, 관절 등의 내부 장기에 손상을 일으키고 관절운동 조절 장애, 마비, 무감각, 점진적인 실명, 치매 등과 함께 사망에 이를 수도 있다.
- 선천성 매독 : 임신 중에 태아에게 매독이 전염되었을 경우 선천성 매독을 일으킬

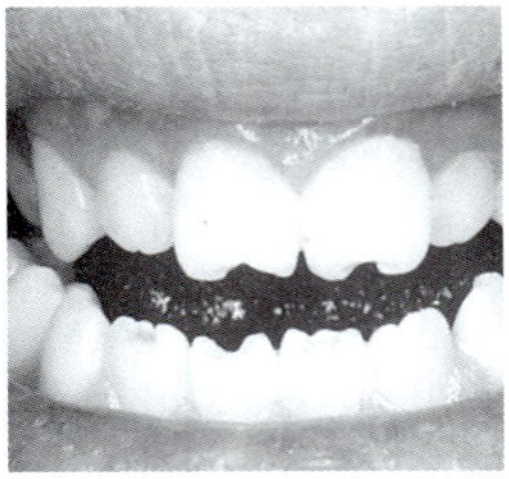

그림 8-3 허치슨 치아

수 있다. 대개 임신 4개월 이후에 감염이 발생한다. 특히 임신 초기에 사산할 수도 있으며 매독균이 태반을 통과하여 태아의 뇌, 신경, 심장 등에 치명적인 손상을 줄 수 있다. 특히 조기 선천성 매독은 생후 2년 이내 발병하고 성인 2기의 매독과 비슷한 양상을 보이기도 한다. 후기 선천성 매독은 생후 2년 이후에 발병하며, 합병증으로 간질성 결막염, 군도 정강이saber shins, 허치슨Hutchinson 치아 등이 나타난다.

진단법은 정확한 병력을 체크하고 이학적 소견과 함께 궤양에서 농을 직접 채취하여 균의 유무를 확인하거나 혈액검사, 비특이적 검사인 VDRLvenereal disease research laboratory 및 RPR검사(매독선별검사), 특이적 검사인 FTA-ABS, TPHA 검사(매독확진검사)를 하기도 한다.

치료법은 항생제 중 페니실린Benzathine Penicillin 주사가 가장 효과적이며, 치료 후에도 정기적 검사를 통해 상태를 확인하여야 한다.

예방법은 다른 성병과 마찬가지로 완치가 되기 전까지는 성접촉을 하지 않도록 하여야 하며, 성파트너도 검사하여 필요시 함께 치료해야 한다. 평소 감염되지 않은 한 사람의 성접촉자와 성관계를 가질 것과 바람직하다. 그 밖에도 콘돔의 정확하고 지속적인 사용은 매독뿐만 아니라 다른 성병의 감염도 줄일 수 있다.

4) 연성하감

연성하감Chancroid은 헤모필루스 듀크레이*Haemophilus Ducreyi*균에 의해 성기나 회음부의 통증성 궤양 질환을 일으키는 성병으로 성적인 접촉에 의하여 궤양 부위가 직접 닿거나 분비물에 노출 시 10일 이내에 전염이 된다.

대표적인 증상은 크기가 큰 궤양이 생겨 서혜부 주위의 임파선이 붓고 아픈 것이며, 여성은 음순, 질 입구, 항문 주위 등에 주로 궤양이 나타나고, 남성은 음경의 포피, 음경 귀두관, 음경 등에 궤양이 나타난다. 특히 성기의 궤양은 붉은 구진에서 시작하여 농포로 진행한 후 농포가 터져 통증성 궤양을 형성하는데 궤양은 전형적으로 경계가 뚜렷하다.

서혜부 림프절은 남성보다 여성이 적게 나타나지만 치료를 하지 않으면 침범된 림프절에서 농이 흘러나온다. 주로 성기 궤양이 나타난 후 1~2주 후에 발생하며 심한 통증을

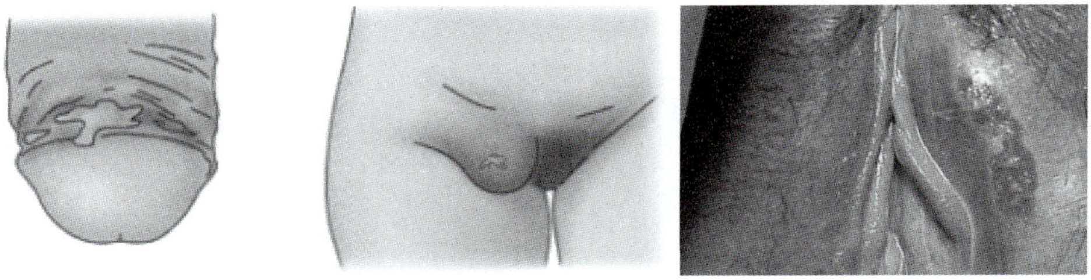

그림 8-4 연성하감

동반하기도 한다.

진단법은 궤양 부위에서 나오는 진물에서 균을 분리하여 원인균을 배양, 진단하며, 치료법은 항생제를 투여하며 궤양의 크기에 따라 다르지만 대부분 일주일 이내로 호전된다.

예방법은 다른 성병의 경우와 마찬가지로 정확한 콘돔 사용으로 성병의 전염을 감소시키는 것이며 배우자 이외의 다른 사람과 성관계를 금하는 것이 바람직하다.

감염된 경우에는 완치될 때까지 성관계를 금하고 성행위 상대자도 함께 치료를 받아야 재감염을 예방할 수 있다. 그 밖에 위험한 성행동을 막을 수 있도록 지나친 술과 마약을 피하는 것이 좋다. 최근 HPVHuman papilloma virus 백신 예방접종이 실시되고 있으나, 다른 성병에 대한 예방접종은 아직까지는 없다. 가장 중요한 것은 조기 발견과 조기 치료라고 할 수 있다.

5) 클라미디아

클라미디아Chlamydia는 클라미디아 트라코마티스*Chlamydia trachomatis*라는 세균에 의해 감염되는 성병으로 눈꺼풀, 요도, 자궁경부, 자궁내막, 난관 등의 점막세포에 나타난다. 직접적인 성교 외에도 단순한 분비물에 의해서도 감염되며, 특히 젊은 여성에게 많이 발생하는 흔한 질병이다. 어린 여성은 자궁경부의 미성숙으로 감염 위험성이 더욱 높다.

클라미디아에 감염된 사람은 대부분 무증상이 많으며, 증상이 있더라도 경미한 경우가 많아 보균 상태로 본인도 모르게 성파트너에게 전염시키기도 한다. 여성은 화농성의 냉이 증가하고 진행되며 골반염과 함께 하복부 통증이 있고, 남성은 요도에서 분비물이 나오거나 배뇨 시 작열감이 나타난다.

합병증으로는 여성은 자궁과 나팔관 감염증이 생길 수 있고, 골반염증성 질환PID을 유

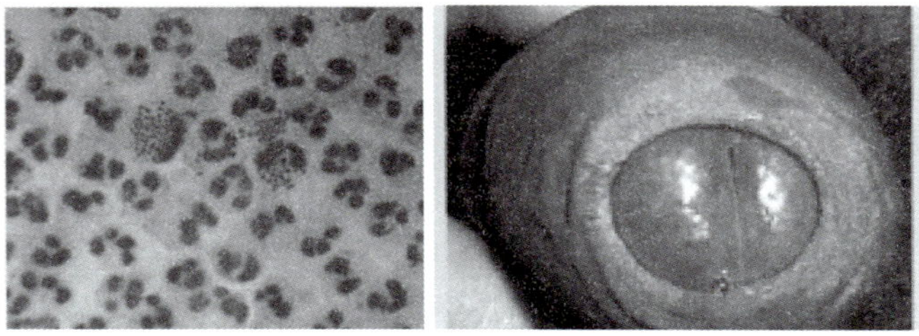

그림 8-5 클라미디아

발한다. 특히, PID(골반염)는 나팔관, 자궁과 그 주위 조직에 영구적인 손상을 일으켜 자궁 외 임신, 불임, 만성골반통증 등이 나타날 수 있다. 임산부가 클라미디아에 감염되면 미숙아 출산 및 신생아 결막염과 폐렴 등을 유발할 수 있다. 클라미디아에 감염된 여성은 HIV에 노출될 경우 비감염자에 비해 HIV 감염 가능성이 훨씬 더 높다. 남성은 드물지만 부고환에 이환되면 발열, 통증, 불임 등을 초래할 수 있다.

진단법으로는 세포를 배양하거나 질 또는 요도의 분비물이나 소변 등을 이용하여 검사하는 방법이 있으며, 그 외 항체검사를 하기도 한다.

치료법은 항생제를 사용하는 약물치료가 있으며 임질과 비슷한 증상이 있을 경우 임질 검사 및 치료를 동시에 하는 것이 좋다. 조기에 발견하여 치료할 경우에는 치료효과가 좋으나, 이를 방치할 경우 골반염으로 인한 불임 등과 같은 이차적인 문제가 생길 수 있다. 성파트너에게 말하기 어렵더라도 솔직하게 알린 후 완치가 될 때까지 함께 검사와 치료를 받아야 한다.

6) 헤르페스

헤르페스Herpes는 헤르페스 바이러스에 의한 전염성 질환으로 주로 구강 헤르페스의 원인이 되는 1형 헤르페스 바이러스와 주로 성기 헤르페스의 원인이 되는 2형 헤르페스 바이러스가 있다. 성기 헤르페스는 성교를 통해 감염되며, 구강 헤르페스를 가진 사람이 성행위 시 상대의 성기를 입으로 애무하면 성파트너에게 헤르페스를 전염시킬 수 있다.

헤르페스 감염자의 경우 대부분은 증상이 매우 경미하거나 거의 없고, 감염된 후 바로 증상이 생기는 경우도 있으나 수개월~수년이 지나 증상이 발생하는 경우와 본인은 모르는 상태에서 상대방에게 전염시키는 경우도 있다. 무증상인 경우에도 전염은 가능하며

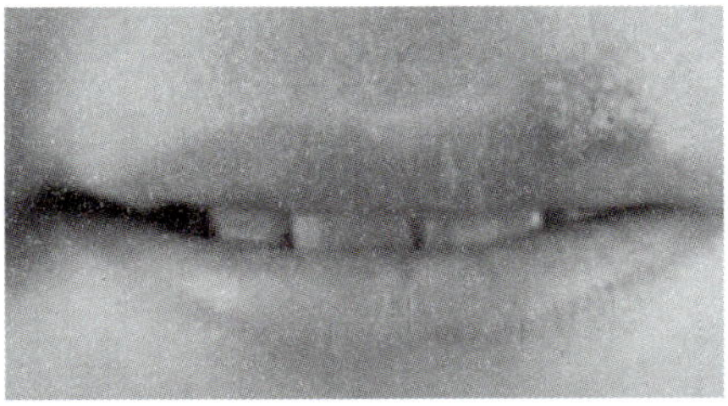

그림 8-6 1형 헤르페스

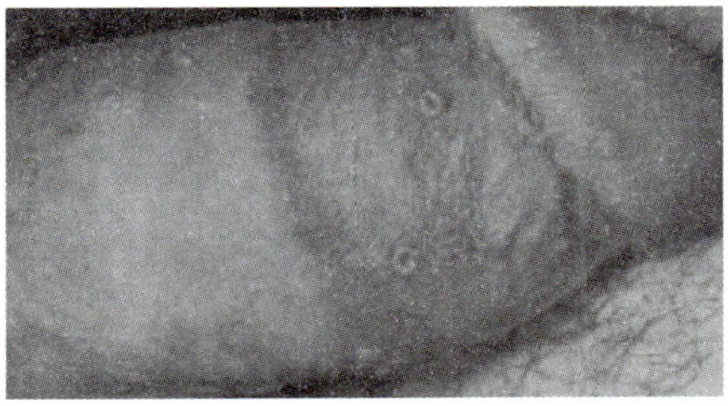

그림 8-7 2형 헤르페스

변기, 목욕탕, 수건 등을 통해서는 전염되지 않는다.

증상이 한 번 발현된 후 신경절에 잠복되어 있으면서 면역력이 저하된 상태에서 항문 주위나 외음부에 재발할 수 있다. 작은 좁쌀 같은 물집이 밀집된 형태로 나타나지만 이후 물집이 파열되어 궤양을 형성하게 된다. 그 밖의 증상은 감기와 비슷한 몸살 기운, 심한 작열감 등이 있다.

진단은 항체검사를 포함한 여러 검사방법이 있으나 병소 부위의 바이러스를 48시간 내 직접 배양해 확인할 수 있다. 성기 헤르페스를 일으키는 2형 바이러스를 정확히 진단하는 것은 어렵다.

치료는 항바이러스제를 복용하거나 궤양 부위에 연고를 도포해야 한다. 사람마다 경과는 다르나 면역력이 떨어지는 상황이 되면 재발되기가 쉽다. 따라서 규칙적인 운동과 충분한 휴식을 취해 면역력을 높이고 일상 생활에서 받는 스트레스를 줄이는 것이 재발을 막을 수 있는 가장 좋은 방법이다. 또한 병변이 의심될 때는 성행위를 피하는 것이 좋다.

7) 콘딜로마(곤지름, 성기사마귀)

콘딜로마는 인간 유두종 바이러스human papilloma virus에 의해 발생하는 외음부 사마귀를 말하며 직접적인 피부 접촉에 의해 감염된다. 일반적인 부위에 발생하는 사마귀와는 다르게 항문 주변 및 외음부에 주로 발생하며 감염 시 몇 주 후 나타나기도 하고 수개월이나 수년 후에 생기는 경우도 있기 때문에 언제, 누구로부터, 어디에서 어떻게 감염되었는지 접촉자를 찾아내기는 쉽지 않다.

콘딜로마는 육안으로 확인될 뿐 작열감이나 가려움증 등과 같은 특별한 증상은 나타나지 않는다. 평생 동안 재발하지 않는 경우도 있고 수차례 재발하는 경우도 있으며, 잠

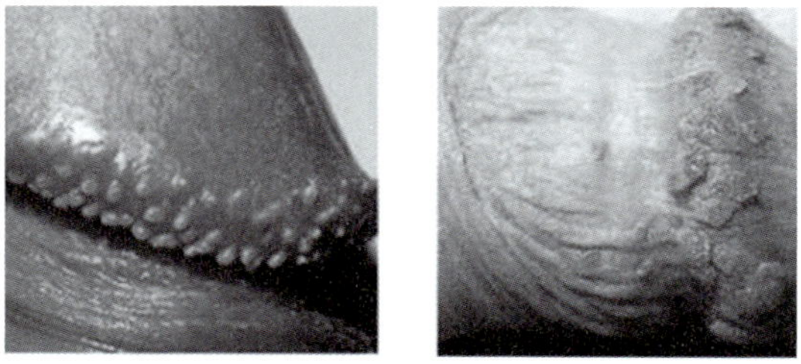

그림 8-8 콘딜로마

복기에 감염도 가능하다.

진단법은 조직검사를 통해 확진이 가능하며, 헤르페스와 마찬가지로 면역력 차이에 따라 재발 양상은 다르다. 재발하지 않도록 완치시킬 수 있는 방법은 아직 없으나 병변이 있는 곳은 약물치료나 수술을 통해 제거할 수 있다.

치료법은 부작용, 위치, 크기 등을 고려해 적절하게 선택하여야 하며, 병변이 있을 때는 성행위를 피하고 정확하고 지속적인 콘돔의 사용을 권장한다.

8) 사면발이

사면발이는 페디큘러스 퓨비스*Pediculus Pubis*라는 기생충에 의해 감염되는 질환으로, 이 기생충은 알, 서캐, 성충의 형태를 띠고 있으며 주로 사람의 음모, 안면, 겨드랑이 등에 기생하여 피를 빨아먹고 산다. 사람의 몸 이외의 다른 환경에서도 약 24시간 동안 더 살 수 있는 생명력을 가지고 있다. 주로 직접적인 피부 접촉에 의하여 전염되나 성관계가 없더라도 침구나 수건을 통해서 전염될 수도 있다.

증상은 심한 가려움증을 호소하며 손톱으로 긁을 경우 손톱 밑의 상주균으로 인한 이

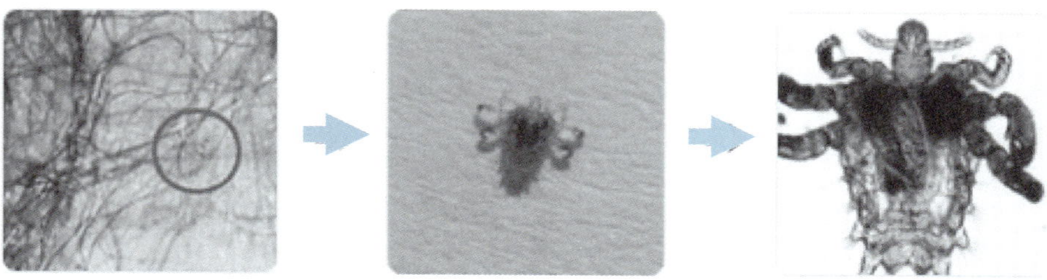

그림 8-9 사면발이

차적인 피부감염을 일으킬 수 있다. 또한 사면발이가 흡혈한 부위는 특징적으로 푸르스름한 피부의 변화가 나타난다.

진단은 음모를 주로 돋보기와 같은 확대경으로 직접 살펴보고 검출하는 방법 외에는 사실상 검사방법이 없다.

일단 사면발이 감염으로 진단되면 기생충을 직접 제거하는 방법과 약물을 바르고 일정시간이 지난 후에 샤워를 통해 닦아 내고, 사용한 침구나 의류는 뜨거운 물에 반드시 삶아야 한다.

9) 에이즈

에이즈AIDS : Acquired immunodeficiency syndrome는 1981년 미국에서 처음으로 에이즈 감염자가 확인되었으며 원인균으로는 1983년에는 HIV가 발견되었다.

감염경로는 HIV 감염자와의 직접적인 성접촉, HIV 감염자의 혈액을 수혈받거나 또는 같은 주사기를 사용한 경우, 산모로부터 태아에게 전파되는 수직감염을 들 수 있다.

감염 초기의 증상은 감기와 유사한 발열, 발진, 인후통 등이 있으며, 구토, 설사, 피로감, 근육통, 관절통 등도 나타날 수 있다. 점차 진행이 되면 HIV는 활발하게 증식하여 면역세포를 파괴시켜 T림프구의 감소가 급격하게 나타남으로써 외부에서 들어오는 어떤 세균도 막아내지 못하게 된다. 그리고 카포시육종과 급격한 체중 감소, 폐포자충폐렴 등이 발생한다.

진단법은 환자의 증상이나 의사의 소견만으로 정확하게 진단할 수 없기 때문에 항체의 유무를 검사하는 혈액검사를 통하여 확진한다. 대부분은 감염 후 3개월 내 항체가 만들어지나 드물게는 6개월 후에 항체가 생기기도 하므로 부적절한 성접촉 시에는 6개월 후 혈액검사를 하는 것이 가장 좋다.

검사 결과, 양성이라면 면역요법 및 항HIV치료제와 같은 약물요법을 가능한 빨리 시작함으로써 심각한 상태로 진전하는 것을 늦출 수가 있으며, 합병증을 예방할 수 있다.

특히 감염 예방을 위해서는 올바른 성지식과 콘돔의 정확한 사용이 매우 중요하다.

인간면역결핍 바이러스 감염인과의 연관성은 후천성 면역결핍증후군의 원인이 되는 HIV에 노출되기 쉽고, HIV 감염자는 그렇지 않은 사람보다 더 쉽게 HIV를 전파시킨다는 것이다.

1987년 에이즈 진단기준이 발표된 이래, 2000년 말 현재 전 세계적으로 HIV 감염 환자는 3,610만 명이며, 현재까지 2,500만 명 이상이 사망한 것으로 추정되고 있다.

우리나라에서는 1985년 첫 환자가 보고되었으며 2016년 질병관리본부 정책연구용역사업의 연차보고서에 의하면 국내 에이즈 감염자는 9,615명이며, 그중 92.4%가 남성이었다.

최근 중국·베트남·인도네시아 등 아시아 지역에서는 에이즈가 급속히 확산되고 있는데, 매년 50만 명 이상이 에이즈로 인해 사망하는 것으로 추산되고 있다.

유엔에이즈프로그램UNAIDS의 조사에 의하면, 2004년 8월 현재 중국에서는 84만 명의 에이즈 환자가 있으며, 실제 보고되지 않는 수치를 감안하면 150만 명에 이를 것으로 추산하고 있다.

에이즈는 후천성 면역결핍증의 약자이며 성행위에 의해 전염되며 감염된 여성의 질이나 자궁에서 만들어진 분비물에는 에이즈 바이러스가 존재하므로 남성의 요도나 음경 피부에 생긴 상처를 통하여 옮겨 갈 수 있다. 특별히 구강 내 상처가 난 상태가 아니라면 구강성교를 통하여 에이즈가 전염되었다는 보고는 거의 없다. 에이즈는 일상 생활을 같이 한다고 해서 전염되지 않으며 단순히 악수, 식기, 음식, 기침, 변기 등을 통하여 전염되지는 않는다. 에이즈 바이러스는 매우 약해 인체 밖으로 나오면 오래 살지 못하며 오직 감염자의 혈액, 분비물, 정액, 질 분비물을 통해서만 전염 가능하다.

에이즈 바이러스에 감염된 후 증상이 나타날 때까지의 기간은 평균 9.8년 정도가 걸리며 이 기간은 개인차가 있을 수 있다.

그 밖에도 2015년 질병관리본부 및 국방부보고서에 의하면 '에이즈 환자는 한 해에 천 명이나 발생하고 있다'고 보고하였다. 2004년에는 610명으로부터 지속적으로 증가하다 2013년에 1,013명으로 급증하였다. 최근 5년간(2009~2013) 에이즈에 감염된 4,310명 중

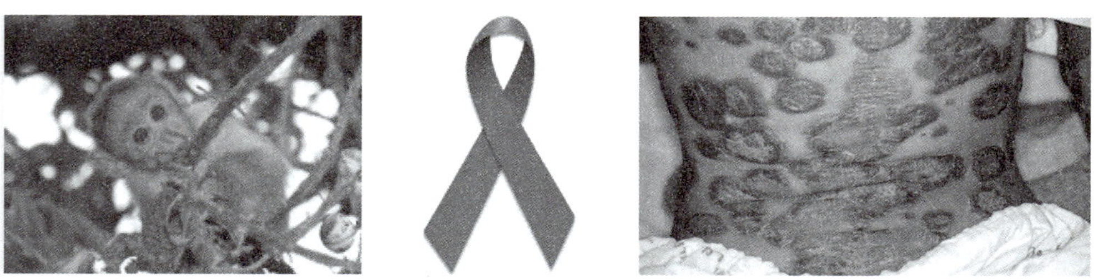

그림 8-10 에이즈

93%인 4,014명이 남성이었으며, 이 중 10대도 180명이나 된다고 하였다. 또한 군대 내에서도 에이즈 환자가 최근 3년간(2012~2014) 94명이 발생했고 꾸준한 증가 추세에 있다. 이에 대한 대안으로는 대국민 예방 홍보 강화, 집단별 예방 홍보 강화, 감염자 조기 발견 및 치료, 감염자 보호 및 지원, 지역 관리체계 확립, 보건요원 또는 실험 연구자의 안전관리 강화 등이 필요하다.

참고문헌

미국질병통제예방센터 http://www.cdc.gov

보건복지가족부 http://www.mw.go.kr

세계보건기구 http://www.who.int

질병관리본부 www.cdc.go.kr

질병관리본부 전염병통계 http://stat.cdc.go.kr

성 병(이 미 지) https://www.google.co.kr/imghp?hl=ko&tab=wi&ei=kVjAVaOpMsXbmgWh74HwDg&ved=0CBIQqi4oAQ

http://shinchon.shes-well.com/clinic/clinic_02.php

http://100.daum.net/encyclopedia/view/14XXE0029331

http://www.cts.tv/news/news_view.asp?PID=P368&DPID=201965(CTS방송)

제4부

건강한 사랑과 성 의사소통

CHAPTER 9

건강한 사랑과 성

1. 사랑의 정의

인간관계에서 사랑은 많은 화젯거리이고 중요한 부분이다. 사랑에 대한 사전적 의미는 어떤 대상(사람, 사물, 나라, 예술 등)을 몹시 아끼고 귀중히 여기는 마음, 베푸는 마음, 그리워하는 마음 또는 그런 일' 등으로 해석되고 있다.

사랑의 중요성은 드라마와 연극, 영화, 노래, 소설, 웹툰, 시 등 사랑을 주제로 다루는 부분들이 많음으로 쉽게 짐작할 수 있다. 사람들은 영상매체나 책을 통해서 간접적인 사랑을 경험하거나 혹은 직접적으로 경험하며 성숙된 사랑으로 성장해 가고 있다. 그런데 사람들은 서로 사랑한다고 하면서도 상대로부터 자신의 사랑을 인정받지 못한다는 생각으로 확인하려고 하고, 갈등과 오해를 경험하기도 한다. 왜냐하면 사랑의 의미는 개인의 정서와 태도, 생각, 행동, 양육자의 태도 등 다양한 형태로써 개인마다 다르게 해석되기 때문이다. 그래서 사랑에 대한 많은 연구들이 이루어지고 있지만 사랑의 정의는 학자, 종교, 시대적 배경, 문화적 배경 등 다르게 해석되고 있어 한 부분으로 언급하기는 매우 힘든 부분이다. 〈표 9-1〉에서 학자마다 사랑에 대한 해석과 정의를 살펴보자.

표 9-1 사랑에 대한 해석과 정의

연도	학자	해석과 정의
1941, 1947	프롬 (Fromm)	안정의 욕구를 충족시키고 독립성, 일체감을 느낌으로 타인과 세상을 사랑하고 창조하는 삶을 살아가는 것이다.
1955, 1961	올포트 (Allport)	인간의 조건에 대한 아주 깊은 이해와 동류의식으로 다른 사람의 행동을 함부로 판단하거나 비방하지 않는다. 그리고 관용적인 태도와 그들의 행복에 대한 지속적인 관심을 가지는 심리 상태이다.
1956	프롬 (Fromm)	다른 사람에게 계속 관심을 가지고 나 자신을 발견하기도 알아가기도 하며 우리를 발견하고 더 나아가 인간을 발견하게 해주는 것이다.
1961	하인라인 (Heinlein)	상대방이 느끼는 행복은 자신에게도 아주 중요한 조건이다.
1968	에릭슨 (Erikson)	개인의 정체감 및 친밀감을 형성하는 데 필수적인 사회적 경험이다.
1970	루빈 (Rubin)	한 사람이 상대에게 가지고 있는 생각이나 느낌, 행동하는 태도다.
1987	파웰 (Powell)	상대방의 절대적이고 개성 있는 가치를 존중하고 받아들이는 것이며 상대방의 욕구를 알아차리고 그것을 채워 주려고 애쓰면서 실패를 용서하고 잊는 것이다.
1991	펙 (Peck)	자기 자신과 다른 사람의 정신적 성장을 도와줄 목적으로 자기 자신을 확장시키고 나아가려는 의지와 다른 사람의 개성 존중과 고유 특성을 존중하고 알아주려는 마음이다(천성문, 남정현, 김정남, 전은주, 곽미용, 2013에서 재인용).
1993	이형득	인간관계에서 어떠한 갈등이 없는 관계이다.
1994	박영태	자신과 타인의 정신적인 성장을 도모하기 위해 의지적인 실천적 행위이다.
1995	김중술	하나의 감정만이 있는 것이 아니라 무엇이 사랑하는 행동이며, 사랑하지 않는 행동인지를 아는 인지적 관점으로 자기가 사랑한다고 생각하는 그 자체가 사랑이다.
1998	김정희	받는 것이 아니고 주는 것이며 참된 사랑은 상대방의 잠재능력을 개발시켜 주는 것이다.
1998	권석만	인간관계 상황에서 경험할 수 있는 가장 행복하고 오묘한 감정으로 황홀하면서도 때로는 가장 고통스런 경험이기도 하다. 그리고 한 인간과 한 인간이 서로를 강렬히 원하며 서로를 융합시키는 신비한 마력을 지니고 있다.
1999	김경순	자기 자신과 상대방을 있는 그대로를 존중하는 마음이고, 솔직하고 대가가 없는 헌신과 의지력으로 노력하는 책임감 있는 행동이다. 또한 자신과 타인의 정신적 성장과 성숙한 삶을 살아가는 것이다.
2010	황문수	자신이 성숙해 가는 기회가 되고 나의 세계에서 벗어나서 상대에 대한 관심의 확대와 더불어서 배려와 책임의 윤리를 배우는 과정이다.

그 외 유교에서는 사랑을 다른 사람의 불행을 불쌍히 여기는 마음에서 나오는 것으로 자기 자신과 타인의 완성을 바라는 이타적인 행동으로 보고, 불교에서는 사랑을 자비로서 인간을 비롯한 모든 생명이 있는 것들에게 베풀어지는 따뜻함, 친절함, 공감, 동정심, 다른 사람의 평안을 바라는 마음 등과 같은 깊은 감정 상태로 본다. 또한 기독교에서도 사랑은 아가페 사랑으로 하나님의 사랑과 같은 헌신, 봉사와 나눔의 생활을 바탕이 되어 베푸는 이웃에 대한 사랑의 실천적 행동이라고 정의하였다(천성문, 남정현, 김정남, 전은주, 곽미용, 2013).

이처럼 여러 학자와 종교에 따라서 사랑의 개념이 다양함을 알 수 있다. 그러므로 이 책에서는 사랑이란 인간관계의 상호작용 속에서 존중과 배려, 책임이 필요하며, 친밀감을 통한 자신과 상대를 성숙시키는 신비로운 창조적인 일이며, 삶을 살아가는 데 있어서 긍정적인 에너지가 될 수 있다고 정의하고자 한다.

2. 사랑의 유형

사랑에 대한 이야기는 수없이 존재하고, 사랑에 수반되는 요소들 또한 매우 복잡하여 사랑을 체계적으로 정의하고 정리하기가 쉽지 않다. 사랑은 경험에 따라 다르다고 보아서 개념적, 방법적인 차원에서 신뢰, 관용, 번영, 자기통제력 등을 사랑의 구성요소로 간주하였다(Kelly, 1983). 사랑에 대한 정의가 다양한 것과 마찬가지로 이 세상에는 한 가지 고정된 유형의 사랑만 있는 것이 아니라 다양한 형태의 사랑이 존재한다는 것이 일반적인 생각이다. 대표적인 사랑의 유형은 다음과 같다.

1) 스턴버그의 사랑의 삼각형 이론

미국의 심리학자 스턴버그Robert J. Sternberg는 사랑의 기본요소 3가지를 친밀감, 열정, 헌신이라고 말하고, 삼각형이 세 변으로 구성되어 있고 3개의 꼭짓점을 가지고 있는 것처럼, 사랑에도 세 가지 구성 요인이 있는 삼각형 이론을 제시하였다(Sternberg, 1986). 첫째, 친밀감intimacy은 관계성의 가까움, 연결감, 결합감의 정서적인 느낌으로 사랑하는 상대들이 서로 가깝게 연결되어 있고 결합되어 있다는 느낌, 서로를 잘 이해하고 있다는 것, 원활한 의사소통, 긍정적인 지지 등을 의미한다. 둘째, 열정passion은 연인들을 생리적으로 흥분, 설레임, 들뜸으로 사랑하는 사람과 함께 있고 싶은 로맨틱한 감정이 일어나게 하며, 신체적 매력으로 끌리게 하고, 성적 결합을 이루게 만드는 등 사랑하는 사람과의 열정은 어디에 빠지는 경험으로 급속한 발전을 한다고 설명할 수 있다. 그러나 오래 지속하기 어렵고, 장기간의 만남으로 열정의 강도가 감소할 수도 있고, 다른 형태로 변화할 수도 있다. 셋째, 헌신commitment은 인지적인 측면으로 누구를 사랑하겠다는 의사결정이며, 그 사랑을 계속 지키겠다는 책임감이다. 그러나 의사결정과 책임감의 두 가지 요인이 언제나 함께하는 것은 아니다.

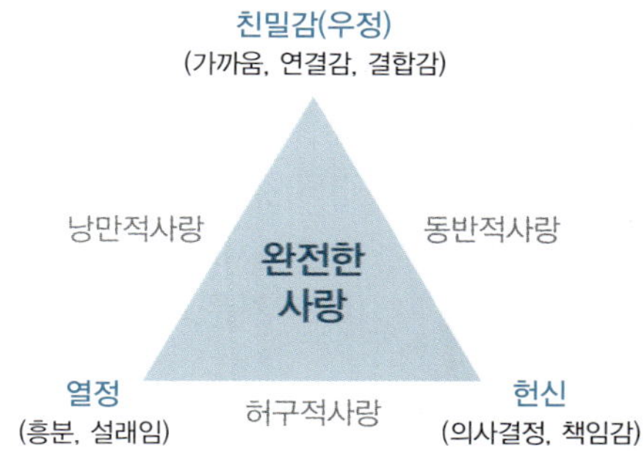

그림 9-1 사랑의 세 가지 구성 요인
자료: Sternberg(1986)

이해경과 방기연(2011)은 스턴버그의 사랑의 3가지 구성요소를 바탕으로 7가지 유형에 대해 분류하여 제시하였고, 권석만(2011)은 8가지 유형으로 분류하여 정리하였다. 여기에서는 스턴버그의 사랑의 유형을 토대로 한 권석만(2011)의 8가지 유형을 재구성해 본다.

(1) 친밀한 사랑(친밀감/우정=친구)

친밀감만 있는 경우, 가까움과 따뜻함을 느끼는 상태로 친구 관계에서 느낄 수 있다.

(2) 허구적 사랑(열정+헌신)

열정을 느껴 헌신하는 경우이며, 친밀감은 존재하지 않는다. 속전속결로 결혼을 하며 결혼생활 유지가 힘들 수 있다.

(3) 헌신적 사랑(헌신/부부)

헌신만 있는 경우, 결혼생활이 지속되면서 처음 만났을 때의 열정과 친밀감은 없어지고 자녀를 위해 결혼관계를 유지하고 있는 경우에 해당된다.

(4) 낭만적 사랑(친밀감+열정/로맨스)

친밀감과 열정이 결합된 경우, 남녀가 처음 사랑에 빠지고, 감정적으로 일체감을 느끼는 경우에 해당된다.

(5) 동반적 사랑(친밀감+헌신/부부)

친밀감과 헌신은 있으나 열정은 없는 상태로 오랜 결혼 생활을 해온 부부들의 관계에서처럼 친절함과 우정이 남아 있는 사랑으로 '동지'라는 표현을 쓰기도 한다.

(6) 뜨거운 사랑(열정/짝사랑)

첫눈에 반한 사랑으로 열정만 있는 상태, 즉 순간적인 사랑으로 친밀감이나 헌신이 없는 경우이다. 서로에 대한 이해가 부족하여 사랑이 지속되기가 힘들 수 있다.

(7) 무의미한 사랑

세 가지(친밀감, 열정, 헌신)의 구성요소를 갖고 있지 않은 사랑으로 무의미한 대인관계가 여기에 해당된다.

(8) 완전한 사랑(친밀감+열정+헌신/이상적 사랑)

친밀감, 열정, 헌신의 세 가지 요소를 모두 갖춘 성숙하고 완전한 이상적인 사랑이다.

표 9-2 스턴버그의 사랑의 유형과 3요소

사랑의 유형	친밀감	열정	헌신
친밀한 사랑	○	×	×
허구적 사랑	×	○	○
헌신적 사랑	×	×	○
낭만적 사랑	○	○	×
동반적 사랑	○	×	○
뜨거운 사랑	×	○	×
무의미한 사랑	×	×	×
완전한 사랑	○	○	○

자료: Sternbern(2000); 이해경, 방기연(2011)에서 재인용

2) 리(Lee)의 6가지 사랑의 유형

존 앨런 리John Allan Lee는 사랑의 유형 분류를 처음 시도하였는데, 삼원색에서 다양한 색들의 조합이 이루어지듯이 사랑도 세 가지 원형에서 다양한 사랑의 유형이 파생되는 것이라고 하였다(Lee, 1973). 이러한 리의 연구에 기초하여 사랑의 척도를 개발하고 사랑의 유형을 분류한 사람은 라스웰(Lasswell, 1980)이다. 리(Lee, 1988)의 사랑 요인 분석을 김명자 외(2009)는 여섯 가지 사랑의 유형으로 제시하였고, 천성문 외(2013)는 이들 중 어느 것이 더 가치 있거나 더 성숙한 것이라고 말할 수 없으며 대부분의 사람들은 여러 종류의 성질들이 혼합된 사랑을 하고 있다고 하였다. 사랑의 유형을 정리하자면 다음과 같다.

(1) 낭만적 사랑

낭만적 사랑Erose은 상대방을 만나면서 강한 전류에 감전된 것처럼 사랑하는 속도가 빠르며 '첫눈에 반하는 사랑', '오직 한 사람 단 한 번의 사랑', '운명적, 숙명적인 만남'이라고 표현되기도 한다. 다른 타인에 대해서는 배타성이 강하고 상대방에게 모든 것을 요구하거나 기대하고 특히 외모가 중요하게 작용하여 상대방에게 매력을 느끼므로, 사랑에 빠지자마자 키스, 포옹 등의 신체적 접촉부터 시도하려는 경향이 있다. 이 유형의 사랑은 결혼까지 이어지기가 쉽지 않다.

(2) 유희적 사랑

유희적 사랑Ludus은 정서적 관계에서 즐기는 것에 중요성을 두며 사랑의 서약이나 약속은 중요하게 생각하지 않으며, 여러 대상과의 만남을 통한 사랑을 더 원하는 경향이 있다. 이 유형의 사랑은 상대방의 욕구나 입장에는 관심이 없으며, 단 한 사람과의 긴밀하고 지속적인 관계보다 성적인 대상으로 즐기려 하고 자기만족의 중요성을 가지며, 결혼까지 가는 것을 고려하지 않는 경향이 있다. 이 유형들은 주변 사람들에게 '바람기가 다분하다', '플레이보이'라는 말을 종종 듣게 되며, 상대방과의 깊은 관계에는 별로 관심이 없고 쉽게 애정행위들을 하며, 쾌락과 재미가 없게 되면 그 관계를 중단한다. 가능한 많은 사람과 쉽게 사귀며 상대방을 바꾼다. 헤어질 때 상대방에게 상처가 될 수 있는 부분에 대한 생각과 배려가 필요할 것이다.

(3) 소유적인 사랑

소유적인 사랑Mania은 아주 위험하고 극단적인 상황을 만들 수 있는 사랑의 유형이다. 드라마나 뉴스에서도 종종 보이는 유형으로 상대방을 강하게 소유하려 하고 집착하는 사랑으로 불확실하고 불안한 형태의 사랑이다. 이 유형은 상대방을 완전히 소유하거나 상대방에게 자신이 소유당하는 것을 사랑이라 여기기 때문에 스스로가 실패한 사랑이라고 느낄 경우 강한 흥분과 분노, 절망을 느낄 수 있다. 또한 상대방에게도 정서적으로 많은 부담과 압박감을 줄 수 있다. 그리고 이 유형은 사랑을 통한 성장은 기대하기 어렵고 실패된 사랑을 하지 않기 위해 서로가 행동하는 모든 면에 집착하고 사소한 변화에도 과잉반응을 한다. 좀 더 여유를 두고 상대를 존중하는 마음이 필요할 것이다.

(4) 우애적 사랑

우애적 사랑Storage은 우정적 사랑이라고도 하며, 학교 친구, 종교 동에서 만나는 사람, 산악회, 같은 취미로 알게 되는 모임이나 동호회 등 잦은 만남 가운데서 상대방에 대한 사랑의 감정이 서서히 발전하지만 지속적이고 안정된 관계를 유지한다. 상대방에 대한 존경과 배려에서 생겨나므로 상대방에게 과도한 요구를 하지 않으며, 함께 성장하는 상호보완적인 사랑의 유형이라 할 수 있다. 불같은 열정은 없을 수 있으나 오랜 친구처럼 상대를 신뢰하고 상대에게 많은 것을 원하지 않는다. 이 유형들은 갈등이 있더라도 타협과 합리적으로 해결하려고 노력하는 유형에 가깝다.

(5) 희생적 사랑

희생적 사랑Agape은 이타적 사랑이라고도 하며, 무조건적인 수용과 배려를 아끼지 않고 상대방에게 기대하지 않으며, 상대의 어떤 실수라도 감싸주고 상대방을 위해 희생하는 사랑이다. 이 유형들은 진정한 사랑이란 받는 것이 아니며 주는 것이라는 생각으로 실천을 한다. 사랑하는 사람을 위해서라면 자신의 고통이나 희생은 기꺼이 수용할 수 있고 이러한 사랑을 통해 자신도 기쁨을 느낀다. 경우에 따라서는 상대방이 나에게 고통을 주더라고 상대가 기뻐하는 일이라면 상대방의 입장에서 용서를 할 수 있는 유형이다. 마치 부모가 자식에게 아무 조건 없이 하는 일방통행의 사랑과도 같다. 이들은 진정한 사랑의 의미를 받는 것이 아니라 주는 것이라고 생각하는 경향이 있다.

(6) 실용적 사랑

실용적 사랑Pragma은 쇼핑목록 같은 사랑shopping list love, 혹은 논리적인 사랑이라고도 한다. 사랑을 할 때 상대방의 성격, 상대방의 교육 정도, 가정 배경 및 외모 등을 고려하면서 자신과 합당하다고 생각하는 사람을 선택한다. 사랑하기 위해 서로가 합리적이고 이성적인 면을 중요시하는 유형으로 사랑할 때에도 상황이나 조건이 갖추어지지 않는다면 사랑을 발전시키는 것에 대해 심사숙고한다. 예를 들어 "나의 집을 장만하기 전까지는 아직 사랑할 때가 아니야.", "자라온 환경이 맞고 나와 수준이 같아야 사랑을 할 수 있어.", "승진할 때 까지 사랑은 나에게 사치야." 등 목표가 성취될 때까지 긴 시간의 이별도 참을 수 있다고 생각한다. 이 유형들은 현실적인 만족을 추구하려 하며, 때로는 완벽주의 경향으로 보일 수도 있다. 그러나 현실적인 부분에서 사랑에 대한 책임이 그 어느 때보다도 강조되어야 할 필요성을 느끼는 부분이기도 하다.

리의 연구를 바탕으로 라스웰Lasswell과 핫코프Hatkoff가 사랑의 6가지 유형을 측정하기 위한 검사를 개발하였다. 〈표 9-3〉에서는 사랑의 유형에 관한 다양한 태도가 제시되어 있다.

표 9-3 사랑의 유형 검사

각 문항에 대해 평소 자신이 이성을 사랑하는 모습이나 사랑에 대한 생각에 대하여 해당하는 부분에 '그렇다' 또는 '아니다'에 ○, ×로 응답해 주세요(선택의 어려움이 있을 때는 가능한 좀 더 가까운 한쪽을 택하여 체크해 주세요).

	내 용	그렇다	아니다
1	나는 '첫눈에 반한다'는 것이 가능하다고 생각한다.		
2	나는 한참 지난 다음에야 비로소 내가 사랑하고 있음을 알았다.		
3	우리들 사이의 일이 잘 풀리지 않으면 나는 소화가 잘되지 않는다.		
4	현실적인 관점에서, 나는 사랑을 고백하기 전에 먼저 나의 장래목표부터 생각해 보지 않으면 안 된다.		
5	우리가 처음 키스하거나 볼을 비볐을 때, 나는 성기에 뚜렷한 반응(발기, 축축함)이 오는 것을 느꼈다.		
6	이전에 연애상대였던 사람들 거의 모두와 나는 지금도 좋은 친구관계를 유지하고 있다.		
7	애인을 결정하기 전에 인생설계부터 잘 해두는 것이 좋다.		

	내 용	그렇다	아니다
8	나는 연애에 실패한 후 너무나 우울해져 자살까지도 생각해 본 적이 있다.		
9	나는 사랑에 빠지면 너무 흥분되어 잠을 이루지 못하는 때가 많다.		
10	애인이 어려운 처지에 빠지면, 비록 그가 바보처럼 행동한다 하더라도 힘껏 도와주려고 노력한다.		
11	애인을 고통받게 하기보다는 차라리 내가 고통받겠다.		
12	연애하는 재미란 두 사람의 관계를 발전시키면서, 동시에 내가 원하는 것을 거기서 얻어내는 재주를 시험해 보는 데 있다.		
13	사랑하는 애인이라면 나에 관하여 다소 모르는 것이 있다 하더라도 그것 때문에 그렇게 속상해하지는 않을 것이다.		
14	비슷한 배경을 가진 사람끼리 사랑하는 것이 가장 좋다.		
15	우리는 만나자마자 서로가 좋아서 키스를 했다.		
16	애인이 나에게 관심을 보이지 않으면 나는 온몸이 쑤시고 아프다.		
17	나의 애인이 행복하지 않으면 나도 결코 행복해질 수 없다.		
18	대개, 제일 먼저 나의 관심을 끄는 것은 그 사람의 외모이다.		
19	최상의 사랑은 오랜 기간의 우정으로부터 싹튼다.		
20	나는 사랑에 빠지면 다른 일에는 도무지 집중하기 힘들다.		
21	그의 손을 처음 잡았을 때 나는 사랑의 가능성을 감지했다.		
22	나는 어떤 사람과 헤어지고 나면 그의 좋은 점을 발견하려고 무척 애를 쓴다.		
23	나의 애인이 다른 사람하고 같이 있는 것 같은 생각이 들면 도저히 견딜 수 없다.		
24	내가 동시에 사귀었던 두 명의 애인이 서로 알지 못하도록 교묘하게 재주 부린 적이 있었다.		
25	나는 매우 쉽고 빠르게 사랑했던 관계를 잊어버릴 수 있다.		
26	애인을 결정하는 데 한 가지 가장 고려해야 할 점은 그가 우리 가정을 어떻게 생각하는가 하는 것이다.		
27	사랑에서 가장 좋은 것은 둘이 함께 살며, 함께 가정을 꾸미고, 그리고 함께 아이들을 키우는 일이다.		
28	애인이 원하는 것을 위해서라면 나는 기꺼이 내가 원하는 것을 희생시킬 수 있다.		
29	배우자를 결정하는 데 있어서 가장 먼저 고려해야 할 점은 그가 좋은 부모가 될 수 있겠는가 여부이다.		
30	키스나 포옹이나 성관계는 서둘러서는 안 된다. 그것들은 서로 충분히 친밀해지면 자연스럽게 이루어지는 것이다.		

	내 용	그렇다	아니다
31	나는 매력적인 사람들과 바람 피우는 것을 좋아한다.		
32	나와 다른 사람들 사이에 있었던 일을 애인이 알게 된다면 매우 속상해할 것이다.		
33	나는 연애를 시작하기 전부터 나의 애인이 될 사람의 모습을 분명히 정해 놓고 있었다.		
34	만일 나의 애인이 다른 사람의 아기를 갖고 있다면, 나는 그 아기를 내 자식처럼 키우고 사랑하며 보살펴 줄 것이다.		
35	우리가 언제부터 서로 사랑하게 되었는지 정확히 알 수 없다.		
36	나는 결혼하고 싶지 않은 사람하고는 진정한 사랑을 할 수 없을 것 같다.		
37	나는 질투 같은 것은 하고 싶지 않지만, 나의 애인이 다른 사람에게 관심을 가진다면 참을 수 없을 것 같다.		
38	내가 애인에게 방해물이 된다면, 차라리 나는 포기하겠다.		
39	나는 애인의 것과 똑같은 옷, 모자, 자전거, 자동차 등을 갖고 싶다.		
40	깊이 사귀고 싶지는 않아도, 어떤 상대가 나의 데이트 신청에 응하는지를 시험해 보는 것도 재미있는 일이다.		
41	상대를 택할 때 고려해야 할 한 가지 중요한 점은 그가 자신의 직업을 어떻게 생각하는가 하는 것이다.		
42	가장 좋은 연애 관계란 가장 오래 지속되는 관계이다.		

사랑의 유형	낭만적 사랑 (빨)		동료적 사랑 (노)		소유적 사랑 (보)		실용적 사랑 (초)		유희적 사랑 (파)		이타적 사랑 (주)	
문항번호	1		2		3		4		12		10	
	5		6		8		7		13		11	
	15		19		9		14		24		17	
	18		27		16		26		25		22	
	21		30		20		29		31		28	
	33		35		23		36		32		34	
	39		42		37		41		40		38	
합계	(　　)		(　　)		(　　)		(　　)		(　　)		(　　)	

※사랑의 유형검사 채점방법

- 사랑의 유형검사에서 '그렇다'에 ○를 대답한 문항수를 합친다.
- 점수가 클수록 그 유형이 가지고 있는 특성이 많음을 해석하면 된다.

자료: 김중술(1997); 권석만(2011)에서 재구성

3) 레스의 사랑의 수레바퀴 이론

레스Reiss는 사랑의 발달단계를 친화, 자기 노출, 상호 의존, 욕구충족의 4단계로 본다고 하였다. 이는 4가지 단계로 구성된 수레바퀴가 굴러가듯이 발전단계가 계속되는 진행으로 사랑이 발달한다고 보았다. 각각의 발달단계는 바퀴의 톱날이 맞물리듯이 상호 의존적으로 한 단계의 발전과 퇴보가 다른 단계에도 서로 영향을 주고받는다고 하였다(박경 외, 2008).

(1) 친화

서로간의 믿음과 존중을 바탕으로 생겨나는 감정으로 성장 배경, 취미, 종교, 가치관 등이 비슷할 때 쉽게 발생되며, 비슷한 부분들이 없다고 하더라도 서로 다른 점에 대한 호기심이나 내가 가지지 못한 부분에 있어서 상대가 보완해 줄 수 있는 부분으로 보여짐으로써 가까이 다가가고자 하는 욕구가 일어날 수도 있는 것이다.

(2) 자기 노출

자기 노출은 사적인 자신의 정보를 함께 공유하는 과정으로 자기 노출의 정도는 성별에 따라서 혹은 성격, 생활문화에 따라서 개인차가 많다. 또한 자아에 대한 존중감, 의식 등이 자기노출에 영향을 줄 수도 있다. 그리고 자신의 내재된 불안이 클수록 자기 노출이 힘들며 이러한 불안으로부터 자유로워지기 위해서는 자신을 있는 그대로 수용하고 보여주는 노력이 필요하다. 자기 노출이 때로는 문제로 작용할 수도 있지만 나 혼자만의 비밀이라고 생각하기보다는 공유함으로써 불안이 해결될 수도 있기 때문이다.

그림 9-2 사랑의 수레바퀴

(3) 상호 의존

사람들은 같이 있는 시간이 길어지면서 자기 노출에 의한 공유, 현재 생활 속에서의 사건사고의 공유 등으로 좀 더 가까워짐을 느끼며 서로가 서로에 대해서 기대고 싶고 의존하려는 마음이 높아지게 된다.

(4) 욕구 충족

사람들은 같이 있는 시간이 길어지면서 긍정적 혹은 부정적인 피드백으로 서로의 욕구를 절충해 가고, 서로 함께하는 것이 익숙해지면서 혼자서 할 때보다 무슨 일을 하더라도 상대방의 의견이나 생각을 수긍하고 수용하는 데 있어서 많은 영향을 받는다.

3. 사랑에 의한 흥분과 반응

사랑을 하면 어떤 감정과 변화가 생겨날까?

미국의 남녀 대학생 600여 명을 대상으로 자기 자신이 사랑할 때 경험한 감정들을 기술한 결과를 보면, 강한 행복감 79%, 주의 집중 곤란 37%, 구름 위에 떠 있는 것 같은 느낌 29%, 달리고, 뛰고, 소리치고 싶은 느낌 22%, 데이트 전에 상기되고 안절부절한 느낌 22%, 기분이 들뜨고 조심성이 없어지는 느낌 20%, 속이 울렁거리거나 손이 차가워짐을 느끼는 것 20%, 불면증은 12%라고 사랑과 관련된 일반적인 감정의 특징에 대해 보고하였다(이해경, 방기연, 2011). 연구 결과와 같이 사랑할 때 우리 신체는 흥분되고, 설렘, 가슴 떨림 등 변화가 일어난다. 이때 변화되는 호르몬에 대해 과학자들은 사랑의 신체적인 표현으로 성적인 행동의 시작이 뇌에서 비롯되었다고 하며, 그 증거로 진화, 유전, 심리적 경험 또는 냄새 등을 설명하였다. 학자들은 동물연구에서도 미적 감각은 타고나며, 매력을 경험한다고 밝혔다(Toufexis, 1993). 매력은 상대방의 주의집중을 하게 하고 에너지를 증가시키는데 뇌 속에서 페닐에틸아민의 활동과 관계가 깊다.

인간의 뇌에서 사랑에 의한 성반응과 성행동에 관여하는 부위는 주로 대뇌피질과 변연계이다. 대뇌는 사고의 센터로서 성적인 욕구와 이미지, 환상을 관여하고, 감각정보를 해석하며 척추의 신경을 통한 정보 전달을 한다. 성적 흥분에 따라서 심장박동이 올라가며, 호흡수도 빨라지고 성기 부분이 혈액의 증가로 점점 발기할 수 있도록 한다. 우리의 뇌가 신체적인 흥분을 어떻게 인식하고 받아들이냐에 따라서 성적인 흥분을 증가 혹은 감소시킬 수 있다.

변연계는 시상과 시상하부로 구성되어 있으며 인간의 정서와 감정, 기억, 욕구, 성적인

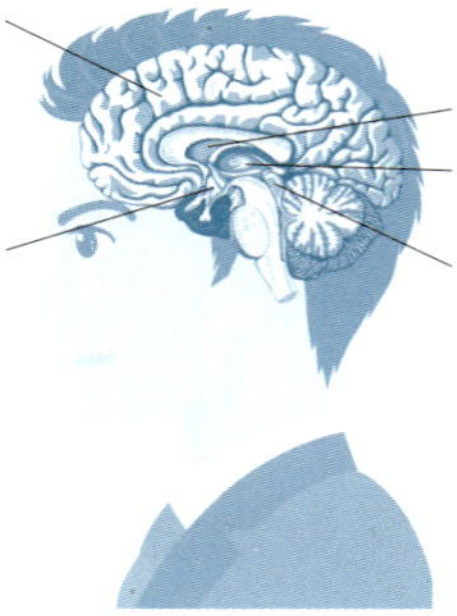

행동, 흥분에 이르기까지 관련이 있다.

도파민과 노르에피네프린 등 자연적 암페타민이 증가하고, 세로토닌이 감소하는 것이다. 이 화학물질들은 에너지를 생성하고 행복감의 도취를 느끼게 하는 등 그 지속기간은 2~3년간 지속될 수 있다.

박경 외(2008)에서 마이클 레이보이츠Michale Liebowitz(1983)는 낭만적인 사랑에 빠질 때 페닐에틸아민이 변연계를 가득 채우며, 남녀가 애착을 느끼는 사랑의 두 번째 단계에서는 엔도르핀이 뇌 안에 가득 차는 생리적 과정을 설명하였다. 변연계의 신경세포가 페닐에틸아민으로 채워져 뇌가 자극을 받을 때 상대방에게 깊게 빠진(홀린) 듯한 느낌을 갖게 되는데, 페닐에틸아민는 암페타민처럼 뇌를 자극하기 때문에 사랑하는 연인들이 행복감에 도취되며 활기가 넘칠 뿐 아니라 지칠 줄 모르는 에너지가 나오며 그래서 매일 보아도 또 보고 싶어진다.

하지만 사랑이 어디에서 어떻게 비롯되는가에 대한 담당, 역할, 결정 등이 마음에서 비롯된다는 부분과 뇌 안의 페닐에틸아민이나 엔도르핀 같은 화학물질이 담당한다는 연구는 앞으로도 계속되어야 할 것이다.

페르몬

페르몬(Pheromone)은 동물에게 있어서 후각적이며, 예를 들어 개는 암컷의 분비에 수컷이 냄새를 알아차리고 교미를 하려고 한다. 즉, 이성을 유혹할 때 분비되는 물질이다.

남성은 페르몬을 면도 후에 로션에 혼합해서 사용하고, 공식적인 데이트, 비공식적 데이트, 성관계, 자위행위, 파트너와 섹스를 하는 등 각각의 경우에 따른 효과에 대한 연구 결과에 따르면, 남성 페르몬 로션을 사용한 남성이 자위행위, 공식적인 데이트를 제외하고 모든 면에서 효과가 있었다고 하였다. 또한 남성의 겨드랑이를 닦은 수건에서 분리한 물질을 여성의 윗입술에 3주간 바르는 실험에서 실험 대상자인 여성들이 불규칙하던 월경이 규칙적으로 되고 임신율이 높아지는 것을 커틀러(Cutler, 1999)의 연구를 통해서 알 수 있다. 이처럼 특별한 냄새가 나지 않고, 보이지 않는 페르몬은 실제 존재하고 작용하는지의 의문이 다양한 연구와 과학적 증거를 통해서 볼 때 분비되고 있음을 알 수 있다.

페르몬 분비선인 부분분비샘은 사람의 95%가 겨드랑이에 분포하며, 나머지는 질, 음부, 회음부, 유두, 배꼽, 두부, 안검, 코, 경부, 서혜부, 클리토리스, 항문, 발바닥 피부에 존재한다. 페르몬은 향수나 방향제로서 성흥분 혹은 성유혹의 목적으로 이용되기도 하는데 페르몬 향수를 사용한 후 키스나 성교 횟수가 3배 이상 증가했다는 보고도 있다(박경 외, 2008). 2006년에 제작된 영화 '향수'에서도 어느 여인에게 맡은 향기로 인해 그 향기를 갖고 싶다는 욕망으로 연쇄살인마로 표현되는 장면들을 보여 주었다.

하지만 인간 페르몬에 관해서 인간이 단순하게 페르몬에 의해서만 성적으로 흥분하기보다는 다양한 생물학적, 사회문화적, 개인 심리적, 환경적 요인들에 대한 다양한 동기에 의해 흥분되는지에 대한 연구가 필요할 것이다.

옥시토신과 바소프레신

성행위와 관련된 성적 자극이나 성행위를 할 때 일차적으로 중추신경계에서 도파민이 분비되고, 이차적으로는 옥시토신(oxytocin)의 분비로 해당 신경계의 활성을 유발한다. 옥시토신은 여성에게, 바소프레신(vasopressin)은 남성에게 더 많은 영향을 주며 이 두 호르몬은 두뇌에서 혈관으로 분비되는 펩티드 호르몬이다(채규만, 2006).

옥시토신과 바소프레신은 시상하부에서 생산되며, 옥시토신은 여성이 오르가즘을 느끼거나 출산할 때 자궁 수축을 도와주고, 성적으로 남성의 성기 삽입을 도와준다(Levay, 2003).

옥시토신의 어원은 그리스어로 '일찍 태어나라'라는 의미로 자궁수축호르몬이라고도 한다. 옥시토신은 출산 시에만 분비되는 것이 아니라 평상시에도 분비되며 사랑의 묘약으로 작용하여 친밀감을 느끼게 한다. 예를 들면 산모가 아기에게 강한 정서적 유대감을 느끼는 것도 이 호르몬의 작용이며, 여성이 남성에게 모성 본능을 느낄 때에도 옥시토신은 왕성히 분비된다. 또한 사랑의 행위에서 일어날 수 있는 서로간의 따뜻한 손길, 다정다감하게 주고받는 말, 함께하는 봉사, 서로가 다정하게 걸어가는 산책길에서 주고받는 느낌 등에서도 분비될 수 있다. 옥시토신은 뇌의 중추에 서로를 각인시키는 작용을 하는데 남녀가 사랑에 빠지면 서로가 친밀해지고 의지하게 되며 안정감과 편안한 감정을 느끼게 된다(박경 외, 2008).

바소프레신은 뇌하수체 후엽 호르몬의 하나로 항이뇨호르몬이라고도 한다. 혈관과 수축이라는 뜻에서 유래하였고 포유류에 광범위하게 볼 수 있는 것으로 신장에서 수분의 재흡수를 촉진하는 물질로 작용한다. 모세혈관을 수축시키며 혈압을 높이는 작용이 있으므로 저혈압 치료에 이용된다. 하지만 이 두 가지의 호르몬은 복잡한 기능이 많으므로 정확한 연구가 필요하다.

4. 사랑의 발전 단계

사랑에는 체계적인 발전 단계가 있을까?

대부분의 사람은 사랑이 어떻게 시작해서 유지되며 즐길 수 있는가에 대한 많은 궁금증을 갖고 있다. 그러나 이것은 쉽게 대답할 수 있는 부분이 아니다. 어느 연인들에게는 효과적인 방법일 수 있으나 모든 연인에게 똑같이 효과적이라고 할 수 없기 때문이다. 사랑을 키워나가는 방법 또한 자신에게 맞는 기술적인 발전 단계를 익혀야 할 것이다.

인간의 사랑을 말할 때 우리는 흔히 이성을 떠올리게 된다. 그러나 최근 다양한 형태의 사랑에 대해 반영한다면 동성간의 사랑에 대해서도 독자가 깊게 생각할 부분인 것 같다. 사랑하는 두 사람을 생각하기 이전에 인간관계에서의 시작은 자기 자신에 대한 사랑에서 출발하여야 한다고 본다. 프롬Erich Formm(1965)은 자기 자신에 대한 감정이 긍정적일수록 만족스러운 인간관계의 출발이 된다고 하였고, 정상적인 인간관계는 자신에 대해 긍정적이며 안정적인 관계가 형성된 상태에서 타인과의 관계를 맺으며, 자신에 대한 불안과 부정적인 관계가 있는 상태에서 다른 사람을 통한 자신의 부족한 면을 찾으려고 하면 그 관계는 불안의 시작이 된다고 하였다. 즉, 상대를 사랑하기 이전에 자기 자신을 사랑하는 것은 아주 근본적인 일이라고 본다.

두 사람 사이에 발전되는 사랑의 단계로 그 사랑은 우리가 예측할 수 있는 것이 아니라 다양한 결과를 초래하는 여러 가지 변화무쌍한 현상이라고 할 수 있다. 두 사람이 처음 만나자 급속하게 사랑에 빠지는 일은 쉽지 않다. 인간관계의 관점으로 정리하자면 사랑하는 관계에서도 깊게 발전하는 단계와 순서가 있을 것이다(Crooks & Baur, 2002). 사랑의 발전 단계를 정리하자면 학자마다 다를 수 있는데 접촉 단계, 반응 단계, 보살핌 단계, 신뢰하는 단계, 애정의 단계, 서로가 즐기는 단계, 성적인 단계의 7가지로 정리 할 수 있다.

첫째, 접촉 단계는 두 사람 사이의 출발은 접촉에서 시작한다. 서로 만나서 설렘을 가지고, 즐거워하면서 서투른 스킨십도 하고, 더 나아가 가까워졌다고 생각하면 키스를 하기도 한다. 무엇보다도 접촉 단계에서 중요한 점은 관심이다. 예를 들어 "오늘은 무엇을 하고 지낼 것인지? 아픈 곳은 없는지?"서로 묻고 궁금해하며 정보를 교환하게 되는 것이 접촉 단계에서 중요하다고 할 수 있다.

둘째, 반응 단계로 두 사람의 접촉이 이루어진 후에 사랑의 관계로 발전하기 위해서는 서로 간에 주고받는 반응이다. 예를 들어, 한 사람이 다른 한 사람에게 시선의 접촉을 시도했지만 상대방이 회피한다든가, 무관심으로 보인다든지, 미소를 지어 보이는데 무반응을 보인다든지, 아픈 표정과 얼굴이어도 알아차리지 못하면 관계가 지속되지 못한다. 두 사람이 사랑으로 발전하기 위한 반응은 상대방의 마음을 읽을 수 있는 준비가 되어 있어야 한다. 즉, 상대의 관점에서 시작되어 관심과 성의를 가지고 대하는 것이 중요하다. 이러한 반응 속에 두 사람은 믿음을 가지며, 반응이 계속되면 흔히 '진도 나간다'라고 말하는 유머처럼 깊은 사랑으로 발전해 나간다.

셋째, 보살핌 단계이다. 상대방이 편안함을 찾게 해주고 이익에 관해서도 관심을 가지고 진지하게 표현하는 것을 말한다. 즉, 상대방을 위하고 즐겁게 해주는 일을 찾아서 하려고 노력한다. 하지만 이 단계에서 문제가 발생할 수도 있다. 상대방이 잘해 주고 보살펴 줄 때, 이것을 당연히 여기고 상대에 대한 지속적인 노력을 하지 않으면 사랑이 식어 갈 수도 있다. 사랑이 계속해서 발전하기 위해서는 일방통행이 아니라 항상 상호 교차할 수 있는 서로에게 긍정적인 노력으로 상호작용해야 한다.

넷째, 신뢰하는 단계이다. 신뢰를 한다는 것은 상대방을 서로 믿어주고 신임하는 것이 사랑의 관계를 위해서 중요하다. 상대방에 대한 믿음과 신임은 내가 생각하고 예측한 대로 상대방 역시 행동의 부분들이 일관성을 보일 때 느끼게 된다. 상대방의 행동을 전혀 예측하지 못하면 상대방을 믿을 수도 신임할 수도 없다.

다섯째, 사랑하는 사람에게 가장 중요한 감정으로는 애정이라고 할 수 있다. 애정은 상대방에 대한 따뜻한 애착의 감정이다. 애정이 있으면 사랑하는 상대방에게 더 신체적으로 접촉하고 싶어 하고, 같이 있고 싶어지며, 안아주고 싶고, 정서적으로도 의지하게 된다. 두 사람 사이에 애정이 있는 연인들은 모든 감각으로 확인하며, 신체적인 접촉 시도로 서로의 감정을 가깝고 친근함으로 표현한다.

여섯째, 서로가 즐기는 단계로 사랑이 깊어지면 서로가 놀리기도 하고 농담도 하며, 장난도 치는 단계에 이르게 된다. 여성은 애교도 부리며 남성을 살짝 꼬집기도 팔짱을 끼기도 하는 등의 공격을 하기도 하고, 남성은 여성의 어깨에 손을 얹고 허리를 껴안기도, 엉덩이를 살짝 두들기기도 한다. 마냥 즐겁지만은 않다. 서로 만나서 웃고는 있지만 때로는 상대방이 나를 버릴 것에 대한 두려움을 가지고 있을 수도 있다. 하지만 긍정적인 감정이 더 많으며 주변 사람들로부터 "얼굴 좋아 보인다", "좋은 일이 있느냐?"라는 소리를 곧잘 듣기도 한다.

마지막으로 성적인 단계이다. 사랑하는 두 사람 사이의 마지막 단계는 성기 접촉에 의한 관계이다. 이 단계에서는 서로가 다양한 형태로 성기 접촉과 애무 등을 하면서 친밀감을 나눈다. 이러한 친밀감으로 성관계를 맺는 경우에 단순히 성적인 오르가즘을 느끼는 수단만이 아니라 서로의 행복감과 친밀감을 나누고, 수용하며 인격적인 만남의 관계에서 성적 교류를 하는 것이다(채규만, 2013).

김정옥(2001)도 사랑의 단계를 각인, 매력, 애착으로 구분하였다. 1단계는 각인 단계로 진화, 유전, 심리학적 경험, 향기(냄새)에 의한 낭만적 반응을 일으킬 수 있고, 동물이 타고난 미적 감각을 가지고 있으며 매력을 경험한다는 것을 발견하는 단계라고 하였다. 2단계에서는 매력 단계로 PEA(페닐에틸아민)와 신경화학물질인 도파민과 노르에피네프린에 의해서 두뇌 회전이 늘어나는데, 모두 천연 암페타민으로 행복감과 의기양양한 감정을 만들어내고 이 단계는 2~3년 지속되다가 쇠퇴한다고 하였다. 3단계에서는 애착 단계로 상당량의 엔드르핀이 뇌로 흘러들어가서 안정감, 침착함, 평화를 준다고 하였다.

알트만과 테일러(Altman & Taylor, 1973)는 사회적 침투과정을 첫인상의 단계first impression stage, 지향 단계orientation stage, 탐색적 애정교환 단계exploratory affective exchange stage, 애정교환 단계affective exchange stage, 안정적 교환 단계stable exchange stage의 5단계로 정하였다.

첫째, 첫인상의 단계는 상대가 처음 만났을 때 주로 외모나 행동적인 관찰을 통해 상대의 인상에 대해 형성을 하게 된다. 이때 상대방에 대한 호감이 생겨나며, 좋은 호감일 때는 상대에 대한 관심이 높아져 더 알고자 하는 생각으로 관심을 증가시키게 된다.

둘째, 지향 단계로 상호간에 피상적인 정보를 교환하고 상대방을 탐색하는 단계이다. 이 단계에서는 상대방에게 좋은 호감을 주려고 노력하고 상대방이 자신에게 좋은 호감을 갖고 있는지 확인해 보려고 한다. 또 개인적 정보에 근거하여 관계를 지속할 것인지의 여부가 결정되기 때문에 많은 만남이 여기서 끝나기도 하지만 상처가 그렇게 크지는 않다.

셋째, 탐색적 애정교환 단계로 상대방과 좀 더 친밀해지고 대화의 내용도 더욱 풍성하고 깊어지게 된다. 자신의 좋아하는 감정을 상대방에게 알리고 자신을 사랑하고 있는지에 대해 확인하려고 한다. 상대방이 하는 말과 행동에 매우 민감해지고 감정 변화가 심하다. 상대방에게 너무 깊게 관여할 경우 상대도 힘들어지며 부담스러울 수 있다. 결국 상대에 대한 실망으로 이어져 관계가 끝날 수도 있으며, 지향 단계보다도 상처가 클 수도 있다.

넷째, 애정교환 단계로 빈번한 만남이 이루어지며 마음 놓고 상대방을 칭찬하기도 비판하기도 한다. 서로 좋아한다는 것과 '연인'이라는 것을 서로 인정하며 좀 더 확실한 방법으로 사랑을 표현하려고 한다. 잦은 만남에서 선물을 주고받으며 친밀감을 형성하게 된다. 아직 사랑에 대한 확신이 없으며, 신뢰를 형성 하는 단계라고 볼 수 있다.

마지막으로 안정적 교환 단계로 속마음을 전하며 서로의 단점이나 약점도 거리낌없이 보여 주게 된다. 상대방에 대한 사랑의 확신을 가지며 신뢰와 친밀감을 바탕으로 안정된 애정교환이 이루어지는 단계이다. 이 단계에서 결혼 약속을 하게 되고 육체적인 애정교환도 이루어진다. 하지만 부정적인 여러 가지 상황들로 인해서 헤어질 경우 매우 큰 상처가 될 수 있다.

5. 성숙한 사랑

신체적으로 급성장을 하고 정신적으로도 갈등의 경험을 통해 성숙되어 가는 사춘기 청소년들은 사랑에 많은 관심을 가지게 된다. 이들이 생각하는 사랑은 순수하며 아름답고 고귀한 생명을 지닌 아가페의 사랑에 가깝다고 할 수 있다. 청소년기는 사랑의 순수성을 인지하고 사랑에 의한 기쁨과 행복, 희생, 고귀함 등의 아름다운 감정을 배우게 되는 시기이다. 그러나 요즘 청소년들 중에는 사랑에 무감각하고 사랑의 진실을 왜곡된 감정으로 받아들이는 청소년도 있다. 이러한 청소년들을 방송이나 SNSSocial Network Service(사회관계망을 구축해주는 온라인 서비스)를 통해 때때로 볼 수 있는데, 그것은 어릴 때 양육자로부터 따뜻한 사랑을 받지 못한 영향으로 사랑의 진실을 알기도 전에 사랑에 빠지고 상대방에게 과도한 집착을 하는 등의 서투른 방법의 사랑을 선택하기 때문이다.

심리학에서는 이러한 현상을 이상심리로 보고 있다. 사랑을 주지도 못하고 받지도 못하는 것도 문제지만 집착하는 사랑으로 인하여 사랑을 강요하는 것도 문제일 수 있다. 사랑의 관계에서 때로는 날아갈 듯한 기쁨을 느끼기도 하고, 평온함, 행복감을 느끼기도 하지만 때로는 이 세상에서 자기 자신이 가장 불행한 것처럼 느끼며 슬픔의 주인공인 것처럼 생각할 수도 있다. 그러므로 청소년들에게 사랑의 본질과 사랑의 감정을 바르게 키워주는 것이 무엇보다도 중요한 일이라 하겠다.

사랑할 수 있는 사람으로 기능한다는 것은 사랑의 부분에서 학습된다고 볼 수 있다.

사랑은 영유아기부터 아동기를 거쳐 부모와의 관계뿐만 아니라 부모들의 사랑하는 여러 가지의 모습에서도 학습될 수 있으며, 형제와 또래관계 등 주변 환경과 인간관계 속에서 자연스럽게 학습되는 것이다. 즉, 사랑은 여러 가지 정서적, 심리적, 사회적, 환경적 요인을 포함한다. 사랑은 일방통행이 아니라 함께 하는 것으로, 각자가 생각하는 사랑의 의미를 서로 이해하고 받아들일 필요가 있다. 사랑은 시간이 지나면서 변화와 다양한 유형으로 나타나지만, 지속된 사랑을 위해서는 신뢰되고 안정된 사랑으로 채워나가는 노력(상대방을 왜곡되게 생각하지 않는 것, 부족한 부분을 채워가는 것, 좋아하는 느낌을 표현하는 것, 상대방을 이해하고 배려하는 것 등)과 책임을 다하는 부분이다.

사랑은 무엇보다도 상대의 행동에서 애정을 느낄 수 있어야 하고, 상대방을 통해서 현재 느끼는 감정과 욕구가 충족되어야 하며, 조건 없이 서로가 만족하여야 한다. 적극적인 사랑을 표현할 때에도 상대방의 과장된 행동을 인정해 주어야 한다. 그것은 상대방에 대한 배려와 관심을 의미한다. 사랑은 인간의 중요한 욕구를 충족시키는 방법으로 두 사람의 자기존중을 확인하는 과정이다.

사랑은 혼자서 하는 것이 아니라 함께하는 것으로, 각자가 생각하는 사랑의 의미를 서로 이해하고 받아들일 필요가 있다. 사랑은 변화하며 시간이 지남에 따라 다양한 유형으로 나타나지만, 지속된 사랑을 위해서는 안정된 사랑의 애착으로 채워가며 서로가 노력해야 하는 책임을 다하는 부분이다.

결국 성숙한 사랑은 개인적으로 갖추어야 하는 요건과 관계에서 공유해야 하는 요건을 모두 포함한다고 할 수 있다. 개인적인 측면에서 사랑하는 이에 대한 존중, 지식, 헌신, 책임과 이해 등이 성숙한 사랑의 요건이라면, 관계 차원에서는 사랑하는 이와 삶의 목적이나 목표를 공유하고 일상생활을 함께 체험하고 공유하려는 경험이 성숙한 사랑의 요건이라고 할 수 있다(김용미, 서선희, 옥경희, 정혜정, 2002).

표 9-4 **성숙한 사랑을 위해 서로 노력해야 할 사항**

• 상대와 나는 각자 다르다는 것을 인정하자. • 상대에게 충분한 경청과 반응, 배려와 존중을 하자. • 상대가 좋아하는 사랑의 표현방법과 유형 등에 대한 이해를 하고 강요는 하지 말자. • 서로 좋아하는 사랑의 표현방법과 유형 등에 대한 의사소통을 개방하고 노력하자. • 서로가 의미 있고 가치 있는 일을 함께 공유하고 실천하자. • 상대 이외의 다른 사람들과의 관계에서도 인정하고 존중하자. • 상대의 단점보다는 장점을 많이 보고 그 부분에 대한 대화를 많이 하자.

참고문헌

권석만(2011). **젊은이를 위한 인간관계의 심리학**. 서울: 학지사.

권석만(1998). **인간관계심리학**. 서울: 학지사.

김경순(1999). 삶의 과정에서 본 사랑의 의미. **학생생활연구** 제20집, 제주대학교 학생생활연구소.

김명자, 계선자, 김연화, 박미금, 박수선, 송말희, 유지선, 이미선(2009). **아는 만큼 행복한 결혼 건강한 가족**. 경기: 양서원.

김용미, 서선희, 옥경희, 정혜정(2002). **결혼과 가족의 의미**. 서울: 양서원.

김정옥(2001). **청년성교육**. 서울: 양서원.

김정희(1998). 생명여성주의와 모성. **여성학 논집** 14-15, 59-88.

김중술(1995). **신 사랑의 의미**. 서울: 서울대학교 출판부.

박경, 이희숙, 김선경, 고정애, 유춘자, 김혜경, 허정은(2008). **성심리와 성건강**. 서울: 시그마프레스.

박범혁, 김경미, 김혜숙, 조주영, 황종귀(2009). **성과 윤리**. 서울: 동문사.

박영태(1994). 사랑을 통한 학습지도 모형. **학생생활연구** 제22집. 동아대학교 학생생활연구소.

이형득(1993). **자율적 인간육성의 원리**. 대구: 형설출판사.

이해경, 방기연(2011). **부모·교사가 함께 하는 청소년 성교육과 상담**. 경기: 양서원.

천성문, 남정현, 김정남, 전은주, 곽미용(2013). **성심리의 이해**. 경기: 양서원.

채규만(2006). **성행동심리학**. 서울: 학지사.

황문수(2010). **사랑의 기술**. 서울: 문예출판사.

Allport, G. (1955). *Becoming: Basic considerations for a psycbology of personality*. New Haven: Yale University Press.

Allport, G. (1961). *Pattern and growtb in personality*. New York: Holt, Rinehart & Winston.

Altman, I., & Taylor, D.A. (1973). *Social Penetration: The development of interpersonal relationships*. New York: Holt, Rinehart & Winston.

Crooks R., & Baur, K. (2005). *Our Sexuality*. Thomson Wadsworth.

Cutler, W. (1999). Human sex-attractant Pheromones: discovery, research, development and application in the therapy. *Psycbiatric Annals*, 29, 54-59.

Erikson, E. (1968). *Identity: Youth and Crisis*. New York: Norton.

Fromm, E. (1965). *The Ability to Love*. New York: Farrar, Straus & Giroux.

Fromm, E. (1956). *The art of loving*. New York: Harper & Row.

Fromm, E. (1947). *Man for bimself*. New York: Holt, Rinehart & Winston.

Fromm, E. (1941). *Escape from freedom*. New York: Holt, Rinehart & Winston.

Heinlein, R. (1961). *Stranger in a strange Land*. New York: Rutnam.

Kelly, H.H. (1983). Love and commitment, In Kelly, H.H. et al, *Relationships*, 265-314.

Lee, J.A.(1988). Love-styles. In R. J. Sternberg & M. L. Barnes(Eds.), *Psycholgy of love* (pp.38-76). New Haven, CT: Yale University Press.

Lee, J.A. (1973). *The Colors of Love: An Exploration of the Ways of Loving*. Don Mills, Ontario: New Press.

Levay, S., & Valente, S. (2003). *Human Sexualty*. Sinauer Associates.

Nass, G. D. & McDonald, G.W.(1982). *Marriage and the Family*. Adison Wesley Company.

Powell, J. (1987). *The secrets of staying in love*. Niles, Illinois: Argus Communications.

Reinisch, J.M. (1990). *The Kinsey Institute new report in sex: What you must know to be sexually literate*. New York: St. Martin's Press

Rubin, Z. (1970). The Measurement of Romantic Love. *Journal of Personality and Social Psychology*, 16, 265-273.

Russell, J.A. (1980). A circumplex model of affect. *Journal of Personality and Social Psycbology*, 39, 1161-1178.

Stermberg, R.J.(1990). *A triangular theory of love scale*. Department of Psychology, Yale University, New Heaven. Manuscript.

Stermberg, R.J.(1986). A triangular theory of love. *Psychological Review*, 93, 119-135.

Stermberg, R., & Barnes, M.L. (1988). *The Psychology of Love*. New Heaven, CT: Yale University Press.

Toufexis, A. (1993, February 15). The Right Chemistry. *Time*, 37-39.

CHAPTER 10

성 관련 의사소통

1. 의사소통과 기술

1) 의사소통의 개념과 중요성

인간이 사회생활을 하기 위해서는 서로가 알아듣는 매개체가 있어야 하고, 도구로는 말과 행동이 있다. 서로 말과 행동을 주고받으면서 태도, 정보, 감정, 표현, 생각, 신념, 사실 등을 교류하고, 이를 통해 상대방과 자신에 대한 이해를 높이며 선택에 있어서도 의사결정과 문제해결을 효율적으로 할 수 있다. 따라서 의사소통은 긍정적 인간관계를 만들어가는 과정 및 인간관계 기술을 말한다.

인간은 환경 속에서 상호작용을 하며 적응해 가는 존재로써 적응을 잘 한다는 것은 소통이 잘 된다고도 할 수 있다. 소통이 되기 위한 개방적 의사소통은 이해와 신뢰, 애정과 유대감의 증진, 원만한 인간관계, 업무 수행에 있어서 효율화를 가져올 수 있다. 하지만 그 반대로 상대방을 부정적으로 몰고 가서 트라우마에 빠뜨려 파괴시키기도 한다. 예를 들어, 부모와 자녀관계에서 핀잔과 이중적인 메시지를 줄 경우 부정적인 영향을 줄 수 있고, 반대로 지지와 격려를 줄 경우 좋은 관계로 성장발전 시킬 수 있다. 학교에서 선생님과 또래와도 적용되며 성생활에서도 적용된다. 즉, 상대방에게 격려, 지지를 할 경우 성장시킬 수 있으며, 핀잔과 좌절은 파괴시킬 수 있다. 그리고 집단의 힘과 문화의 영향을 받을 수도 있어 낙인효과까지도 줄 수 있다.

인간관계에서 의사소통을 할 경우 내적 환경과 외적 환경의 장애물을 없애야 한다. 관심 있는 경청으로 상대방에게 집중하여야 하며, 선입견 없이 있는 그대로를 받아 주어야 한다. 각자는 다를 수 있다는 생각을 하며, 솔직하고 진실하게 상대뿐 아니라 자기 자신에게도 존중하는 마음의 태도를 가져야 한다. 그 가운데 경청기술은 매우 중요하다. 개인적인 생각으로 전혀 쓸데없는 이야기 같아도 진실된 마음으로 끝까지 들어주며 중간에 끼어들거나 멋대로 해석해 버린다거나 "왜?"라는 질문으로 상대를 당황시키는 의사소통은 관계를 유지할 때 부정적 영향을 줄 수 있다. 효과적으로 의사소통을 하려고 할 때는 상대방의 말을 경청하고 집중할 때 기억하기가 더 쉬우며, 자기이해를 할 때에도 좀 더 빠른 촉진으로 이해시킬 수 있다.

표 10-1 **사티어(Satir)의 의사소통 유형검사**

- 이 검사는 사티어의 이론에 의거한 의사소통 유형검사입니다. 사티어는 사람들이 스트레스를 받으면 건강한 방식으로 관계를 맺기보다는 위험한 상황에서 대처하던 생존방식으로 관계를 맺는다고 설명합니다. 이 생존방식은 어린 시절 가족으로부터 배우는 것입니다.
- 깊은 생각보다는 평소 자신의 모습이라고 느껴지는 곳에 ○표 합니다.
- 가장 솔직한 답변에서 가장 정확한 결과를 볼 수 있습니다.

※ 다음 글을 읽고 자신에게 해당하는 문항의 (　)안에 ○표 하십시오.

1. 나는 상대방이 불편하게 보이면 비위를 맞추려고 한다. (　)
2. 나는 일이 잘못되었을 때 자주 상대방의 탓으로 돌린다. (　)
3. 나는 무슨 일이든지 조목조목 따지는 편이다. (　)
4. 나는 생각을 자주 바꾸고 동시에 여러 가지 행동을 하는 편이다. (　)
5. 나는 타인의 평가에 구애받지 않고 내 의견을 말한다. (　)
6. 나는 관계나 일이 잘못되었을 때 자주 내 탓으로 돌린다. (　)
7. 나는 다른 사람들의 의견을 무시하고, 내 의견을 주장하는 편이다. (　)
8. 나는 이성적이고 차분하며 냉정하게 생각한다. (　)
9. 나는 다른 사람들로부터 정신이 없거나 산만하다는 소리를 듣는다. (　)
10. 나는 부정적인 감정도 솔직하게 표현한다. (　)
11. 나는 지나치게 남을 의식해서 나의 생각이나 감정을 표현하는 것을 두려워한다. (　)
12. 나는 내 의견이 받아들여지지 않으면 화가 나서 언성을 높인다. (　)
13. 나는 나의 견해를 분명하게 표현하기 위해 객관적인 자료를 자주 인용한다. (　)
14. 나는 상황에 적절하지 못한 말이나 행동을 자주 하고 딴전을 피우는 편이다. (　)
15. 나는 다른 사람이 내게 부탁을 할 때 내가 원하지 않으면 거절한다. (　)
16. 나는 사람들의 얼굴 표정, 감정, 말투에 신경을 많이 쓴다. (　)
17. 나는 타인의 결점이나 잘못을 잘 찾아내어 비판한다. (　)
18. 나는 실수하지 않으려고 애를 쓰는 편이다. (　)
19. 나는 곤란하거나 난처할 때는 농담이나 유머로 그 상황을 바꾸려 하는 편이다. (　)
20. 나는 나 자신에 대해 편안하게 느낀다. (　)
21. 나는 타인을 배려하고 잘 돌보아주는 편이다. (　)
22. 나는 명령적이고 지시적인 말투를 자주 사용하기 때문에 상대가 공격받았다는 느낌을 받을 때가 있다. (　)
23. 나는 불편한 상황을 그대로 넘기지 못하고 시시비비를 따지는 편이다. (　)

24. 나는 불편한 상황에서는 안절부절못하거나 가만히 있지를 못한다. ( )
25. 나는 모험하는 것을 두려워하지 않는다. ( )
26. 나는 다른 사람들이 나를 싫어할까 두려워서 위축되거나 불안을 느낄 때가 많다. ( )
27. 나는 사소한 일에도 잘 흥분하거나 화를 낸다. ( )
28. 나는 현명하고 침착하지만 냉정하다는 말을 자주 듣는다. ( )
29. 나는 한 주제에 집중하기보다는 화제를 자주 바꾼다. ( )
30. 나는 다양한 경험에 개방적이다. ( )
31. 나는 타인의 요청을 거절하지 못하는 편이다. ( )
32. 나는 자주 근육이 긴장되고 목이 뻣뻣하며 혈압이 오르는 것을 느끼곤 한다. ( )
33. 나는 나의 감정을 표현하는 것이 힘들고, 혼자인 느낌이 들 때가 많다. ( )
34. 나는 분위기가 침체되거나 지루해지면 분위기를 바꾸려 한다. ( )
35. 나는 나만의 독특한 개성을 존중한다. ( )
36. 나는 나 자신이 가치가 없는 것 같아 우울하게 느껴질 때가 많다. ( )
37. 나는 타인으로부터 비판적이거나 융통성이 없다는 말을 자주 듣기도 한다. ( )
38. 나는 목소리가 단조롭고 무표정하며 경직된 자세를 취하는 편이다. ( )
39. 나는 불안하면 호흡이 고르지 못하고 머리가 어지러운 경험을 하기도 한다. ( )
40. 나는 누가 나의 의견에 반대해도 감정이 상하지 않는다. ( )

채점 및 해석

▲ 위에서 ○표 한 것을 숫자 위에 ○표 하고 유형별로 숫자를 더하여 적습니다.

유형	문항								○표 합계
회유형	1	6	11	16	21	26	31	36	
비난형	2	7	12	17	22	27	32	37	
초이성형	3	8	13	18	23	28	33	38	
산만형	4	9	14	19	24	29	34	39	
일치형	5	10	15	20	25	30	35	40	

▲ 그 중 가장 많은 수가 나온 유형이 바로 나의 의사소통 유형입니다.

- 회유형(placate) : 자신을 무시하는 경향이 많다.
  자기 자신의 감정을 무시하기도 하고 숨기면서 상대방의 기분을 맞추려고 애쓴다.
  예) "나는 모든 사람을 위하여 희생해야 한다", "나는 가치가 없고 힘도 없다."
- 비난형(blame) : 상대방을 무시하는 경향이 많다.
  힘이 있고 공격적이다. 남의 탓으로 돌리고 남의 잘못을 찾고 심판적이며 명령적이고 지시적이다.
- 초이성형(super-reasonable): 상황만 존중하는 경우가 많다.
  객관적이고 이성적이며 냉정하고 차분한 자세를 보이며 논리적이다. 자존심과 지나친 책임감으로 남의 장점을 인정하지 않으며 외로움과 고립감을 느낀다.
- 산만형(irrelevant): 자신, 상대, 상황에 대해 모두 무시하는 경우가 많다.
  생각이나 상황에서 자주 바뀌고 주제로부터 분산시키려고 하며 동시에 여러 가지 행동을 하고, 관계없는 말이나 뜻이 통하지 않는 말을 하는 등 주의집중이 되지 않는다.
- 일치형(congruent): 바람직한 유형
  자신과 상대가 다름을 알고 믿음을 갖고 사랑할 수도 있으며, 언어와 감정이 일치되어 균형을 이룰 수 있다. 그리고 어떤 상황 속에서도 변화에 대해 개방적이고 융통성이 있다.

2) 남녀가 다르게 사용하는 의사소통

사람들은 자기 자신의 표현을 알리고자 할 때나 상대방에게 무엇인가를 요구할 때 소통하려는 욕구를 갖게 된다. 그러나 원활하게 소통되지 못하는 뜻밖의 문제가 발생하는 경우, 이때 그 한 가지 원인은 바로 남녀가 다르게 소통하려고 한다는 것이다. 분명 의사소통에서 성별의 차이는 존재하는가에 대한 궁금증은 많은 화두로 존재한다. 〈표 10-2〉에서 남녀가 서로 다르게 사용하는 의사소통에 대해 살펴보자.

표 10-2 남녀 의사소통 탐색

여성	남성
• 친밀감을 증대시킬 수 있는 언어 사용 • 라포되는 대화를 많이 사용 • 부가의문문, 포기어, 의문문 사용 • 방어적인 말들을 사용 • 남자들의 언어적 전략을 무례하며 으스대는 말로 해석 • 의례어 사용 • 화자의 경험을 잘 이해하기 위해 경청 • 화자가 겪는 어려움에 대응하기 위해서 유사한 경험들을 관련시키기 • 동의점을 찾아내고 불일치를 회피 • 다른 사람들이 내 말을 가로막을 때 쉽게 수용하는 경향 • 공식적인 집단 상황에서 말을 보다 적게, 더 짧게 하기 • 혼성 집단에서는 말하는 시간을 보다 적게 가지기 • 경청하면서 미소와 고개를 더 잘 끄덕이기 • 얼굴표정, 정서적 반응을 보다 더 자주하기 • 비언어적 의사소통 단서들에 보다 더 관심 갖기 • 앉아 있을 때 앞쪽으로 기울이고, 경청할 때 관심 기울이기 • 대화 도중 눈 마주침 유지하기 • 남자들이 눈맞춤에 서툴러 할 경우 무관심으로 잘못 이해 • 그들의 감정과 그들이 다른 사람과의 관계에 관해 어떻게 느끼는지를 더 자주 이야기하기 • 거절을 개인적으로 받아들이기	• 정보를 얻기 위한 언어 사용 • 리포트(보고적, 사무적) 대화를 많이 사용 • 부가의문문, 포기어, 의문문 등 잘 사용하지 않음 • 방어적인 말을 잘 사용하지 않음 • 여자들의 언어적 전략을 시시하고, 결정을 내리는 데 있어 무능력한 것으로 해석 • 모욕적이고 괴롭히는 말 사용 • 문제를 해결하기 위해서 경청 • 화자가 겪는 어려움과 대응하는 것에 대해 찾지 않기 • 의견 불일치와 논쟁을 즐기기 • 다른 사람이 말을 가로막는 것을 쉽게 용인하지 않으려는 경향 • 공식적인 집단 상황에서 말을 많이 하고 더 길게 하기 • 혼성 집단에서는 말하는 시간을 많이 갖기 • 경청하면서 눈을 가늘게 뜨거나 눈살을 찌푸리기 • 표정을 변화시키거나 피드백을 잘 안하기 • 비언어적 의사소통 단서들에 별로 관심을 기울이지 않기 • 앉아 있을 때 몸을 뒤로 젖힌다거나 경청할 때 뒤로 기대기 • 대화 도중 눈 마주침 회피하기 • 여자들의 눈맞춤을 관심이나 성적 유혹으로 잘못 이해하기 • 그들이 무엇을 했는지, 그들이 어디에 갔는지에 대해서 많이 이야기하고, 다른 사람과의 관계에서는 이야기를 잘 안 하기 • 거절을 개인적으로 받아들이지 않기

자료: 오영희 외 편역(2009); 천성문 외(2013)에서 재인용

정리하자면 남성과 여성의 대화를 이해하고 효과적인 의사소통을 하려면 첫째, 여성들이 남성의 대화방식을 이해하고 받아들여야 한다. 남성은 스포츠나 정치, 경제, 군생활 등에 관한 대화를 좋아하며, 설교를 하듯이 논리적인 대화를 좋아한다. 또한 문제를 해결하려고 하고 결론이 나오는 대화에 관심을 가지며, 남성의 의견에 반박하면 자신의 존재를 무시하는 것으로 받아들이는 경향과 핵심적인 파악, 직선적 방식 표현을 쓰는 경향이 있다. 그리고 여성들이 불평과 요구가 많을 경우 철회하는 경향이 있다(채규만, 2009).

둘째, 남성들이 여성의 대화방식을 이해하고 받아들여야 한다. 여성에게 대화를 통해서 인정받고 사랑을 충족시키는 방법은 사소한 삶에서 여성에게 갖는 관심의 표현과 반응의 기술이다. 이야기를 들어주고 이해하면서 공감반응을 표현해야 할 타이밍을 놓쳐서는 안 된다. 적절한 추임새와 지지로 지금 내가 당신의 말을 잘 듣고 있다는 표시를 보여주어야 할 것이다. 또한 여성은 문제 해결보다는 과정을 중요하게 생각하는 것도 잊어서는 안 된다.

하지만 현재는 개인적·환경적 영향으로 남성과 여성을 굳이 구분지어서 이해해야만 될 필요성에 대해서도 반문의 여지가 있겠다. 남성과 여성의 입장을 떠나서 서로가 말하기 전 사안에 대해서 자신의 입장을 구체적으로 정리하여 분명한 자신의 입장을 말하고, 상대방에게 요구를 할 때는 우선순위에 의해 중요한 것부터 시작해야 할 것이다. 또한 자신의 요구사항을 간결하고 명확하게 표현할 수 있어야 한다. 이때 조심해야 할 부분은 상대방에게 명령하기, 비난하기, 비판하기 등으로 하지 말아야 하며, 자기 자신의 의견을 제시하듯이 말하여야 갈등을 줄일 수 있다. '너 때문'이 아니라 그저 현재 나의 불편함을 말하면 된다. 상대방의 의견을 자주 물어보고 말로 하기 힘들면 편지, 요즘은 휴대전화 사용으로 문자, 대화방, 메일 등을 활용할 것을 권한다.

2. 성에 관한 의사소통

1) 성에 관한 의사소통의 중요성

의사소통은 반드시 언어적인 메시지만으로 이루어지는 것은 아니며, 때로는 비언어적인 메시지가 의사소통에 더 중요한 기능을 할 때도 있다. 얼굴 표정이나 행동, 몸짓, 의성어 등 다양한 형태를 통해서 이루어질 수 있다. 성적인 의사소통에서도 마찬가지로 두 사람 사이에서 오고가는 구체적인 대화 형태 이외에도 두 사람이 만족할 수 있는 성관계로 이끌어 가기 위한 상호작용에서의 욕구와 반응, 성행동을 할 때에도 상호작용하는 욕구와 반응, 성행동을 끝난 후에도 상호작용하는 욕구와 반응 등 의사소통을 구성하는 측면이 될 수 있다.

성 의사소통에서 중요하게 다루어야 할 부분은 상대방에 대한 이해와 정서적인 친밀감이다. 이때 정서적인 친밀감을 높이는 부분이 '상대방이 무엇을 좋아하고, 어떻게 느끼며, 상대방은 어떤 욕구를 갖고 있는가?'에 대해 알아야 하는데 이것은 의사소통을 통해서만 가능하다. 인간관계에서 모든 갈등은 왜곡된 의사소통의 시작으로 오해와 문제가 생기며, 왜곡된 의사소통이라 함은 의사소통의 기술 부족이라고 할 수 있다. 이는 의사소통에도 지식과 기술이 필요하다는 것을 말한다. 우리는 서로 다른 환경 속에서 성장한 것과 같이 성장 역사가 다른 사람들끼리 만나 성에 관해서도 원만한 인간관계가 되려면 소통할 수 있는 의사소통의 지식과 기술 부분을 배우는 필요성이 강화되어야 할 것이다.

✪ 사례로 풀어보는 성 의사소통

사례1

중학생인 A양과 B군이 공원에서 이야기하다가 B군이 갑자기 손을 잡고 싶고 키스가 하고 싶었다. 그래서 B군이 해버리고 말았다. 하지만 A양은 당황스러웠고 속마음은 싫었지만 거절하면 B군이 난처하게 생각할까봐 가만히 있었다.

여러분이라면 어떻게 하면 좋을까요? (어떤 의사소통이 필요할까요?)

사례2

고등학교 2학년인 A양 친구의 부모님은 딸에게 전혀 관심이 없다. 현재 유일하게 남자 친구만이 자기 자신이 의지할 대상이라고 믿었다. 그 이유는 이야기도 잘 들어주고 맛있는 음식도 잘 사주고 얼마 전에는 휴대전화도 새것으로 바꾸어 주었다. 그런데 어느 날 남자 친구가 키스를 하며 "사랑을 확인하고 싶다"라고 하면서 성관계를 요구하였다.

여러분이라면 어떻게 하면 좋을까요? (어떤 의사소통이 필요할까요?)

사례3

대학교 2학년인 A군과 B양은 친구들과 함께하는 술자리에서 즐겁게 술을 마셨다. 술자리가 길어지자 서로 마주앉아 있는 A군과 B양은 시끄러운 상황 속에서도 은근슬쩍 눈맞춤을 하며 서로의 마음을 전한다. 옆에서 힐끔 바라보던 친구가 짓궂은 웃음과 함께 분위기를 집중시켜 러브 샷을 권했다. 이런 분위기가 싫지 않은 두 사람은 러브 샷을 하고 친구들은 분위기를 띠우며 박수치고 좋아하면서 술자리가 끝날 쯤 일행은 모두 기분좋게 술집을 나오는데 비틀대는 B양을 발견하고 A군은 달려가서 B양을 부축하며 서있고, 나머지 다른 친구들은 A군에게 B양을 잘 부탁한다고 하며 각자 집으로 갔다. A군은 술에 취해서 몸도 가누지 못하는 B양을 부축하며 "우리 술이 깰 때까지만 모텔에서 잠시 쉬어가자."고 하면서 A군이 술에 취한 B양을 부축해 모텔로 들어갔다.

여러분이라면 이 상황을 어떻게 바라볼 것인가?

무슨 일이 벌어질까?

2) 성에 관한 의사소통

현대사회에서는 개인의 자기만족을 중요시하고 자신을 실현해 나가려는 기본적인 욕구와 자기 중심적인 삶의 질적 향상이 존중되고 있다. 그런 가운데 성적 부분에서도 성생활의 중요성이 강조되면서 다양한 학문 분야에서도 성이 주요 연구 과제로 부각되며 이에 대한 학술적 논의가 활발해졌다. 그 결과 만족스러운 성생활이 결혼 만족도 및 부부 적응을 이끄는 핵심적인 요인 중 하나라는 것을 블룸스타인과 슈

워츠(Blumstein & Schwartz, 1983)의 연구에서 확인되었고, 바이어스와 디몬스(Byers & Demmons, 1999)에서도 성적으로 자기 노출이 전반적인 성적 의사소통의 만족과 관계 만족에 긍정적으로 나타났다. 성은 사랑이나 친밀감을 표현하는 하나의 방식으로 관계에 대한 헌신이나 몰입을 확인하는 기능을 할 수도 있으며, 성적 의사소통은 관계적인 상황에서 아주 중요하다.

따라서 성적 의사소통이 효율적이고 원만하게 이루어짐으로써 성생활을 통한 커플간의 애정과 친밀감이 더욱 증진되며, 커플 사이의 불일치나 갈등을 줄여 나가는 데 기여할 수 있다. 대부분의 사람들이 성에 관하여 직접적으로 의사소통하거나 자신의 성적 의사를 표현하는 것을 부끄러워하거나 두려움으로 회피할 수 있다. 또한 우리는 성에 관한 의사소통에서 다루어져야 할 부분들은 어떤 것들이 있는지 살펴볼 필요성이 있다.

- 성행위에 관해서 나와 상대가 진정으로 바라는 것은 무엇인가?
- 성행위에 관해서 문제(피임, 가족계획, 성병 등)가 될 수 있는 부분에 대해 의논은 되어 있는가?
- 성행위에 관해서 적절한 시간, 장소, 분위기인가?
- 성행위 이후의 태도가 주는 영향은 무엇인가?

성에 관한 의사소통의 시작은 비언어적으로 혹은 모호하게 간접적인 표현으로 이루어질 수도, 직접적으로 이루어질 수도 있다. 감정적인 신호를 주고받아 서로가 허락하고 허락된다는 것은 서로의 감정이 이완되고 서로가 서로에게 애정을 느끼고 있을 때를 선택해야 하며, 환경적(피곤할 때, 술에 취해 있을 때, 고민이 있을 때, 급히 업무를 처리해야 할 때, 분노가 있을 때는 피할 것)으로도 만족을 하고 있으며, 현 상태에서 상대의 모든 것을 수용한다는 것이다.

성적 의사소통이 허락되면 그 다음 반드시 피임과 같은 예방적인 부분에 대한 이야기와 '자각'에 대한 이야기들이 이루어져야 한다. 솔직한 자기 개방에 대해 성적으로 좋아하는 부분과 행위에 대해서, 혹은 싫어하는 부분과 행위에 대해서 의사소통을 해야 한다. 만족한 성생활을 하고 있는 사람들의 공통된 특징들은 성적 행위에서 체위나 테크닉, 오르가즘 등을 상대방은 물론이고 자기 자신에게도 좋은지 나쁜지를 잘 알고 있으며, 그

것을 알고만 있는 것이 아니라 상대방에게 실제 행동에 반영한다는 것이다.

왜냐하면 다른 누구의 것이 아니라 둘만의 행위에서 오는 모든 결과물이기 때문이다. 즉, 죄책감이나 부끄러워하지 않으며 솔직한 자기 자신의 속마음을 상대에게 부담없이 말해 주고 들어주면서 같이 노력하고 적용시켜야 한다. 또한 지나친 자기 억제나 피상적인 성지식을 고집하는 자세는 피해야 한다. 서로의 정보를 교환하여 상대가 어떤 애무를 즐기는지, 어느 곳이 강한 자극을 받는지 미리 파악하여 성 행위에서 최대한의 만족을 느끼기 위한 준비를 철저히 한다.

그리고 성관계 이후에 상대에게 느끼는 감정에 대한 행동적·표현적 언어에 대해 소홀히 하는 경향이 있다. 성 관계 이후에도 안아주는 것이 좋은지, 음료수를 마셔야 하는지, 팔베개를 해야 하는지 등의 의사소통도 중요하다. 서로에게 만족을 했다면 표현(행복하다, 사랑한다, 최고이다, 기쁘다 등)을 해야 상대가 알 수 있다. 그리고 성관계를 할 때마다 성공적인 만족을 기대할 수는 없다. 만족하지 않을 경우 "걱정하지 않아도 된다.", "그럴 수도 있다.", "혹시 고민이 있으면 같이 의논해 보자." 등 상대를 편안하게 해주어야 한다.

성적 욕구나 느낌을 언어로 표현하고 싶은 갈망은 있으나 어떻게 표현해야 하며 어떤 단어들을 써야 하는지에 대한 방법을 잘 모르는 경우가 있다. 서로의 생식기에 대한 단어들에 대해서도 생각해 보자. 욕설로 대부분을 차지하며 정확하게 인지하고 있어도 여자는 '음순', 남자는 '음경'이라고 쓰는 경우가 극히 드물다. 그래서 두 사람만이 가지는 사랑스런 단어를 만들어 보는 것도 좋은 것 같다. 두 사람만이 소통하는 긍정적인 의미를 가진 성적 단어를 통해 즐거움과 친밀감을 더 높일 수가 있을 것이다.

3) 성 의사소통을 어렵게 하는 유형

의사소통이 중요한 것처럼 성 의사소통도 매우 중요하다. 상대가 서로 애정을 느끼며, 성적인 매력을 느끼지만 서로 표현하는 것이 서툴러 왜곡되게 해석되어 관계를 단절 시키고 더 나아가서 서로의 관계를 위태롭게도 만든다. 성 의사소통을 어렵게 하는 부분들은 어떤 것이 있는지 살펴보자(변금령, 2010).

첫째, 감정 없이 내뱉듯이 무성의한 의사소통이다. 예를 들어 "자자."라는 식으로 멋없이 하는 말이다.

둘째, 독재적인 의사소통이다. 성관계 시 상대방에게 어떤 자세나 행위를 상대의 배려

없이 무조건적으로 요구하는 내용의 대화를 하는 것이다. 아마도 상대를 우습게 볼 경우 함부로 해도 된다는 생각이 지배적일 경우 나올 수 있는 행동이다. 서로가 좋아하는 행위와 싫어하는 행위에 대해 의논하고 솔직해지는 것이 도움을 줄 수 있는 부분이다.

셋째, 방관자와 같은 의사소통이다. 상대방의 욕구에도 관심이 없으며 있어도 무시하는 모습으로 비친다. 방관자적인 모습이 상대에게 비춰질 때 상대방은 의심도 할 수 있고, 실망도 할 수 있게 된다. 좀 더 적극적인 의사소통으로 친근함을 보일 필요가 있다.

넷째, 집착하는 의사소통이다. 방관자와 같은 의사소통의 반대로 너무 친밀감으로 상대방이 피곤할 때도, 회사 업무로 빨리 처리할 일이 있을 때에도 자기의 욕구에만 열중하여 상대를 배려하지 않는 모습을 보이며 의사소통에서도 많은 요구가 쏟아지며, 그 요구를 상대가 무시하거나 피할 경우 많은 핀잔과 실망으로 서로의 관계가 힘들어질 수 있다.

그 외에도 성생활에서의 장애물은 성수행에서의 불안감인데 수행을 하지 못한 경우 자멸감, 상대에 대한 미안함, 병적으로 의심 등을 생각하게 된다. 또한 편견이나 고정관념들에 의한 이중적인 가치관, 성기능에 부정적인 영향을 미치는 약물 복용, 직장생활에서 오는 스트레스, 부부의 경우 자녀 문제 등 이 모든 경우에서도 솔직하고 배려가 담긴 의사소통을 하게 될 경우 갈등을 일으킬 수 있는 부분들을 많이 감소시킬 수 있다고 본다.

서로 상대방이 편안하다면 문제가 없겠지만 서로에게 솔직하지 못하다면 상대방이 어떤 방식의 의사소통을 좋아하고 싫어하는지를 알 수 없을 것이다. 그래서 서로 간에 솔직하고 투명한 자세로 내면이 요구하는 그대로 보여 주는 유형의 의사소통은 성숙한 성, 건강한 성을 즐길 수 있으며 삶이 풍요로워질 수 있을 것이다.

참고문헌

김영애(2004). **사티어 의사소통 프로그램**. 서울: 김영애가족치료연구소.

박경, 이희숙, 김선경, 고정애, 유춘자, 김혜, 허정은(2008). **성심리와 성건강**. 서울: 시그마프레스.

변금령(2010). 기혼 남녀의 성 의사소통 유형이 성생활의 질 및 사랑 요소에 미치는 영향. 가톨릭대학교 석사학위논문.

천성문, 남정현, 김정남, 전은주, 곽미용(2013). **성심리의 이해**. 경기: 양서원.

채규만(2009). **성행동심리학**. 서울: 학지사.

Blumstein, P., & Schwartz, P. (1983). *American couples*. New York: William Morrow and Co.

Byers, E.S., & Demmons. S. (1999). Sexual satisfaction and sexual self-disclosure witgin dating relationships. *The Journal of Sex Research*, 36, 399-410.

Jenall L. Carroll 저, 오영희 외 편역(2009). **성심리학**. CENGAGE Learning.

CHAPTER 11

성교육과 성상담

1. 성교육

성교육의 목표는 인간의 성장과 발달 과정에 관련된 정확한 정보 전달을 통해 개인의 성개념을 건전하게 발달시켜 그 개인의 존재 가치와 의미를 부여하는 것이다(윤가현, 2006). 또한 성상담의 목표는 내담자가가 가지고 있는 성문제에 통찰력을 갖고 적절히 해결해 갈 수 있도록 돕는 데 있다.

성교육은 일반적인 성지식에 관련된 정보를 제공하는 데 중점을 맞춘 반면, 성상담은 정보 제공보다 성과 관련된 여러 가지 고민과 심리적 특성을 대화적인 방법으로 해결하는 데 도움을 주는 것에 초점을 두고 있다.

성교육은 신체 발달, 심리 발달, 인간관계 및 성윤리의 영역에서 다루어져야 하며, 도덕적 가치의 측면을 중시하므로 개인의 성에 대한 태도와 가치관을 올바르게 정립시킬 수 있어야 한다.

성교육이란 남성과 여성 간의 정신적·육체적인 관계, 즉 성에 관한 과학적인 지식을 올바르게 지도하는 교육을 말하며, 이성간에 올바른 관계를 이룰 수 있도록 성에 대한 바람직한 지식을 습득하게 하고 성역할의 방향을 인식하고 실천할 수 있는 합리적인 지도이다.

성을 잘 영위하게 하는 것이 성교육이며 특히 청소년시기 성에 대한 정확한 지식과 이해가 없으면 향후 성인이 되어서도 성에 대해 부정적인 편견을 가질 수도 있게 되므로 정확한 성지식 전달이 성교육의 매우 중요한 이유이다.

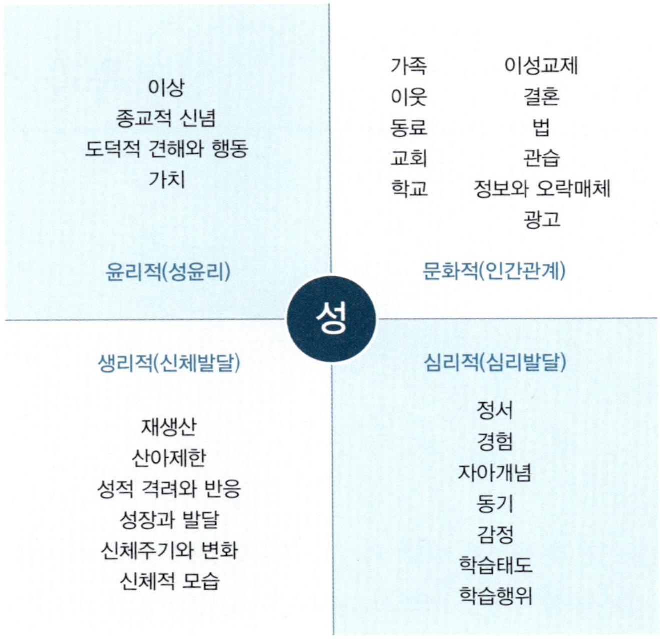

그림 11-1 인간의 성 체계도

현재 청소년들은 성과 관련된 무질서한 정보의 홍수 속에 무방비 상태로 노출되어 유해한 정보를 접하기도 한다. 따라서 이러한 상황에서 청소년들의 신체적 발달과 심리적 변화에 따른 올바른 과학적 성지식과 성심리의 자기 조절 능력 및 태도를 길러주고, 여러 가지 변화에 바람직하게 적응하도록 도와주어야 할 필요가 있다. 이와 관련하여 특히 무엇보다도 남녀의 평등성과 인격성을 존중하며, 올바른 성 윤리를 확립시켜서 비판능력을 향상시키고 올바른 의사소통과 의사결정능력을 길러주는 것이 성교육의 중요한 내용이라고 본다.

특히 여성주의적 관점에서 성교육의 개념을 살펴보면, 성교육의 한 축은 우리 몸의 성적인 현상에 대하여 과학적이고 체계적으로 바르게 이해하는 성지식 교육이며, 다른 한 축은 우리 사회에 만연된 성차별로 인한 여성의 소외, 남성의 권위적인 태도 등의 문제를 바르게 해석하고 그 원인과 해결책을 모색하며 성차별을 극복할 수 있는 폭넓은 성교육의 범위를 확인할 수 있다.

1) 성교육의 이해

(1) 청소년의 일반적 특성

성교육은 그 교육의 대상이 누구인지에 따라 내용과 방법은 달라진다. 그 대상을 청소년임을 전제로 하고, 사춘기 청소년의 일반적인 특성을 네 가지로 나누어 볼 수 있다.

첫째, 청소년은 성호르몬의 분비에 의한 신체적·생리적 변화를 경험하면서 성적인 호기심과 의구심 및 성적 탐구욕이 폭발하게 된다.

둘째, 청소년은 사회적 또는 부모로부터 독립하고자 하며, 또래집단의 친구에게 몰입하고 이성교제를 원한다.

셋째, 청소년은 정서적으로 이유 없이 불안, 초조, 긴장, 갈등, 욕구 불만을 경험하게 된다. 스탠리Stanley Hall는 이러한 청소년기를 '질풍노도'라고 하였다.

넷째, 청소년은 지적으로 현실을 탈피하고자 하며, 기성세대를 비판하고 모험적 탐구욕을 갖는다.

(2) 청소년 시기의 성에 따른 발달단계의 이론적 관점

프로이트Freud에 의하면 청소년기는 심리성적 발달단계 중에서도 마지막 단계인 성기기gential stage에 해당되는데, 보통 11~13세 정도에 시작되며 여아가 남아보다 1~2년 정도 일찍 시작한다. 이 시기에 성적 에너지가 강력해지면서 오이디푸스 콤플렉스가 재등장한다. 그러나 청소년들이 자신의 이성 상대자를 선택함으로써 그들이 부모에게 느끼는 친밀감에 대한 위협은 사라지며, 청소년기 말기에는 부모와 좀 더 자주적인 관계를 수립할 수 있다.

안나 프로이트Anna Freud는 청소년기에 오이디푸스적 감정을 재경험하며, 이와 같이 성숙한 청소년이 가족에게 가하는 성적인 위협의 결과로 청소년기의 긴장 상태가 존재한다고 설명하였다. 이러한 위협을 피하기 위하여 청소년들은 가족으로부터 회피하거나 일시적으로 부모를 경멸하려는 것과 같은 반응으로 대처한다. 이러한 반응은 일반화되어 자신이 애착하는 대상이 누구든지 상관없이 감정이나 충동으로부터 자신을 방어하려는 금욕주의적 행동을 보이기도 한다. 청소년들의 혼란과 방어는 자유로워지려는 시도로 볼 수 있으며 스스로 해결책을 찾도록 기회가 주어져야 한다.

에릭슨Eric Homburger Erickson은 청소년기를 사회적 요구와 생물학적 성숙이 최고조에 이르는 시기이며, 이에 따른 역동의 결과로 특수 발달과제가 생긴다고 했다. 생물학적으로 볼 때 청소년기는 신체적, 성적인 성숙이 급격하게 일어나는 시기이며, 이러한 급격한 성적 성숙은 자아가 위협을 감지하는 정신분석적 원인을 제공한다.

그렇지만 청소년기에 충동적 에너지가 증가한다는 것에 동의하지만, 이보다 더 중요한 것은 이 시기에 새로운 사회와 문화에서 요구하는 가치에 대한 갈등이 대두된다는 것이며, 그 결과 혼란과 당황을 경험한다고 설명하였다. 그리고 이러한 상황에서 청소년에게 부과되는 가장 중요한 과제는 자아정체감ego identity을 확립하는 것이라고 주장한다. 청소년기 초기에는 집단의 소속을 통해서 자기의 정체감을 파악하고자 하는 경향이 강하지만 청소년기 말기로 갈수록 개인적인 정체감을 확립하기 위하여 노력하게 된다.

(3) 성교육을 위한 기본전제

성교육은 성에 대한 지식을 가르치고 성문제에 대한 올바른 태도와 가치척도를 가지게 하며, 개인적으로는 성에 관련된 여러 가지 어려운 문제를 합리적으로 해결하는 능력을 길러 주는 것이다.

성교육을 통하여 인간의 존엄성과 인권을 바탕으로 성에 대한 바른 이해와 가치를 높이고, 올바른 성문화가 주는 여러 가지 사회·문화적으로 끼치는 영향 등 인간의 행복과 번영에 크게 이바지한다. 그리고 성교육은 왜곡된 성인식과 성가치관으로 빚어진 인간의 고통, 가정의 해체 및 여러 사회적 문제들이 발생하는 것을 예방 또는 치유하기 위한 것이다.

① 성에 대한 과학적 사실

성은 인간이 태어날 때부터 소유한 것이지만 그것은 아주 미세한 감각에 불과하다. 성은 신체적 발달과 더불어 그 증상과 모양이 발달하며 적절한 시기에 맞추어 다음과 같은 성적 증상들이 나타나는데 음모의 증가, 성기의 변화, 월경 시작, 몽정 경험, 자위 충동, 성교 등이다. 이와 같이 신체적이거나 신체적 접촉의 현상들, 신체가 갖고 있는 특별한 생리적 현상들에 대한 합리적 이해와 체계적인 과학적 측면의 교육이 필요하다.

② 성에 대한 사회적 책임

사회는 성에 대한 인식과 행위를 어느 장소에서에나 누구와도 마음대로 할 수 있도록 허락하고 있지 않다. 이유는 개인의 자유 범주 안에 있는 성이라 할지라도 사회는 그것을 성의 질서와 윤리와 도덕, 전통적인 성의 관습, 그리고 정해진 법률에 의해서 직접적으로 통제하고 있기 때문이다. 따라서 성의 사회적 책임에 대한 교육과 인식, 그리고 이해가 반드시 필요하다. 그러므로 전통적인 인간 사회의 성윤리와 관습, 법률적 적용에 대한 성교육은 반드시 이루어져야 한다.

③ 성에 대한 가치관 확립

인간생활에 있어서 성적인 중요성과 필요성을 인식시키고 남녀의 다른 성차를 이해하게 하므로 이성의 성을 존중하고 성적인 면과 관련된 감수성을 개발하여야 한다. 이에 따른 성교육을 통해 여성은 여성다움femininity을, 남성은 남성다움masculinity을 위하여 성의 가치를 수용할 수 있도록 교육해 왔으나 이제는 성차별적 고정관념에서 벗어나는 교육을 현장에서 실천하고 있다.

④ 성으로 인한 인간의 참된 행복 추구

성은 인간을 성적인 존재로 국한시키는 것이 아니라 성을 통하여 더 나은 행복한 삶을 살고 있으므로 인간의 행복 추구 권리와 성이 가져다주는 활력과 즐거움의 가치를 인식하여, 나 하나만의 성이 아닌 인류 공동체 속의 아름다운 성의 질서와 정착을 위해 필요한 교육이 지속적으로 펼쳐야 한다.

⑤ 성의 소중함과 성교육의 핵심과제

우리가 분명히 인식해야 할 것은 인격체인 인간이 지니고 있는 정신, 감성, 육체는 참으로 소중하고 존귀하다는 사실이다. '나'라는 인격체가 없다면 세계는 나에게 존재할 수 없는 것이다. 그러므로 인간이 지니고 있는 모든 것, 즉 생명, 머리, 손, 발, 성기는 물론 털끝 하나까지도 그것이 인간이라는 인격체가 소유하고 있는 소중한 존재인 것이다.

인격적 성의 핵심 관점은 성을 존엄하고 소중한 것으로 보는 것이다. 그렇다면 소중한 인격체에 있어서 가장 소중하고 중요한 부분은 인간이 생성되는 순서를 보면 알 수 있다. 인간이라는 생명체는 먼저 머리가 만들어지고 그 다음에 머리에서 가까운 부분부터 하나하나 형성되어 간다. 그리고 최후에 성기가 형성된다. 인간 형성의 알파(시작)는 머리이고, 오메가(끝)는 성기라는 것을 알 수 있다. 머리 속에는 마음이 담기고, 성기 속에는 생명의 씨가 담겨 있다. 그러므로 우리가 성과학sexology이나 성교육을 논의할 때 가장 중요하게 다루어야 할 부분이 인간의 머리, 즉 인격체의 마음과 성가치관이고, 그 다음이 성기에 관련된 영역이다.

성교육의 내용이 성가치관과 성기 관련 사항에 집중되는 이유도 여기에 있다. 주의해야 할 것은 성가치관이 수반되지 않는 성교육은 음란물과 다름없으며, 성기 관련 내용이 결핍된 성교육은 의미가 없는 담론과 같다는 사실이다.

2) 성교육자의 기본 자세

성교육자는 최소한 성행동 전반에 대하여 최소한의 기본 지식을 가지고 있어야 한다. 그 이전에 성교육자는 스스로 자기 점검에 들어가야 한다.

(1) 성교육자로서의 자기 성찰

- 자기 자신을 성적 존재로 받아들여야 한다.
- 발달단계별 나의 성적 경험 히스토리를 떠올리기
- 자신의 몸 이미지에 대한 긍정성 갖기
- 자연인으로서 나의 성지식, 태도, 욕망과 행동 바라보기 : 성에 대해서 다른 사람과 관계하는 데 편안해야 한다.
- 인간에 대한 긍정적 이해
- 의사소통 기술(공감, 경청, 합리적 협상 기술, 갈등 관리능력)
- 개인적인 섹슈얼리티 구성과 동료 집단, 성별·세대별·집단별 객관적 성찰하기
- 사회적 존재로서 우리 사회 성문화와 나의 성가치관 바라보기 : 법적 윤리적 책임 경계에 대하여 민감해야 한다.
- 성관련법 이해 : 효율성을 발휘하기 위해 전문적인 지식과 자격을 갖추어야 한다.
- 성지식
- 자격증 이상의 자기 능력 함양

(2) 청소년 성교육자들에게 묻는 자기 점검의 몇 가지 질문

- 나는 청소년이 성적 존재라는 것을 인정하는가?
- 나는 10대들의 성문화와 트렌드에 대하여 수용적인가?
- 나는 10대들이 사용하는 성적 용어에 대하여 민감하게 이해를 하는가?
- 나는 10대들의 성적 발달과 정서적 발달 특징을 이해하는가?
- 나는 법적으로 10대들이 보호받을 수 있는 권리의 내용에 대하여 이해하고 있는가?
- 나는 10대들에게 어떤 존재이고자 하는가?

(3) 성에 대하여 이야기할 때 성교육자의 태도

- 성에 대하여 진지하고 자연스런 태도와 자세를 가진다.
- 성에 대한 기본적인 지식과 구체적인 가치관을 가진다.
- 성 문제에 대한 접근의 목표를 손실의 최소화에 둔다.
- 비판적·도덕적으로 접근하지 않는다.
- 자신이 성에 대해 극히 보수적이고 폐쇄적인 경우 전문가의 도움을 빌리는 것에 주저함이 없어야 한다.

(4) 성교육자로서 지켜야 할 기본 원칙

- 성은 가장 자연스런 본능이고, 기능인 동시에 사회적 구성물이다.
- 성행위는 성의 일부이며, 생활의 작은 부분임을 인식해야 한다.
- 섹슈얼리티는 인간의 성격을 가장 근본적으로 형성해 주는 기본 핵심이다.
- 성적인 느낌, 환상, 상상은 자연스러운 일이다.
- 남성뿐 아니라 여성도 성욕이 있는 성적 존재이다.
- 성적 행동을 죄책감과 연결하지 않는다.
- 자신의 성정체감에 대한 이해를 바탕으로 긍정적인 가치관을 만들어 간다.
- 인간의 다양한 성정체성에 대한 이해와 성건강에 대한 최근 정보에 대해 알 권리가 있다.
- 타인의 성적 지향에 대해 인정할 수 있어야 한다.
- 성적 대화를 일상적 언어로 말할 수 있어야 한다.

(5) 성숙한 성교육자가 되기 위하여 다음과 같은 노력이 필요하다.

- 성에 대한 긍정적인 생각을 가져야 한다.
- 건강하게 즐기는 성을 이야기한다.
- 자유로운 대화 분위기와 관계를 만들어야 한다.
- 정확한 성지식과 최근 정보에 관해서 알아야 한다.
- 개인적인 특성을 고려해야 한다.
- 인간은 누구나 성적인 존재임을 인정하고 현실 감각을 가져야 한다.
- 성에 관한 설명은 구체적·직접적인 표현과 공식적인 명칭을 사용해야 한다.
- 성교육은 남녀가 한 자리에서 실시하는 것이 효과적이다.
- 성에 대한 책임의식을 강조할 필요가 있다.
- 임신의 원리와 피임의 원리는 동시에 가르쳐야 한다.

성에 대한 가치관은 모든 성이 개별적으로 아름답고 평등하며, 양성적인 장점을 갖춘 사람으로서 더 나은 행복을 위하여 서로 조화를 이루어야 한다는 전제하에 교육은 출발되어야 한다.

성발달 단계에 맞게 개인 스스로 선택하고 행동하며, 책임질 수 있도록 이끌어 주는 것이 향후 바람직한 성교육이 나아가야 할 방향이다.

2. 성상담

1) 성상담의 이해

(1) 성상담의 개념

'무엇을 성상담이라 하는가?'라는 질문을 한다면, 이를 정의하기 위해서는 우선 '성' 그리고 '상담'에 대한 개념을 정의할 필요가 있다. 성이란 행위 자체만을 말하는 성행동이나 성적인 쾌락만을 의미하는 것이 아니라 전체적인 인간 그 자체를 뜻하는 것으로 섹슈얼리티sexuality와 같은 개념을 말한다.

또한 성상담은 개인의 과거 또는 현재의 성에 대한 부정했던 경험뿐만 아니라 성에 관한 생각, 인식을 새롭게 학습하는 과정이라 할 수 있다. 즉, 자신의 성을 받아들이며 자신의 성에 대한 가치관을 확립하여 진정한 삶의 길을 찾도록 돕는 과정이다.

(2) 성상담의 목표

성교육이 일관된 공통성을 지니는 것과 달리, 성상담은 개별적이고 이질적인 특수성을 지니고 있기 때문에 무엇보다도 평소에 내담자들을 어떻게 보고 이끌 것인가에 초점을 맞추는 것이 우선되어야 할 것이다. 성상담은 긴장 완화와 현재보다 나은 성적 추구로 이행할 수 있도록 돕는 것이 목표로 설정되어야 한다.

① 교육적인 성상담

상담자는 상담 현장에서 내담자의 수준에 따라 그들이 원하는 목표를 달성하는 데 도움을 주도록 노력하고 있다. 현재 성상담도 이러한 방향에서 진행되고 있다. 그러나 실제 내담자가 성장기에 있는 청소년이고 책임있는 행동을 할 수 있는 성인이 아님을 고려할 때 과연 기존의 상담목표를 그대로 따르는 것이 바람직한지 검토해 볼 필요가 있다. 성상담의 궁극적 목표는 일반 상담과는 달리 교육적인 성격이 특히 강조되어야 한다.

② 상황 대처 능력의 강화를 목표로 하는 상담

청소년들이 성지식을 접하는 방식은 학교 성교육 또는 또래집단, 인터넷을 통해서이다. 이러한 성지식은 생물학적 지식에 그치는 경우이거나 왜곡된 성정보일 가능성이 많다. 즉, 정보의 구체성, 정보의 진실성, 현장문제와의 연결성이 결여되어 있다. 따라서 상담목표는 정확한 지식을 구체적으로 실제 상황에서 이용할 수 있도록 제공해 주어서 내담자들의 현실 대처 능력을 강화해 주는 것을 상담목표로 설정한다.

③ 정확한 지식을 점검해 보는 피드백 상담

상담목표를 대처 능력 강화로 삼는다면 실제 내담자들이 성지식이 얼마나 구체적이고 현실적으로 정확하게 인식하고 있는지를 점검해 볼 필요가 있다.

(3) 성상담자의 자세

성상담이 성적인 문제로 도움을 필요로 하는 사람이 전문적인 훈련을 받은 성상담자와의 대면 관계에서 문제의 해결, 행동 감정 측면의 인간적인 성장을 위해 노력하는 과정이라면 성상담은 낭만적이거나 쉬운 일이 아니고 조심스럽고 위험한 일이다. 성상담을 위한 몇 가지 유의사항은 다음과 같다.

① 성에 대한 상담자 자신의 점검

② 자신의 성의식 및 성역할 태도, 개념, 성행동, 성만족도, 이성관, 성욕에 대한 충분한 인식 및 객관화

③ 성에 관한 올바르고 체계적인 지식 습득

- 성의 생리적 병리적 이해, 남녀 성심리, 남녀 생식기 구조, 성에 관련된 용어의 이해, 성병, 성충동, 성행위의 유형, 동성애 등
- 기술적인 용어나 전문용어 사용하지 않기

④ 개방성, 솔직성, 침착성 있는 의사소통 훈련

⑤ 상담자의 한계 인정, 적절한 시기에 전문기관에 의뢰

⑥ 올바른 성을 제대로 지도한다는 사명감

(4) 성성담의 일반적 절차

성상담 역시 일반상담과 마찬가지로 성에 대한 내담자의 내면세계의 특성을 이해하고 올바르게 생각하며, 적절한 정서 상태를 유지하고 건전한 행동양식을 발전시켜 주는 것이 상담의 목표이다.

성상담은 본질적으로 교육적 기능을 해야 한다. 이는 성상담이 성교육과 같다는 것을 의미하는 것은 아니고, 성에 관한 올바른 지식을 제공한다는 의미에서 교육적 기능을 담당해야 한다. 그러나 성상담은 본질적으로 내담자로 하여금 자신의 성과 관련된 내면세계의 특성을 이해하고 수용할 수 있도록 도와주어 스스로 합리적인 선택을 할 수 있도록 조력하는 측면에서 성교육과 다소 차이가 있을 수 있다.

① 내담자의 호소 문제를 정확히 확인할 것

성상담을 위해서 우선적으로 해야 할 일은 내담자가 호소하는 문제가 무엇인지를 명확하게 이해하는 일이다. 내담자가 호소하는 문제가 정보나 지식을 필요로 하는 것인지, 성에 대한 태도나 가치관의 문제인지, 아니면 정서 상태나 사회적 기술의 부족인지 또한 지적장애가 원인인지를 파악하는 것이 상담자가 해야 할 일이다.

내담자의 호소문제를 정확히 확인하기 위해서는 다른 상담과 마찬가지로 성상담에서

도 상담자와 내담자 사이에 신뢰관계를 형성해야 하는 것은 필연적이다. 대면상담의 경우, 이러한 노력은 더욱 중요하다. 그 이유는 대부분의 내담자들은 자신의 성적 관심을 상담자에게 솔직하게 이야기하는 것을 매우 부담스러워하기 때문이다. 물론 이러한 경향은 청소년뿐만 아니라 성인의 경우에도 마찬가지이다. 그러므로 너무나 쉽게 자신의 성 문제를 이야기하는 내담자의 경우에는 오히려 더욱 주의 깊게 그의 심리적 상태를 점검할 필요가 있다.

상담자는 시작하는 단계에서 내담자가 호소하는 문제가 무엇이고, 그가 어떤 도움을 받기를 원하는지를 구체적으로 파악하여 상담자와 내담자가 함께 의논해야 할 주제들이 상담과정에서 약간은 변화할 수 있지만, 초기 상담과정에서 이러한 내용을 확인하는 것은 상담자의 중요한 책임이다.

예를 들어, 자위행위로 인한 고민을 호소하는 청소년의 경우를 생각해 보자.

먼저 상담자는 그의 고민을 그의 입장에서 수용하고 이해하며 나아가 그가 어떨 때 어떤 방법으로 자위를 하며, 자위행위에 대한 그의 생각과 감정이 어떠한가를 탐색한다. 또한 이를 통해 상담자는 내담자의 문제 원인을 파악할 수 있는 기회를 제공한다.

상담자는 이 과정에서 내담자가 자위행위하는 방법의 문제인지, 자위행위 자체가 문제인지, 자위행위에 대한 부정적 사고나 감정의 문제인지를 확인할 것이다. 시험 때만 되면 자위행위를 하는 청소년에게 있어서의 자위행위는 다분히 부담스러운 상황을 회피하기 위한 수단일 것이다. 자위행위에 대해 친구들로부터 '자위를 많이 하면 성인이 되어 임신을 할 수 없다'라고 이야기를 들은 청소년의 경우는 상담방법과 내용이 달라질 것이다.

우선 이들에게 자신들이 자위행위를 하는 원인이 무엇인지와 자위에 대해 이들이 무엇을 걱정하고 있는지를 명확히 이해시킬 필요가 있으며, 스트레스를 받는 상황에서 자위를 하는 청소년의 경우는 불안을 극복하는 방법을 가르쳐야 할 것이며, 왜곡된 정보를 듣고 고민하는 청소년에게는 올바른 정보를 제공해야 할 것이다.

그리고 전화상담 등 비대면 상담에서 구체적인 성문제를 호소하는 경우 상담자는 내담자에게 필요할 것으로 생각되는 정확한 정보나 지식을 서둘러 제공하는 것은 상담자로서의 바른 역할이 될 수 없다.

예를 들어, 자위행위에 대해 죄책감을 호소하는 청소년에게 자위행위는 청소년기에 정상적인 행위이며 따라서 죄책감을 가질 필요는 없다고 설명할 것이다. 이러한 개입은 적절하지 않은 경우가 있다. 호소문제가 구체적이어서 상담자가 충분한 설명을 해줄 수 있는 경우라도 상담자는 내담자로 하여금 고민하고 있는 자신의 내적 특성과 주변 환경을 탐색할 수 있는 기회를 제공하고, 대처전략을 논의함으로써 상담을 통해 문제해결은 물론 내담자가 좀 더 성장할 수 있는 기회를 제공하여야 한다. 이를 위해 상담 초기 단계에서 내담자의 호소문제와 호소문제의 원인을 탐색하는 상담자의 노력이 매우 중요하다. 이 과정에서 상담자는 내담자에 대한 공감, 수용, 존중과 더불어 상담의 반영, 구체화, 요약 및 질문기법 등을 효과적으로 활용할 필요가 있다.

② 내담자가 원하는 것을 파악할 것

상담에서 상담자가 파악해야 할 것으로는 내담자의 문제 혹은 병리, 그 문제나 병리를 발생시키거나 지속시키는 조건들 그리고 내담자가 원하는 것 등이다. 그중 내담자가 원하는 것을 파악하는 것이 무엇보다 중요한데 그 이유는 원하는 것을 알아야 내담자와의 계약적 대화가 이루어질 수 있기 때문이다. 따라서 내담자의 호소문제가 파악되고 그 원인이 탐색된 경우에 상담자는 내담자가 그 문제적 상황과 관련하여 무엇을 원하고 있는지를 확인할 필요가 있다.

문제적 상황에 빠져 있는 경우, 특히 시간이 오래 되었거나 자신의 문제적 상황에 대해 구체적으로 알지 못하고 있는 경우에는 내담자는 자신이 무엇을 원하고 있는지를 모르는 경향이 있다. 또한 원하는 것을 알 수 있어도 자신이 원하는 것을 얻을 수 없을 것이라는 절망감을 경험하는 경우에는 의도적으로 원하는 것을 거부하는 경향도 있다.

그러나 문제적 상황을 극복하기 위해서는 우선적으로 그가 무엇을 원하고 있는지를 확인하는 것이 중요하다. 또한 상담을 통해 그가 얻기를 원하는 것이 무엇인지를 확인하는 것도 중요하다. 왜냐하면 원하는 것이 분명할 때 상담의 목표가 명료화될 수 있고, 나아가 내담자가 원하는 것을 얻기 위한 전략과 계획을 명료화할 수 있기 때문이다. 내담자가 원하는 것이 확인되면 상담자는 내담자와 상담목표를 합의할 수 있고 이에 기초하여 목표 지향적 대화가 가능해진다.

상담과정에서 상담자는 내담자에게 그들이 직면하고 있는 상황이 더욱 개선될 수 있다는 희망을 제공할 필요가 있다. 그러한 희망 속에서 내담자는 자신의 변화를 위한 노력을 할 수 있는 용기를 되찾게 된다.

성충동이나 이상 성행위로 고민하는 성상담의 경우에도 그들이 원하는 것이 무엇이지를 명확히 할 수 있다면 상담자는 그들에게 진정으로 도움이 될 수 있는 방향으로 성에 대한 지식과 정보를 제공할 수 있을 것이다. 물론 상담이 진행됨에 따라 내담자들이 원하는 내용도 달라질 수 있다. 즉, 상담을 통해 자신에 대해 보다 깊은 통찰과 수용이 가능해질수록 그의 희망은 좀 더 현실적이고 좀 더 자신의 진심이 반영된 희망사항으로 변화한다.

③ 내담자의 문제해결 노력을 확인하고 수용할 것

내담자는 성과 관련된 문제적 상황에 직면하여 나름대로 그 문제를 해결하려는 노력을 하게 된다. 이 과정에서 적절한 해결 노력은 직면하고 있는 문제 해결이 가능할 것이나, 그렇지 못한 경우에는 문제적 상황을 증폭시키게 된다.

상담을 받으려는 내담자는 문제를 해결하거나 상황을 개선시키려는 의지와 동기를 가지고 있지만, 이와 동시에 문제해결 가능성에 대한 확신이 없음과 자신이 없음을 강하게 느끼고 있다. 즉, 문제해결에 대한 양가감정을 가지는 것이다. 심리치료에서 전통적으로 내려오는 치료적 동맹therapeutic alliance이란 상담자가 내담자의 문제 해결 동기의 긍정적 부분과 손잡고 나가는 것을 의미한다.

치료 상담이 아닌 다른 상담에서는 보딘Bordin(1983)의 일반적인 개념인 일동맹working alliance이 더 적합하게 응용될 수 있을 것이다. 따라서 상담자는 내담자가 직면하고 있는 성문제 해결에 조력하기 위해서는 내담자의 문제 해결 노력을 확인할 필요가 있다. 이런 탐색과정은 다음과 같은 세 가지 측면에서 필요하다.

첫째, 내담자의 특성을 이해하기 위해서이다.

상담 장면에서 만나는 내담자는 문제해결에 대한 동기에 따라 크게 세 유형으로 구별된다. 문제상황에 대한 진정한 문제의식조차 지니지 못하고 있는 경우, 문제상황에 대한 문제 의식은 있으나 해결 의지보다는 직면하는 다른 어려움을 회피하기 위해 자신의 어려움을 불평하는 유형이며, 문제 해결의 진정한 의지와 동기를 지니고 있으나 문제 해결을 위한 적절한 방법을 찾지 못하는 유형이다.

즉, 첫 번째 유형의 내담자의 경우는 우선적으로 자신이 처해 있는 문제상황을 좀 더 객관적으로 이해하고 수용할 수 있도록 조력하는 것이 중요하며, 두 번째 유형의 내담자의 경우는 문제 발생의 다양한 원인 중의 역할(즉, 문제 발생의 자기 책임)을 찾을 수 있도록 도와주는 것이 중요하다. 물론 이러한 두 유형의 내담자에게는 상담자의 공감적 수용능력이 특히 중요하다. 그러나 세 번째 유형의 내담자에게는 그가 처해 있는 문제상황에 대한 해결책을 탐색하는 것이 무엇보다도 중요하다. 따라서 성상담의 경우에도 내담자가 자신의 문제에 대해 어떠한 태도를 지니고 있는지, 혹은 그 문제의 원인을 어떻게 지각하고 있는지를 확인할 필요가 있다. 내담자에게 그가 처해 있는 문제상황에 대한 대처 노력을 탐색하는 과정에서 내담자의 문제에 대한 태도나 해결에 대한 의지 및 동기 등을 확인할 수 있다.

둘째, 내담자의 대처 노력을 확인함으로써 그의 변화에 대한 내적인 긍정적 동기와 협력하여 보다 새로운 대처 방식을 탐색할 수 있는 기회를 제공할 수 있다.

대부분의 내담자는 문제상황에 대처하는 나름의 노력을 시도해 본 경우가 많이 있다. 자신의 시도가 실패함에 따라 더욱 커다란 절망감이나 좌절감에 빠질 수 있고 그로 인한 무력감에 빠지기도 한다. 이러한 경우 상담자가 내담자의 노력을 수용할 수 있다면 내담자에게 자기 이해와 수용능력을 높여 줄 수 있다.

또한 내담자의 대처 노력을 탐색함으로써 그의 어떤 대처 행동이 왜 성공을 거두지 못하고 있는지를 확인하여 새로운 대처 전략을 수립하는 데 도움을 얻지 못하지를 확인하여 그 대처 전략을 수립하는 데 도움을 줄 수 있다.

예를 들어, 자위행위로 인한 죄책감을 호소하는 청소년을 상담하는 경우 경험이 부족한 상담자는 즉각적으로 그를 위로하고 자위행위를 절제할 수 있는 방법을 제공하거나 내담자가 이미 사용한 방법을 제공한 것이라면 상담과정에서 어려움에 봉착하게 된다. 따라서 상담자는 내담자가 이미 시도한 해결 노력을 확인하고 새로운 대처행동을 수립할 수 있는 기회를 제공할 필요가 있다.

셋째, 내담자가 호소하는 문제의 적절성 확인의 기회를 제공할 수 있다.

내담자의 문제 해결을 위한 노력의 탐색은 그가 겪고 있는 성문제가 얼마나 절박한 것인지를 알 수 있게 해준다. 간혹 청소년들은 장난삼아 자신들의 성적 호기심을 상담을 통해 간접적으로 충족하고자 한다. 상담자는 이러한 내담자를 전화 상담과 같은 비대면 상담에서 자주 경험하게 된다. 내담자의 문제 해결 노력에 대한 탐색은 문제의 심각성이나 성질을 이해하는 데 도움을 줄 수 있고, 내담자 자신에게는 상담문제에 대해 진술해

질 수 있는 기회를 제공한다.

따라서 상담자는 내담자의 문제 해결을 위한 노력을 탐색하고, 그의 노력을 수용해 줌으로써 내담자와의 건강한 협력관계를 맺을 수 있을 뿐만 아니라 새로운 대처 전략을 모색할 수 있는 기회를 제공받게 된다.

이 과정에서 상담자는 내담자로 하여금 자신이 사용한 문제 해결 노력이나 문제에 대한 주관적 생각, 감정 그리고 구체적인 대처 방식이 문제상황의 해결에 어떤 영향을 미치는지를 파악할 수 있도록 조력할 필요가 있다.

④ 상담목표의 논의와 합의

내담자가 원하는 것과 내담자의 문제 해결 노력을 확인하면 상담 목표를 설정하는 것이 수월해진다. 상담자와 내담자 사이에 상담 목표를 논의함으로써 상담의 진행과정과 전략 등에 대해 상담자는 합리적인 계획을 세울 수 있다. 내담자가 상담을 통해서 얻고자 하는 것을 구체화하는 것은 어떠한 상담에서도 필요하다.

내담자와 문제적 상황과 희망사항 및 그의 대처 노력을 확인하게 되면 상담자는 내담자와 비교적 수월하게 상담목표에 대한 합의에 도달할 수 있다. 또한 이전 상담과정의 성공적 진행은 보다 분명하고 현실적인 상담목표 설정에 도움을 준다. 이때 상담자가 원하는 것이 더욱 구체적으로 정리될 수도 있다.

⑤ 새로운 대처행동 계획수립 및 결과확인

상담자는 내담자의 희망사항과 이전 대처 노력을 확인한 후에 새로운 대처 행동을 모색할 필요가 있다. 보통 사람들은 새로운 문제상황에서도 이전에 익숙한 반응양식(대처행동)을 그대로 사용하게 된다. 이러한 반응양식이 때로는 문제해결을 오히려 어렵게 만들기도 한다. 따라서 상담자는 내담자로 하여금 그가 원하는 것을 얻는 데(상담 목표 달성에) 도움이 될 수 있는 새로운 대안을 모색하고 그렇게 선정된 대안을 실천할 수 있는 구체적인 실천계획을 수립하도록 도울 필요가 있다.

이때 사용할 수 있는 상담전략이 중지수렴의 기법이다. 중지 수렴의 규칙과 요령은 다음과 같다. 첫째, 되도록 많은 의견을 제시하도록 한다. 둘째, 여러 가지 가능한 의견이 제시되기 전까지는 제시된 의견에 대한 비판, 평가, 논평 등은 보류한다. 셋째, 가능성이 희박한 의견이라도 이를 토대로 하여 다른 의견이 나올 수 있도록 장려해야 한다. 넷째,

여러 가지 의견이 제시되면 가장 쓸모 있는 의견이 될 수 있도록 의견을 다듬어 조합한다. 다섯째, 가장 쓸모 있고 현실적인 대안을 성정하여 구체적인 실천 동을 계획하고 연습할 필요가 있다. 상담자는 내담자의 새로운 대처 행동 결과를 확인하고 그 결과를 논의할 수 있어야 한다.

(5) 성상담에 대한 몇 가지 원칙

① 성문제는 인간이 느낄 수 있는 자연스럽고도 정상적인 인간의 문제이다. 따라서 어떤 성적 내용이더라도 이를 수용하는 자세가 필요하다. 이를 위해서는 성에 대한 선입견, 편견, 고정관념을 버려야 할 것이다.

② 성문제도 일반상담과 유사하게 접근할 수 있다. 듣고, 목표를 정하고, 정해진 목표를 풀어 나가고, 끝을 내는 과정은 마찬가지이다.

③ 내담자와 연령의 차이를 분명하게 느낄 때는 자연스럽게 말을 낮추어서 응대한다.

④ 성문제는 문제 발생의 배경이나 문제로 부각되기까지의 발생과정보다 해결해야 할 문제에 초점을 맞춘다. 이를 위해서는 신속하게 상담목표를 설정하는 것이 중요하다.

⑤ 성상담의 많은 부분은 정확한 성지식의 정보 제공에 있으므로 상담자는 체계적인 성지식의 습득이 요구된다.

마지막으로 성상담의 실제에서 상담자들이 유념해야 할 몇 가지 사항에 대해 제안하자면 다음과 같다.

- 자연스러운 태도 갖기 : 성상담에 임하는 상담자들이 신념을 갖고 시작한다 해도 구체적인 장면에 들어가면 가치관이 느껴져 태도가 굳어질 가능성이 있다. 그러나 이렇게 어색한 모습이 상담자에게서 나타나면 그것이 내담자들에게 예민하게 전달되어 쓸데없는 호기심을 일으켜 상담에서 얻고자 의도했던 것과는 다른 결과를 얻게 되는 수가 있다. 그러므로 자연스러운 분위기를 조성하도록 노력해야 할 것이다.
- 분명한 한계 긋기 : 성상담을 할 때는 과학적인 지식을 다루고 있다는 생각에서 그 모든 것을 긍정만하고, 해서는 안 될 것을 부정하는 것을 잊거나 덜 강조해서는 안 된다는 것을 유념해야 한다. 즉, 성에 관한 과학적인 지식을 제공함과 동시에 상담자는 이에 수반될 수 있는 여러 가지 의무와 자유, 책임, 권리(Yes or No라고 말할 권리)

등을 내담자들에게 일깨워 보다 효과적인 성상담이 되도록 해야 할 것이다.

- 남녀는 평등하다는 전제에서 시작하기 : 성상담에서는 남녀의 생리적인 차이를 다루어야 할 경우가 많을 것이다. 남녀는 생리적인 구조와 작용에서 서로 다를 뿐 아니라 심리적 반응에서도 서로 상이하다. 그러나 이와 같은 남녀간의 차이를 설명하는 상담자의 태도에 어떠한 편견이라도 있다면 내담자들에게 그대로 반영되어 그들에게도 편견을 심어 주는 결과를 초래할 것이다. 따라서 상담자는 이점을 유념하여 상담해야 할 것이다.
- 개인차에 특히 유의하기 : 상담자는 다른 상담에서와 마찬 가지로 성상담에서도 개인차에 특히 유의해야 할 것이다. 성에 대한 발달과 관심에서는 남녀 사이에도 큰 차이가 있지만, 동성 사이에도 심한 개인차를 나타내고 있다.

2) 전화상담과 사이버 상담

(1) 전화상담에서의 성상담의 범위

성상담은 내담자가 성과 관련된 문제 혹은 주제로 이야기를 나누고 싶고, 그 문제에 대해 상담자로부터 도움받기를 원할 때 이루어지는 상담을 말한다. 여기에서 성과 관련된 문제라고 하면, 성에 대한 짧은 호기심에서 성도착증에 이르기까지 광범위하다. 따라서 성상담의 범위, 즉 전화상담원으로서 다룰 수 있는 성상담의 범위를 어디까지 두어야 하는 의문이 생기게 된다. 정신질환인 성도착증, 예를 들면 관음증, 가학증, 피학증, 의상도착증 등을 전화상담으로 다룰 수는 없기 때문이다. 그렇다면 정신질환자가 아닌 청소년을 포함한 비장애인들의 성과 관련된 문제라고 전화 성상담의 범위를 좁힐 수도 있겠다.

이러한 비장애인과 장애인의 분류에 따른 성상담의 범위를 정하는 목적은 각각의 문제를 대하는 상담자의 태도, 대응방법 등이 서로 달라야 할 것으로 보기 때문이다. 가령, 비장애인의 경우라면 내담자가 궁금해하거나 문제라고 여기는 고민내용에 대해 함께 해결책을 찾아보려는 시도를 하여야 할 것이고, 장애인의 경우라면 격려와 조언 등으로 이들이 더욱 전문적인 상담을 받을 수 있도록 안내하는 것이 바람직하기 때문이다.

(2) 비장애인에 대한 성상담

① 성에 대한 호기심과 궁금증

급격한 신체적·심리적 발달에 따른 청소년들의 성적 욕구와 관심은 사회적으로 쉽게 충족될 수 없는 현실 속에서 늘 성에 대한 호기심과 궁금증을 가지게 된다. 이들 관심과 호기심은 주변의 또래친구나 출판매체, 방송매체 등을 통해 일부 충족되지만 또래친구 등을 통해 알게 되는 정보들은 자칫 왜곡되거나 한정된 정보 등으로 부족감을 느낄 수밖에 없고, 출판이나 방송매체 등을 통해 알게 되는 정보들은 일방적인 전달에 그치기 때문에 흡족할 수가 없다. 따라서 경험 있는 누군가에게 궁금한 것을 직접 묻고 듣는 상호 의사소통을 기대하게 된다. 성상담에 대한 가장 수월한 상호 의사소통의 방법이 바로 익명성이 보장되는 전화상담이다.

이들에 대한 상담방법은 일차적으로 내담자의 호기심과 궁금증에 대해 상담자가 알고 있는 바를 솔직하게 전달하면 될 것이다. 만약 정보와 지식 부족으로 내담자가 원하는 정도까지 채워줄 수 없다고 판단되면 성상담 전문기관을 알려주거나 성상담에 대한 풍부한 지식이 있다고 판단되는 다른 상담자에게 상담을 받을 수 있도록 안내하는 등의 방법을 사용할 수 있다.

그러면 성상담의 지식을 어디까지 알려줄 것인가 하는 그 정도에 대한 의문이 생길 수 있으므로 이는 아는 범위 내에서 모두 말해 주어도 무방하다.

"사람들은 때리거나 또는 맞는 것으로 쾌감을 느낀다는데 그게 사실인가요?"
"오럴 섹스라는 것이 있다는데 왜 그런 것을 하나요?"

위의 질문과 같은 경우, 상담자가 판단하기를 내담자가 미성숙하여 지적·윤리적으로 이해하기 어려운 경우, 인간에 대한 불쾌감이나 오해의 소지가 있을 경우, 상담자 자신도 말해 주기가 곤혹스럽다면 다음과 같은 정도의 답변을 하고 정리하는 것이 좋을 것이다.

"남녀 간의 성관계는 개인적인 체험적 요소가 많아서 실제 정상적인 성관계의 체험을 통해서만 이해가 가능한 경우가 있다. 그래서 많이 궁금하겠지만 아직은 궁금한 사항으로 남겨 두기를 바란다."

"때로는 사람들의 특별한 행동들이 실제 그 나이가 되어서야만 이해가 가능한 행동들도 있다. 가령 취직을 해야만 회사라는 분위기를 이해할 수가 있다거나 결혼을 해야만 결혼생활의 이해가 가능한 경우와 비슷하다. 많이 궁금하겠지만 그 나이가 될 때까지 좀 더 기다려 보기를 바란다."

이러한 답변을 하기 전에 상담자는 내담자의 질문에 대한 이해의 정도를 묻는 확인절차는 꼭 있어야 한다.

"너는 어떻게 이해하고 있어?"
"너는 어떻게 느끼고 있어?"

위와 같은 질문의 경우 이는 내담자의 이해 정도를 고려해서 내담자에게 어느 정도로 어떤 식으로 말할 것인지 상담자가 판단을 내려야 하기 때문이다.

내담자의 성적 호기심이 순수한 차원의 것으로 판단되더라도 상담자 개인의 프라이버시와 관련된 경우의 질문과 응대는 다음과 같다.

"섹스를 하면 오르가즘에 도달한다는데 그 기분은 어떤 것인가요, 그리고 선생님도 그런 기분을 느끼셨나요?"
"성관계를 할 때 정상적인 방법이 아니라 항문에 하는 경우도 있다는데 정말인가요? 선생님도 그렇게 해보셨나요? 그리고 그럴 때 기분은 어떤지요?"
"전화한 친구는 성적 호기심이 많구나?"
"만약 상담자인 나도 그러한 행위를 했다면 그것은 또 학생에게 어떤 도움이 될까?"

이와 같은 내담자의 궁금증 해소를 통해 궁극적으로 얻고 싶은 것이 무엇인지에 대해 관심을 갖는다.

만약 상담자가 항문 섹스에 대한 정보, 한국인들의 경우에는 항문 섹스를 하는 비율이 극히 낮아서 한국인들은 항문 섹스를 거의 하지 않는 것으로 보아도 무방할 것이라는 답변을 추가로 해주어도 될 것이다. 이처럼 성에 대한 궁금증과 호기심에 대한 상담을 적절하게 해내기 위해서는 무엇보다 성에 대한 체계적인 지식이 필요하므로 꾸준하게 성교육을 받거나 공부를 해야 한다.

② 성경험 결과에 대한 불안과 성경험의 궁금증

청소년들의 경우 이성의 신체에 대한 막연한 호기심과 성경험에 대한 궁금증을 가질 수 있다. 이는 자연스러운 것이며, 그만큼 성장하였다는 뜻이기도 하다. 이럴 경우, 내담자가 궁금해하는 성적 내용에 대해 내담자는 어떻게, 얼마만큼 이해하고 있는지에 대해 먼저 물어보는 것이 하나의 방법이다.

"그래, 여성의 신체구조가 궁금하다는 것이구나. 그래, 너는 여성의 신체구조에 대해 어느 정도 알고 있니?"

"네가 궁금한 것은 만약 이성의 신체 부위를 만진다거나, 키스와 같은 신체접촉을 한다면 어떤 기분이 드는지 알고 싶구나. 그래, 너는 어떨 것 같은데?"

"그러니까 실제 성관계(섹스)는 어떻게 하고, 또 하고 나면 어떤 기분이 드는지 궁금한 것이구나. 그래, 너는 섹스에 관해서 어떻게 알고 있는데?"

그리고 내담자의 반응에 따라 추가로 답변을 해줄 필요가 있다고 판단될 경우에는 다음과 같은 비유를 통해서 이해가 쉬울 것으로 생각된다.

"말하자면, 네가 자위행위를 하면서 사정할 때의 쾌감과 비슷하다고 할 수 있단다. 하지만 사랑하는 사람과의 성관계라면 쾌감과 더불어 행복감이 추가로 따라올 수 있지. 이 말은 사랑하는 사람과의 성관계가 아니라면 행복감은 따라오지 않을 수도 있다는 것이야. 그러니까…."

이런 대화를 나눈 뒤에는 상담자의 대답을 듣고 나서 지금 어떤 기분이 드는지 확인해 보는 것이 바람직하다. 이를 통해서 내담자의 호기심 해소의 정도를 확인할 수 있고, 또 내담자가 실제로 궁금해 하는 또 다른 문제를 이야기할 수 있는 동기나 분위기를 마련해

줄 수도 있기 때문이다. 실제 내담자는 성경험이 있고, 그 경험을 통해 느낀 자신의 기분이나 상대 이성과의 관계에 대한 것들이 정상적인 것인지에 대해 확인하고 싶을 수도 있기 때문이다.

이처럼 내담자가 자신의 성경험을 확인해 보고 싶은 경우, 처음부터 다음과 같은 방법으로 물어서 내담자의 고민을 이끌어 낼 수도 있다.

"그러니까 네가 궁금한 것은 성관계를 하고 나면 어떤 기분이 들까 하는 것이구나. 그런데 상담자인 내가 궁금한 것은 왜 이런 것들이 알고 싶은지 그 이유를 한번 들어보고 싶은데 말해 줄 수 있겠니?"
"그냥 궁금해요."

위의 경우는 순수한 호기심, 내담자의 개인 경험으로 볼 수 있고, 만약 갑자기 심각한 경우 자신의 이야기를 털어놓는다면 보다 더 진지한 상담이 시작될 수 있을 것이다.

③ 성병과 관련된 호기심과 성병감염에 대한 불안

성적 호기심과 충동을 억제하지 못하여 이성과 성관계를 했다면 성지식이 부족한 내담자들은 흔히 성병에 대한 불안을 느낄 수 있다. 자위행위에 대해서 죄책감을 느끼는 청소년들도 마찬가지로 성병으로 불안해 할 수 있다.

이럴 경우 증상을 물어보고 만약 그 대답에서 성병에 대한 의심이 들면 가까운 비뇨기과 또는 보건소에 가서 검사를 받아볼 것을 권유하는 것이 적절하다. 이때 내담자는 수치심과 부끄러움으로 병원에 가기를 주저하는 것이 보통이므로 병원에서 환자를 대하는 태도에 대해 언급하면서 격려를 할 필요가 있을 것이다. 또한 청소년이라면 병원 검사비용에 대한 부담이 있을 수 있으므로 무료 진료를 하는 보건소를 권하는 것도 방법 중의 하나이다.

④ 불륜(패륜)적인 성문제에 대한 갈등

불륜 혹은 패륜의 내용으로 고민을 호소해 오는 경우, 흔히 꾸며 내는 이야기로 여겨지기가 쉽다. 실제 꾸며 내는 이야기일 가능성이 높다. 그러나 어떤 경우라도 일단은 수용하는 자세가 중요하다. 그리고 불륜(패륜)의 내용에 초점을 두기보다는 신속하게 그러한 행위의 결과로 걱정되는 바가 무엇인지, 상담을 받고 싶은 고민이 무엇인지에 집중적인 관심을 기울이는 것이 바람직하다. 또는 상담자가 먼저 상담받고 싶은 내용을 미리 선도하는 것도 하나의 방법이다.

"그렇구나. 이모하고 그런 일이 있었구나. 많이 놀라고, 당황스럽고, 죄책감도 느껴지고 무척 혼란스럽겠다. 또 앞으로 어떻게 해야 할지 많이 걱정되겠구나. 그래서 이런 관계를 어떻게 끊어야할지 그 방법을 상의해보려고 전화한 것이네. 그래, 전화하기를 잘했고, 너의 그런 용기와 결단이 참으로 칭찬받을 가치가 있다는 생각이 든다. 무엇보다 네가 스스로 이런 결정을 내리고 전화한 것이니까 잘 해결될 수 있을 것이라는 생각이 든다."

이런 경우, 내담자는 흔히 상담자의 말에 동의하면서도 성관계를 통해 얻어지는 쾌감을 쉽게 뿌리칠 수 없다거나 상황적으로 관계를 끊기가 어렵다는 등의 이유를 들면서 주저하거나 망설인다. 이런 경우 상담자는 더욱 단호한 결심을 권유하면서 전화를 걸게 된 동기를 칭찬하고 격려하는 것이 바람직하다.

"그래, 쉽지는 않아. 하지만 이런 행동을 반복해서는 안 된다는 것은 분명해. 그건 네가 전화를 건 동기를 생각할 때도 마찬가지야. 너는 그런 행동을 더 이상 하고 싶지 않아서 전화한 것이잖아. 방법은 오직 한 가지야. 어떤 경우에도 참고, 유혹을 물리쳐야 한다는 것이지. 어떻게 하면 단호하게 물리칠 수 있을까에 대해서 구체적으로 이야기해 보자."

만약 마땅하게 방법이 찾아지지 않으면 다음과 같은 내용으로 마무리를 한다.

"일단 우리 좀 더 생각을 해보고 다시 전화 통화하자. 나는 무엇보다 네가 그러한 결심을 했다는 것이 중요하다고 생각해. 옳은 것과 옳지 않은 것을 구별해 낼 줄 알고, 또 이걸 해결하기 위해 상의하려는 동기를 가졌다는 것이 무엇보다 의미가 있다고 봐. 일단 노력해 보고 다시 통화하자."

⑤ 개인의 성적 흥분을 위해 허구의 이야기 지어 내기(작화)

작화를 하는 것은 이야기의 스토리를 통해 성적 흥분을 얻으려는 시도이다. 이럴 경우, 어디까지 진실이며, 꾸미는 말인지 구분해 내기가 어렵다. 그러나 일단 작화하고 있다는 판단이 들면, 상담자는 더 이상 스토리에 귀 기울이기보다는 그 스토리를 통해 상 받고자 하는 목표에 상담의 초점을 맞출 필요가 있다.

"그랬군요. 그래서 오늘 상담 받으려는 내용은 어떤 것인가요?"

그럼에도 계속적으로 스토리를 이야기하려는 시도를 내담자가 계속한다면 상담자는 보다 단호할 필요가 있다.

"저는 지금 다소 혼란스러운데요, 오늘 전화를 걸었을 때에는 궁극적으로 고민이 되는 내용이 있었을 것으로 생각됩니다. 그럼에도 고민되는 내용을 말씀하기보다는 이야기 내용을 반복해서 하시는 것을 볼 때, 어떤 고민이 되어서 전화를 했다기보다는 그저 이야기 내용을 저에게 전하고 싶어서 전화한 것으로 여겨집니다. 다시 한 번 묻겠습니다. 전화하신 목적이 무엇이지요?
(그래도 계속 스토리를 반복하거나 화를 내거나 하면) 만약 고민되시는 내용이 아직 정리가 되지 않으셨거나, 뚜렷하게 없으시다면 정리를 하신 후에 다시 전화를 해주시기 바랍니다. 저는 전화주신 분께서 제게 전하려는 내용에 대해서는 더 이상 듣고 싶지 않습니다. 정리가 되신 후에 다시 한 번 전화 주십시오."

3) 성 심리상담의 접근

(1) 정신분석적 접근에서의 성 심리상담

심리상담 이론에서 정신분석적 모델은 인간 행동이 유아기적인 욕구, 비이성적인 근원, 무의식적인 동기, 생애초기 경험에서 비롯된다고 보고 있다. 성과 관련된 문제에 대해 대상관계이론은 초기의 부모-자녀 간의 상호작용에 기인한 것이라 보며, 초기 모자관계는 이후의 타인과의 관계를 예상할 수 있게 해줄 뿐만 아니라 적응적인 성적 반응에도 영향을 미친다고 보았다. 성 관련된 문제가 나타나는 것을 인생의 어떤 시점에서 일어날 수 있는 사건으로 보는 것이 아니라 유기적으로 연결된 연속선상에서 문제의 근원을 이해해야 성문제의 해결이 가능하다는 입장이다.

이러한 견해는 성관련 문제의 근본적인 해결에 도움이 될 수 있으며, 특히 뚜렷한 외상 경험이 없는 내담자의 성관련 문제를 이해하는 데 유용할 수 있다. 그리고 성관련 문제를 호소하는 내담자를 만나는 상담자의 불편감이나 어려움에 대해서도 근본적인 이해를 제공할 수 있기 때문에 치료적 의미에서 매우 중요한 부분이라고 할 수 있다.

정신분석적 접근의 기본원리는 성적인 문제를 정신분석적으로 다룰 때 초기 경험을 이해하고 구체적인 것도 중요하지만 상담의 핵심은 개인이나 커플 문제에 대한 개념화 내에서 개개인의 방어기제를 명확하게 자각하는 것이다. 방어기제에 대한 이해는 상담작업을 수정할 수 있게 해주기도 하며 적절한 중재 방법을 제공하기도 한다. 특히 성적인 문제를 호소하는 내담자의 치료에서 성적인 부분은 무의식의 억압된 부분의 활성화와 관련이 깊기 때문에 다른 정신분석적 상담요소보다 개인의 방어기제를 이해하는 것이 도움이 되는 이유이다.

성문제를 회피하고 다른 문제로 호소하기도 하지만 다른 무의식적인 문제를 회피하기 위해 성적인 부분에 몰두하기도 하는 등 성과 무의식은 밀접하게 연결되어 있기 때문에 문제의 근원에 다가가기에 효과적인 방법이라 할 수 있다.

그렇다면 정신분석적 성 심리상담의 절차를 살펴보자면 다른 상담적 접근과 마찬가지로 상담적 관계(라포Rapport)의 확립에서 출발한다. 내담자가 호소하는 문제를 진단하고 그에 따른 역동에 대해 방어기제, 성격적 특성, 내적 갈등, 발생적 근원의 차원으로 탐색한다. 이를 통해 상담자는 내담자의 문제와 그 원인에 대해 어느 정도 이해할 수 있다. 상담자는 실제 상담장면에 들어가면서 내담자의 자아 기능 수준을 파악하고 상담적 절차를 계획하게 된다. 상담과정에서 정신분석적 상담에서 주요한 개념인 저항과 전이, 해석, 통찰, 그리고 훈습을 통해 내담자의 문제를 구체화하고 해결하도록 한다.

(2) 인지행동적 접근에서의 성 심리상담

성행동과 관련된 장애와 어려움을 해결하기 위한 여러 가지 모델은 인지행동요법에 근거를 두고 시행되어 왔다. 고전적인 행동주의 이론에서 제안하고 있듯이 환경에 대한 인간의 반응에 초점을 두어 문제를 이해하고 이에 대해 수정하여 문제를 해결하려는 시도를 해 왔으며, 이러한 시도는 현재까지 이어지고 있다.

또한 인지적인 접근은 다양한 성적인 어려움이나 DSM-5에서 규정하는 성관련 장애에 유용하게 사용되고 있다. 인지 이론에서는 행동과 감정을 결정하는 신념 체계를 이해하는 것이 중요하다고 강조한다.

인지행동적 접근에서의 성 심리상담은 상담자가 커플의 현재의 성적인 어려움이나 장애에 영향을 미치는 잘못된 신념을 탐색하고 인지적인 중재를 통해 사고 과정을 설명할 수 있으며, 행동 변화에 도움을 줄 수 있는 재인식 과정의 신념체계를 설명해야 한다(Epstein, Baucom, Daiuto, 1997). 인지적 과정을 설명하는 것은 커플의 사고나 감정, 믿음이 어떤 방식으로 성적인 관계에 영향을 미치는지를 이해하는 데 그 목적이 있다.

인지행동 상담에서는 성적인 문제를 유발하는 사고과정이나 신념을 확인하고 이를 통해 불안과 부정적인 감정을 감소시켜 성적인 경험을 즐기고 받아들이도록 돕는 것을 강조한다(Goldenberg & Goldenberg, 2000).

인지행동적 접근은 부적응 행동을 변화시키도록 사람들을 체계적으로 도와주기 위해 학습의 원리를 치료에 적용하고 사고와 행동 간의 영향을 강조하며 인지적인 변화와 행동적인 변화에 대한 상호작용을 함께 강조한다. 기본적으로 상담과정을 통해 문제행동과 문제행동을 유지시키고 있는 신념들을 상세히 기록하고 그에 대해 철저히 논증하고 수정해 나간다. 이를 통해 상담 효과 및 실생활의 적응 수준을 높일 수 있다.

인지행동적 접근은 이상심리에만 초점이 있는 것이 아니라 실생활의 적응에 중점을 두는 상담으로 성적 장애뿐만 아니라 장애를 유지하는 동안에도 실생활의 부적응을 감소시킬 수 있다. 내담자가 호소하는 어려움이 모두 해소되지 않아도 역기능적인 행동이나 사고방식을 인지행동적 원리를 가지고 변화시키는 동안 자연스럽게 일상의 부적응도 함께 해소할 수 있다.

초기 상담에서는 내담자의 문제를 이해하고 상담목표를 세우기 위하여 인지행동 평가를 수행하여야 한다. 이는 성관련 어려움을 구체화하여 상담목표를 세우는 데 도움이 될 수 있는 과정이다. 인지행동 평가에는 면접, 자기보고, 타인으로부터의 보고 및 관찰, 그리고 역할 연기 등의 방식을 통해서 내담자의 문제가 어떤 것인지, 문제를 촉발하는 매개 요인이 무엇인지, 문제를 지속하게 하는 상황적 요인이나 개인 내적 요인은 무엇인지,

내담자의 대처 자원과 주위의 지지 요인은 어떤지, 그리고 내담자의 강점과 약점이 무엇인지를 알아보게 된다.

인지행동적 접근의 상담은 장기상담보다 단기상담을 지향하고, 상담기간을 계획하고 시작한다. 보통 12회 내지 15회로 한정하기도 한다. 그러나 경우에 따라서는 1년 이상의 기간이 소요되기도 한다.

인지행동적 접근의 성 심리상담에서 상담자의 역할은 첫째, 교육자의 역할을 담당하고 있다. 청소년 내담자나 성폭력 피해자와 가해자 상담에서 상담자는 내담자가 가지고 있는 성적인 의식이나 기본 지식을 평가하고 이에 대한 적절한 대안을 교육할 수 있어야 한다.

둘째, 적절한 모델링의 대상이 되어야 한다. 상담자가 성에 대한 태도나 성을 다루는 방식은 내담자가 계속 지녀왔던 성과 관련된 갈등을 새로운 시각으로 볼 수 있게 해줄 수 있어야 한다.

셋째, 개인의 문제를 평가하여 그에 적절한 상담을 제안해야 한다. 이러한 것들이 상담자의 역할이라 할 수 있으며 이를 통해 촉진적 관계로 이끌어 가는 것은 매우 중요하다.

인지행동적 접근의 성 심리상담은 개인이 갖고 있는 학습원리와 함께 나타나는 문제의 관련성을 정확하게 이해하는 것을 강조한다. 또한 문제에 대한 평가를 중요하게 생각하므로 회기를 구성할 때마다 증상에 대해 경청하고 공감하며 다양한 원인과 대안적인 가설을 제시해 주어야 한다. 그리고 현실적인 목표로 협상해야 한다. 마지막으로 성관련 어려움을 다루는 인지행동적 접근에서의 성 심리상담에서 중요한 요소는 상담자에 대한 신뢰감을 형성하는 것이 가장 우선시되어야 한다.

참고문헌

권복실, 김명권(2010). 상담자의 성지식과 성태도에 관한 연구. **동서정신과학** 13(2).

김상원(2011). **성교육/성상담의 이론과 실제**, 7차 개정판. 서울: 교육출판사.

노명래(1998). **인간과 성 심리**. 서울: 학지사.

박영숙(2005) 사이버 성상담사례의 기초분석연구. **미래청소년학회** 2(1): 11, 17-27.

송관재(2000). **성과 심리**. 서울: 학문사.

윤가현(2006). **성문화와 심리**, 2판. 서울: 학지사.

이시백(2003). **성교육 이론과 실제**. 서울: 서울대학교 출판부.

이호진, 손애리(2009). **성교육**. 서울: 퍼시픽북스.

채규만(2006). **성행동심리학**. 서울: 학지사.

Bruess, Clint E., Greenberg, Jerrold S. 저, 박선영, 유우경, 조아미 외 역(2011). **성교육의 이론과 실제**. 서울: 학지사.

Epstein, N.H., Baucom, D.H., Daiuto, A. (1997) "Cognitive-Behavioral Couples Therapy." In W.K. Halford & H. Markman(Ed), *Clinical Handbook of Marriage and Couples Interventions*. New York: Wiley.

Goldenberg, I., & Goldenberg, H. (2000). *Family Therapy: An overview*(5th ed.). Belmont, CA: Books/Cole.

Sex and relationship education, Department for Education, England(2000). 6 July.

SIECUS (1991). *National Guidelines Task Force*(Guidelines for comprehensive sexuality Education: kindergarden-12th grade). NY: Sex Information and Education Council of the United States.

성적으로 건강한 사람의 특징

- 자신의 신체와 생김새에 대해서 긍정적으로 생각하고 가치 있게 받아들인다.
- 성에 관한 정보를 필요할 때마다 주저하지 않고 추구한다.
- 인간의 발달단계를 논할 때에는 성에 관한 발달단계도 필히 포함시켜야 한다는 확신을 갖고 있다.
- 대인관계를 할 때 남, 여를 구분하지 않고 똑같이 존중한다.
- 자신의 성적 성향에 대해서 자신감을 가지며, 다른 사람의 성 성향도 존중한다.
- 사랑과 친밀한 감정을 적절하게 표현한다.
- 외롭지 않게 친밀한 관계를 손쉽게 만들고 잘 유지해 나간다.
- 상대방을 이용하거나 조작하지 않는다.
- 개인적으로 인간관계를 원만하게 가지며 그렇지 않을 경우 좋은 방법으로 해결하려는 노력을 기울인다.
- 자신의 행동에 대해서는 철저한 책임을 가진다.
- 가족, 친구, 사랑하는 사람과의 효율적인 의사소통을 한다.
- 일생동안 자신의 성을 바람직한 방향으로 즐기고 표현한다.
- 자신의 가치관과 일치하는 성에 대한 태도와 가치관을 갖고 있다.
- 자신이나 타인에게 해로움을 주는 성행위를 구분할 줄 안다.
- 다른 사람의 권리를 존중해 주면서 자신의 성을 자유롭게 표현한다.
- 자신의 성행동을 제대로 구사하기 위해서 새로운 정보를 찾는 데 노력한다.
- 원치 않은 임신을 피하기 위하여 피임을 효율적으로 행한다.
- HIV(인간 면역결핍 바이러스) 감염을 포함한 성병이 감염되거나 타인에게 감염시키지 않도록 책임있게 행동한다.
- 정기적으로 의학적인 진단과 신체검사를 행한다.
- 가족, 문화, 종교, 대중매체, 사회적 규범이 자신이 사상, 느낌의 가치관 그리고 성과 관련된 행동에 어떤 영향을 주는지 객관적으로 판단한다.
- 모든 사람이 성에 대한 올바른 지식과 정보를 알 권리가 있음에 동의한다.
- 다른 사람들이 갖고 있는 성에 대한 가치관이나 생활방식에 대해서 편견을 갖지 않는다.

제5부

생명의 시작과 인식

CHAPTER 12

임신과 출산

『예기(禮禮)』, 『소학(小學)』, 『논어(論語)』, 『태교신기(胎教新記)』, 『동의보감(東醫寶鑑)』 등의 문헌을 분석한 류점숙(1990)은 유교적 입장에서 조선시대 양반사회의 인간발달 단계를 태아기, 유유아기, 유아기, 동몽전기, 동몽후기, 성동기, 성인기, 출사 준비기, 출사기, 치사기 등의 10단계로 나누고 있다.

제1단계인 태아기는 임신에 대한 준비와 태교를 하는 시기이다. 우리 전통사회에서는 임신에 대한 준비로서 좋은 자손을 갖기 위해 훌륭한 배우자를 선택하는 것으로 시작되었다.

태교사상은 태아를 잉태하기 이전부터 부모로 하여금 임신을 위한 정성과 신체적, 심리적 준비를 강조했을 뿐만 아니라, 어머니 못지않게 아버지의 부성태교(父性胎教)도 중요시 하였다. 임신 3개월부터는 본격적인 태교를 실시하는데, 태중태교 10개월을 출생 후의 10년간 교육보다 더 중요함을 강조하고 있다.

또한 우리나라에서는 전통적으로 임신을 위해 부부가 좋은 날을 택하고 임신과 태교를 준비하며, 생명이 잉태되는 순간부터 하나의 인격체로 중시하였다. 그러나 오늘날에 이르러 서구 성문화의 혼입으로 성의 자유화와 함께 성 접촉의 기회가 많아짐과 동시에 원하지 않는 임신의 경우 생명을 경시하는 경향, 다양한 원인으로 인한 불임, 만혼으로 인한 난산 등의 문제를 양산하고 있다. 그러므로 임신에 대한 올바른 가치관과 함께 세심한 관심과 노력으로 충분히 임신을 준비하고 출산을 맞이해야 할 것이다. 이에 임신과 출산에 대해 자세히 살펴보고자 한다.

1. 임신

대부분의 부부는 결혼을 하면서 애정으로 서로를 지지하고 임신Pregnancy으로 사랑과 기쁨을 나누며 자녀 갖기를 통해 종족 보존과 자부심, 성취감 등의 욕구를 충족시킨다.

임신과 출산은 여성의 몸에서 경험하게 되는 현상으로 행복과 두려움이 동시에 나타나기도 한다. 여성 자신은 언제나 임신과 출산에 대한 신체적이고 심리적으로 성숙하게 준비하는 자세가 필요하다. 이러한 준비는 임신을 하면 태아에게 긍정적 측면 또는 부정적 측면에 많은 영향을 미친다. 따라서 부부는 함께 협력하여 정서적 안정감과 유대감으로 부담감과 책임감을 극복할 수 있는 자연스러운 현상을 이해하고 새롭게 임신에 대한 가치관을 확립하여 모두가 기쁨과 행복한 과정으로 생의 의미를 인식할 수 있어야 한다.

1) 임신과정

인체 내에서 남성의 가장 작은 세포는 정자sperm이며 여성의 가장 큰 세포는 난자ovum이다. 남녀의 성교에 의해 여성의 질vagina 안에 사정된 정자는 난소에서 배란된 난자를 만나 난막을 뚫고 난자 속으로 들어간다. 이때 난자 세포막의 변화가 일어나 정자의 끝부분인 꼬리부분이 떨어지고 다른 정자의 침입을 막아 또 다른 수정과정이 반복되는 것을 막는다. 이렇게 정자와 난자가 만나 결합하여 새로운 개체가 되는 것을 수정fertilization이라고 한다.

수정은 성교가 끝나고 72시간 안에 이루어지며, 수정된 세포를 수정란fertilized ovum이라고 한다. 수정란은 접합자zygote라고 불리는데 세포분열을 시작하며 나팔관 속에 융모의 수축운동으로 난관을 지나 약 일주일 후에 자궁으로 이동하여 자궁내막에 자리를 잡는 것을 착상implantation이라고 한다.

수정 후 10주 이내에는 극적인 변화가 일어나는데 수정 후 8주면 눈, 코, 귀, 입이 생기고 팔다리, 뇌, 내장기관이 생긴다.

임신의 약 58%가 착상에 실패하기도 하며(정옥분, 2006), 경우에 따라 수정란이 자궁에 착상하지 못하고 난관, 난소, 자궁경부, 자궁각에 착상하게 되는데 이를 자궁외 임신이라고 한다. 자궁외 임신은 지속될 수가 없기 때문에, 태아는 난관 등에서 충분히 발육하지 못하고 유산되거나 난관 파열을 일으키기도 하며, 복강 내 과다출혈로 인해 임부가 사망

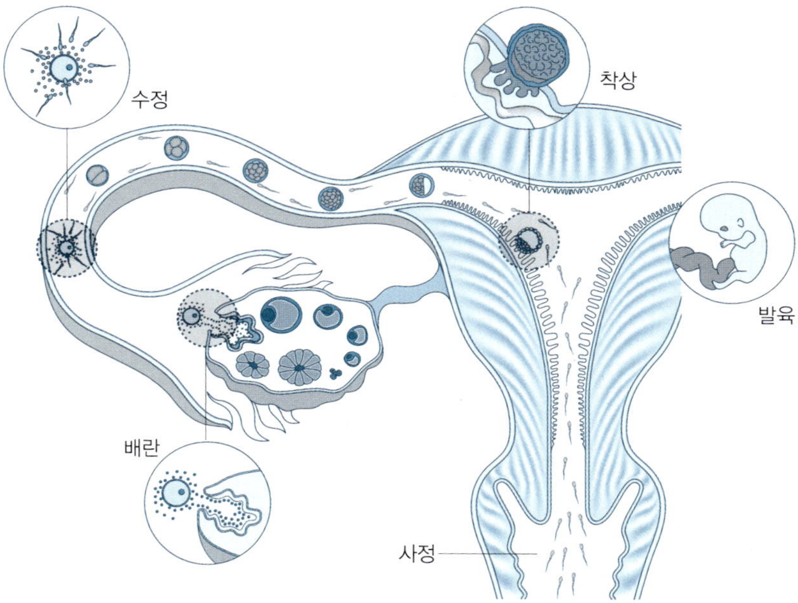

그림 12-1 임신이 이루어지는 과정

하는 경우도 있다.

정자와 난자의 결합이 모두 정상 임신으로 이어지는 것은 아니다. 난자가 살아 있는 시간이 24시간 정도로 짧고, 남성의 정자는 72시간 정도인데 정자가 활발하고 건강하지 못하거나 자궁 깊숙이까지 도달할 수 있는 체위 등으로 정상적인 부부생활을 하였어도 임신이 되지 않는 경우도 있기 때문이다.

불임이란 정상적인 부부의 성생활로 1년 동안 피임을 하지 않고도 임신이 되지 않는 경우를 이른다. 불임은 여성과 남성에게 모두 나타날 수 있고, 원인을 알면 치료가 가능한 경우가 많다. 부부는 실망하거나 포기하지 말고 좀 더 많은 시간을 가지고 노력해 보고 불임이 되는 원인도 알아보며, 전문의와 상의하여 치료를 받을 수 있도록 하고 국가적으로 불임을 돕는 제도 중 활용 가능한 선택의 기회를 이용하여야 한다.

임신을 도와주는 방법으로 인공수정, 배란유도, 수정란 이식, 체외수정 등 다양한 방법이 있다. 그중 성공률이 높은 편인 인공수정은 여성에게 호르몬을 주사하여 일시적으로 난관에서 10개 정도의 난자가 생산될 수 있도록 한 후, 이 난자를 주사바늘로 채취해서 배양기 접시에 넣은 후 남성에게서 채취한 정자를 넣어서 수정시키도록 한다. 이 경우에 많은 정자가 필요하지는 않다. 인공수정된 수정란이 세포분열을 시작하면 한두 개의 세포를 채취해서 여성의 자궁에 이식하여 착상하면 인공수정이 완성되는 것이다. 이러한 시도가 비교적 쉽게 성공되는 것만은 아니다(채규만, 2013). 이렇게 불임부부의 치료방법으로 인공수정은 남편의 정액을 여러 차례 채취하여 부인의 체내에 주입함으로써 임신을 유도하는 경우로 많은 어려움이 따른다.

2) 임신에 따른 변화

(1) 생식기의 변화

질은 임신 6주 무렵이 되면 채드윅 징후chadwick's sign가 나타나는데 이는 혈관 분포가 증가하여 질의 색깔이 자색으로 변하며 부드러워지는 것을 말한다. 점차 질점막이 두꺼워지고 결체조직이 느슨해지며, 근조직이 비대해져 질벽도 길어지고 백대하가 나오는데, 이는 충혈된 조직에서 스며나오는 혈청 때문으로 정상적인 현상이다.

특히 산성인 유산간균은 정상균총으로써 생식기로 들어오는 세균을 막아주는 역할을 하는데 임신기간에는 질의 상피에 글리코겐이 많아져 캔디다라고 불리는 곰팡이 감염이 발생할 수도 있으나 의사와 상의하여 약물로 치료하여야 한다.

자궁경부도 혈관 분포가 증가하여 비임신 시 촉진을 하면 코끝을 만지는 촉감을 느끼게 되나 임신 초기와 중기에는 귓볼을 만지는 촉감을 느낄 수 있고, 임신 말기에는 입술을 만지는 것과 같은 부드러운 촉감을 느끼게 된다.

자궁은 비임신 시의 15~20배로 증가하고 자궁의 위치는 임신 8주에는 촉진이 되지 않으나, 12주면 자궁저부가 치골결합 위로 올라오고, 임신 16주는 치골결합과 배꼽 중간정도에 있고, 20주는 배꼽 바로 아래에 위치한다. 임신 36주가 되면 가장 높은 검상돌기(명치)까지 올라오고, 38주가 되면 출산 준비를 위하여 다시 내려가며, 임신 40주인 마지막 주차에는 태아의 머리가 하강하여 분만을 준비한다.

유방은 8주부터 커지고 예민해지며 찌릿하고 묵직한 느낌이 점차 진행된다. 임신 16주 이후에는 본래의 젖꼭지 주위에 2차적 젖꼭지판이 분홍빛으로 보이며 몽고메리 결절이 생긴다. 이는 피지선이 비대해져 나타나며 유두를 매끄럽게 해준다. 점차 유두와 젖꼭지판은 착색이 되어 색깔이 짙어지고 유두를 바로 서게 한다. 이때 유두를 짜면 엷고 맑은 전초유가 나오며 임신 말기가 되면 진한 초유가 나온다.

(2) 심리적 변화

임신 1기(임신 14주까지)에는 임신을 확인한 후 기쁨을 느끼며 어른이 되는 계기가 되기도 하고, 귀찮고 성가시고 짜증이 날 수도 있으며 부모로서의 준비가 되지 않은 상태로 당황하기도 하는 양가감정을 가질 수 있으나 이는 당연한 현상이며 임신을 사실로 받아들이고 본인이 임산부임을 인정하는 것이 중요하다.

임신 2기(임신 15~26주)에는 신체 변화와 함께 다양한 반응을 보일 수 있는데 임신 초기보다는 불편감이 줄어들어 차츰 적응해 나가고 새로운 취미생활 등을 하기도 한다. 또한 자기중심적인 사고에서 자신의 어머니와의 관계와 자신의 어린시절을 반영하며 모성 정체감을 갖게 된다. 이 시기의 임부는 자신과 태아를 분리하여 생각할 수 있도록 하여야 한다. 배우자 역시 태동을 느끼고 아버지로서의 실감과 기쁨을 느끼게 된다.

임신 3기(임신 27~40주)에는 분만 시 통증에 대한 불안감, 태아의 기형 유무 등을 염려하고 불안해한다. 이때 몸과 마음을 다하여 출산 준비를 하고 어머니가 될 준비를 할 수 있도록 격려하고 도와준다.

(3) 기타

심혈관계의 변화로는 심박출량이 임신 14~16주에 증가하기 시작하여 임신 32주에 30~50%까지 늘어난다. 심박동도 빨라지는데 혈압은 큰 변화가 없으나, 만약 임신 20주 이후 혈압에 이상이 있다면 임신성 고혈압을 의심하고 전문의의 진찰을 받아야 한다. 또한 임신 중 적혈구 생산이 증가하므로 적절한 철분제제의 복용도 필요하다.

호흡기계의 변화로는 자궁의 증대로 임신 1기 말 또는 임신 2기 초부터 과호흡을 할 수 있고, 임신 24주가 되면 흉식호흡에서 복식호흡으로 변한다.

위장계의 변화로는 임신 초기에는 대부분 식욕이 감퇴되고 오심과 구토 등 입덧이 심할 수도 있으나 점차 식욕이 증가한다. 임산부 대신 그 배우자인 남성이 오심과 구토를 하는 '쿠바데 증후군'을 호소하기도 하나 이는 정신적인 교감과 같은 문제로 설명할 수 있다.

잇몸도 약간 붓고 충혈이 되어 때로는 출혈이 있을 수도 있다. 또한 임신을 지속시키는 호르몬인 프로게스테론의 증가로 장운동이 저하되며 변비가 생길 수도 있고, 다수의 임산부의 경우 커진 자궁이 항문 주변의 혈관을 압박하여 치핵(흔히 치질이라고 함)이 생기기도 한다.

3) 임신 중의 성생활

임신 중의 부부는 이전의 생활보다 커피, 습관성 약물, 음주, 흡연 등을 각별히 자제하는 것이 바람직하며, 이것은 아내와 남편 모두의 책임으로 받아들여야 한다.

임신 중 최적의 태내환경은 태아의 건강과 직결되므로 임산부는 알맞은 일이나 운동과 적절한 휴식, 균형 잡힌 식사 그리고 질병 감염과 흡연, 음주, 약물 복용을 피하고 상황에 따라 올바른 자세를 취하는 등 무리하지 않는 범위 내에서 일상생활을 하는 것이 좋다.

임신을 하게 되면 난소의 기능이 중단되어 배란현상이 일어나지 않기 때문에 월경이 중단된다. 따라서 피임에 대한 걱정없이 부부가 성생활을 가질 수 있으며 성관계를 가져도 태아는 자동적으로 보호가 된다. 그러나 임신 중의 성생활에서 생길 수 있는 세균 침입을 예방하기 위하여 임신기간 동안 청결함과 콘돔을 사용한다면 도움이 될 수도 있다.

임신 3개월 이전에는 태반이 아직 완성되지 않았으므로 주의를 요하며 임신 말기에는 출산을 앞두고 있으므로 활발한 성생활은 피하여야 한다. 또한 임신 중인 임산부의 경우 예민하고 정서적으로 불안정한 상태에 있을 수 있으므로 남편의 관심과 함께 아내를 편안하게 해주도록 노력하며 부부는 정서적 안정감을 얻을 수 있도록 해야 할 것이다.

2. 출산

출산delivery은 인간이 겪는 경험 중에서 가장 고통스럽지만 매우 숭고하고 기쁜 과정으로 받아들여야 할 것이며 남편도 함께 출산을 경험하며 아내에게 적극적으로 협조하는 자세가 필요하다. 뿐만 아니라 아기가 태어남으로Tj 부모로서 새로운 생활을 시작하는 정신적인 준비로 성장할 수 있는 성숙한 삶의 태도가 요구된다.

1) 출산

태아가 골반으로 하강하여 어머니의 아랫배가 불러오면 분만일이 임박했다는 징후로 볼 수 있다. 또한 분만이 멀지 않았다는 징후로 가벼운 진통과 요통을 느낄 수도 있다. 이러한 증상이 나타나고 일주일 정도가 지나면 혈액이 섞인 이슬이 보이면 분만이 시작된다(정옥분, 2006). 이처럼 아기의 출산은 통제불능의 사건으로 그 과정이 복잡하고 어렵다.

출산과정은 인공분만과 자연분만으로 나눌 수 있는데, 자연분만은 말 그대로 자궁수축을 통해 태아가 출산되는 것으로 회복력이 빠르고 분만 후 즉시 수유할 수 있다.

인공분만은 산모나 태아가 아무런 활동 없이 의학적으로 출산이 진행되는 것으로 회복기간이 길고 약물(예: 항생제)의 사용으로 모유 수유를 일정기간 제한하여야 한다.

출산 후에 여성의 성기 회복은 6~8주 후 거의 회복이 된다. 부부의 성관계는 어려움이 없으나 산모가 에너지 소진과 임신에 대한 두려움 그리고 신체적인 변화로 어려움이 나타날 수도 있고 아기의 탄생으로 기쁨과 즐거움을 경험하기도 한다. 그리고 남편도 아버지가 되었다는 흥분과 감격을 경험하기도 하고 변화에 따른 역할과 두려움과 책임감을 느낀다. 부부는 친밀한 대화와 관심으로 서로 도와주고 애정을 나누는 것이 출산 후 매우 중요하다.

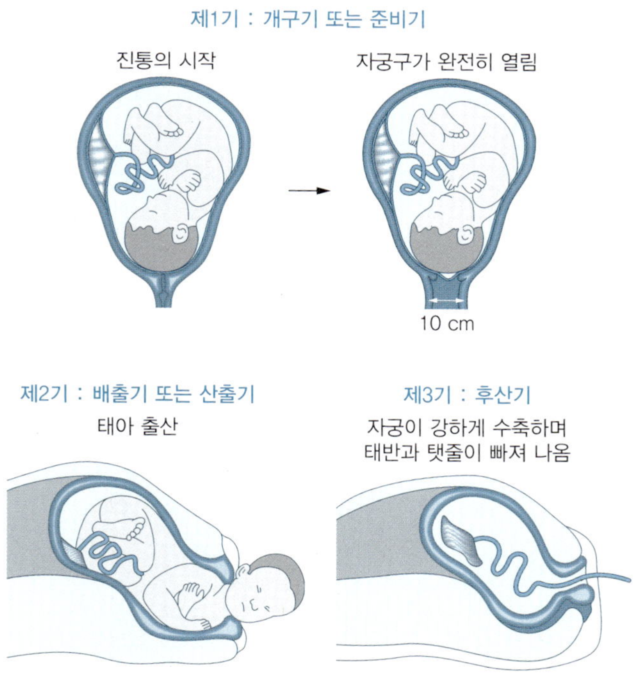

그림 12-2 출산의 진행단계

자녀 출산 후 부부의 성생활(교착상태 끝내기)

많은 부부는 자녀가 출산하면 생활에 지각변동이 일어날 것이라고 생각한다. 그러나 그 변동이 얼마나 오래 지속될 지는 잘 알지 못한다. 1990년에 발간된 킨제이 보고서는 50% 이상의 부부가 자녀 출산 후 1년까지 정상적인 성관계를 갖지 못했다고 밝혔다. 성적인 교착상태를 깨뜨리는 핵심문제를 모호하게 하는 비판, 죄의식, 비난을 하지 않는 것이다.

당신의 결혼생활은 무시당하면서도 칙칙 소리를 내며 달리는 훌륭한 중고차 같지 않는가? 결혼생활에서 자녀들은 대변동을 일으키는 계기가 될 수 있지만, 결혼생활 초기 몇 년간 형성된 유형은 깨기가 힘들다. 결혼생활에서 서로 멀어지고 있음을 느낄 때 함께 극복하는 방법으로는 다음과 같다.

1 외부 스트레스가 부부 중 한 사람 아니면 두 사람 모두에게 영향을 미치고 있다고 생각하라. 업무 스트레스, 질병, 노쇠하신 부모님에 대한 걱정 또는 자녀의 학교문제 역시 애정생활에 영향을 준다.

2 훌륭한 성관계에 대한 기준을 바꾸라. 부부의 성관계에 대해 배우자와 솔직하게 이야기하라. 오늘날 부부의 성관계는 부모님 세대와는 다르며, 이는 다른 방법으로도 즐길 수 있음을 의미한다. 만약 성관계를 할 마음이 내키지 않으면 변화를 주어 대안을 제시한다. 구강 섹스를 할 수도 있고 남편이 자위행위를 하면서 당신을 애무하게 할 수도 있으며 혹은 침대에 누워 성적 쾌락을 추구하거나 남편과 공상에 잠길 수도 있다.

3 부부간의 성관계를 너무 심각하게 생각하지 말라. 대부분의 사람들은 성관계를 지나칠 정도로 심각하게 받아들여서 침실에서 있을 수 있는 즐거운 일들을 잊어버리게 된다. 부부가 함께 웃으면 일반적으로 두 사람은 보다 더 사랑을 느낄 수 있게 된다.

4 과거에 대한 기억들을 소중히 간직하라. 배우자는 어떻게 만났는지, 서로에 대한 첫인상, 이 사람이 유일한 사람임을 알았을 때의 추억을 세세히 떠올리면 그때의 감정이 물밀듯이 밀려오고, 이는 과거와 현재를 잇는 가교 역할을 할 수 있을 것이다. 또 이러한 기억들은 시간이 가져온 변화는 물론 모든 부부관계에서 불가피한 변화나 실망을 해결하는 태도에 도움을 줄 수 있다.

5 배우자보다 어린 자녀들을 더 사랑하는 경우에도 당신 스스로 자책하지 말라. 나이 어린 자녀들은 당신의 정력과 창의성을 점차 약화시킬 수 있다. 자녀를 가짐으로써 무의식적으로 나타나는 일반적인 현상이다.

6 일주일에 한 번은 아이를 돌볼 사람을 구해서 맡겨라. 그렇게 하면 아이 걱정은 하지 않아도 된다. 맞벌이 부부라면 점심을 함께하라. 어쨌든 당신은 자녀를 돌보는 비용을 지불하고 있으니 그것을 이용하도록 하라.

7 서로의 감정과 욕구를 알라. "난 당신이 무시당한 느낌을 알았고 또 우리 둘만의 시간을 더 많이 갖기를 원해요."라고 말하기만 해도 두 사람 모두에게 호의적인 감정을 갖게 하고 또 실제 결혼생활이 아주 잘 맞지 않는 경우일지라도 화합케 한다. 부부 친밀도의 균형에 대한 느낌과 부모가 된 이후에 당신 자신과 서로를 보는 시각에 대해 자주 이야기를 나누라.

8 부부는 각자 욕구를 충족시킬 수 있도록 하라. 당신은 지금 하고 있는 일을 정말로 즐기고 있는지, 자녀를 낳기 전의 부부생활에서 아쉬웠던 점은 무엇이었는지, 영화관에는 가는지, 운동할 시간은 있는지, 스스로 잠자고 잡지책 읽은 시간은? 비록 상당한 제한된 정도일지라도 그렇게 할 수 있는 방안을 찾으라.

2) 수유

수유는 산모나 아이에게 건강하고 행복한 삶을 유지할 수 있게 하고 아기의 음식으로 산모와 모든 측면에서 연결되는 과정이다. 우리나라는 전통적으로 모유 수유를 원칙으로 하여 산모와 아기가 친밀해지고 긍정적이며 안정적인 생활을 하였다. 그러나 오늘날 우리 사회에서는 인공 수유가 모유 수유보다 더 많은 것으로 나타나고 있다.

모유는 아기 성장에 가장 이상적인 영양 조성을 가지고 있고, 특히 모유는 영양적, 면역학적 이점이 있어 세계보건기구WHO에서는 첫 6개월 동안은 모유를 위주로 먹일 것을 권장하는 한편, 생후 2년 정도까지도 모유 수유를 지속하는 것을 추천하고 있다. 모유 수유를 돕기 위한 모유의 장점과 유방관리 그리고 수유방법 등에 대한 올바른 인식과 함께 모유권장운동이 확산되어야 한다.

모유 수유의 장점과 부부의 성생활에 미치는 영향을 살펴보면, 모유 수유는 출산 후에 자궁 수축이 이루어져야 하는 산모에게 자궁 수축이 되도록 도움을 주고 회복을 빠르게 돕는다. 인공 수유보다 모유 수유의 장점이 훨씬 많으므로 불가피한 상황을 제외하고는 모유 수유를 하는 것이 바람직하고 임신기간과 마찬가지로 술, 담배, 내복약, 인스턴트 음식 등을 피하는 것이 산모나 아기의 건강에도 매우 좋다.

최근 산모들이 먼저 아기에게 모유를 먹이기 위한 노력을 하는 여성들이 많아지고 모유 먹이기 캠페인도 활발하다. 이러한 모유 수유의 장점으로는 다음과 같다.

- 산모의 풍부하고 충분한 영양으로 건강한 발달과 면역력을 증가시킨다.
- 산모와 피부의 접촉으로 정서적 안정감과 인지 발달을 촉진한다.
- 월경이 재개되지 않아 피임의 효과를 지속시킨다.
- 여성의 유방암의 발생률을 낮추고 건강하게 회복력을 증진시킨다.
- 간편하고 경제적이다.

(1) 모유의 이점 및 중요성

① 초유의 특성 및 이점

초유는 출산 후 이틀 정도 지나면 나오기 시작하여 일주일 정도 나오는 모유를 말한다. 카로틴 함량이 많아 노란빛을 띠는 초유는 〈표 12-1〉에서 보는 바와 같은 특징과 이점을 가지고 있어, 초유 이후에 나오는 모유와 다른 특징을 가지고 있다. 특히 초유는 생후 초기에 아기의 체내 상태에 알맞고, 새로운 생명현상의 유지를 위한 환경에 적응을 잘하도록 도와주므로 초유의 중요성에 대한 인식을 확고히 가질 필요가 있다.

표 12-1 초유의 특징 및 이점

초유 특징	이점
• 묽다. • 단백질 함량이 높다. • 당 함량이 낮다. • 지방 함량이 낮다.	• 초기 약한 소화기관에 적응을 잘하도록 조성되어 있다.
• 나트륨, 칼륨, 염소, 아연, 철분 등 함량 높다.	• 초기 무기질 균형 유지 및 뇌 구성에 도움이 된다.
• 신생아 소장에 점액 물질(meconium)을 만들어 준다.	• 장을 튼튼하게 하는 유익한 유산균들의 필수 성장 인자를 제공한다[예 : 락토바실러스 비피더스(*Lactobacillus bifidus*) 유산균].
• 풍부한 면역 항체를 함유하고 있다.	• 다양한 소화기 내 감염을 막는다.

② 모유의 이점

모유는 아기의 건강한 성장과 두뇌 발달에 필요한 많은 영양소를 가지고 있어 성분 조성이 우수하다. 이는 모유에 모든 영양소가 많이 들어 있다는 뜻은 아니며, 필요한 영양분이 필요한 만큼 들어 있다는 뜻이다. 특히 필수아미노산, 필수지방산, 비타민, 무기질 함량이 영아의 시기에 필요한 양으로 잘 조성되어 있다.

초유가 지난 모유에도 항감염 성분들이 있어 질병에 대한 저항력을 가지게 하기 때문에 여러 가지로 이롭다. 또한 수유하는 동안 어머니와의 신체적 접촉과 상호작용을 하는 등 정서적 교류를 함으로써 아기의 정서적·심리적 안정을 도모할 수 있다는 큰 이점도 있다.

(2) 모유 수유 방법 및 유의 사항

① 모유는 나오나 어머니가 직접 수유할 수 없는 경우 착유기로 모유를 짜서 보관해 두었다가 젖병 수유를 통해 모유를 아기에게 먹일 수 있다.

- 모유 착유기는 〈그림 12-3〉과 같은 제품이고, 종류는 다양하다. 모유 착유기는 유축기라고도 하는데, 수동식과 전자식이 있고, 착유기 선택 시에 환경호르몬 비스페놀-A(BPA)로부터 안전한 재질인지 확인하고 구입한다. 또한 세척과 소독이 가능한지 잘 보고 선택한다. 모유 착유 방법은 유축기를 유방에 대고 기구 조작의 원리대로 착유한다. 이때 안전한 압력 정도를 미리 연습해 보고 실시토록 한다. 〈그림 12-4〉에 실제 착유 모습을 보여주고 있다.
- 착유된 모유 보관 : 착유된 모유는 소독 용기에 담아 보관하는데, 일반적으로 가정용 냉장고의 냉장실에서 보관 시 하루 이상 두지 않도록 한다. 냉동실에서는 4~5일까지는 보관해도 무방하고, 급속 냉동일 경우 급속 냉동실에서 2~3개월 보관할 수 있다. 냉동 시에 착유한 날짜를 표시하여 냉동하고 먼저 착유한 모유부터 아기에게

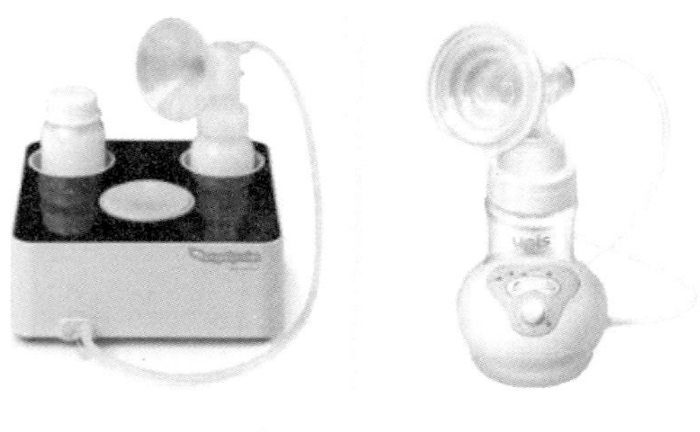

그림 12-3 모유 착유기

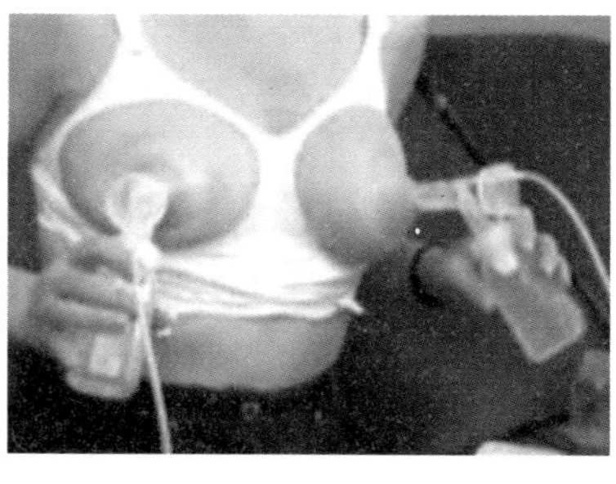

그림 12-4 실제 착유 모습

수유하도록 한다. 〈그림 12-5〉에 날짜 표시 스티커의 한 예를 제시하였다.

- 냉동 모유 해동 : 냉동 보관된 모유는 반드시 냉장실에서 서서히 해동시키도록 한다. 수유 전날 밤 냉장실에 넣어 해동하면 좋다. 해동된 모유는 따뜻한 물에 서서히 데운다(중탕). 이때 뜨거운 물이나 전자레인지를 사용하여 해동시키거나 데우면 성분 변화가 우려되므로 피한다.

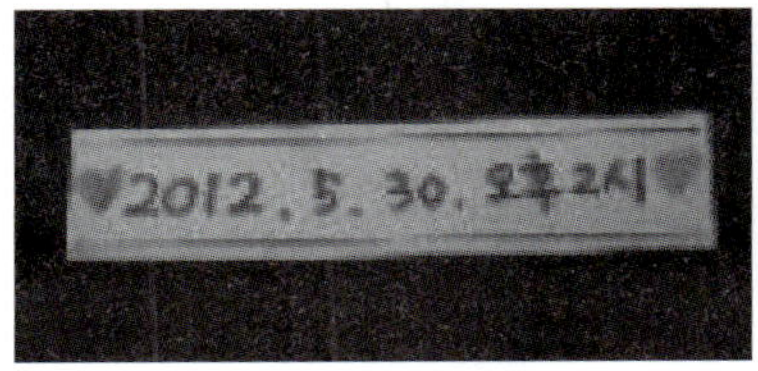

그림 12-5 날짜 표시 스티커

- 해동 모유 수유 : 해동하여 데워진 모유는 아기에게 먹이기 전에 충분히 흔들어 모유 속에 함유되어 있는 지방 성분이 엉기지 않고 잘 섞이도록 한다. 한 번 해동한 모유는 다시 냉동하거나 금방 짜낸 모유와 섞어 냉동하지 말고, 재사용하지 않고 버린다. 신생아 때는 아기가 많이 먹지 못하므로 적은 용기에 나누어 담아 냉동하는 것도 한 방법이다. 수유 시 젖꼭지가 달린 젖병을 이용하는데, 젖꼭지나 젖병은 물론 열탕 소독된 것을 사용하고, 이때의 젖꼭지는 모유 실감용을 이용하면 좋다. 이미 사용한 모유 보관용기는 젖병과 젖꼭지처럼 다시 소독하여 사용한다. 수유량과 횟수, 수유시간은 아기에 따라 개인차가 크다. 일반적으로 아기가 4개월이 될 때까지는 아기 고유의 생활 리듬에 맞추어 아기가 원할 때마다 먹을 수 있는 만큼 수유하는 것이 바람직하다. 1회 수유시간은 15분 정도가 적당하다.

표 12-2 수유 횟수와 시간 간격(하루기준)

월령	시간 간격	횟수
0~1개월	2~3시간	7~8회
1~3개월	3시간	6회
그 이후	수유 간격을 4시간으로 하고 수유 횟수도 맞추어 조절한다.	

- 적정한 수유량 : 엄마가 직접 수유할 때나 해동 모유를 수유할 때나 아기의 상황이 다음의 내용과 비슷하면 수유량이 적당하다고 할 수 있으며, 그렇지 않을 경우에는 조절이 필요하다.
  - 하루 6회 이상 소변을 보고, 소변이 옅은 노란색을 띠고 있다.

-하루 3~4회의 배변을 하고, 대변의 형태가 부드럽고 노란색이다.
-아기의 체중이 지속적으로 증가한다.
-아기가 수유 후 1~2시간 동안은 보채지 않고 자거나 잘 논다.

3) 인공 수유

인공 수유는 젖병을 이용한 수유를 말하며, 아기에게는 모유 수유가 가장 바람직하지만 아기와 산모의 건강상 문제가 있거나 그 외 부득이한 이유로 모유 영양이 불가능할 경우 인공수유를 선택하여 아기를 키운다. 인공 수유를 할 때에는 젖병과 젖꼭지 소독, 우유 양의 조제에 각별히 유의해야 한다.

(1) 인공 수유를 위한 준비

젖병, 계량스푼, 보온주전자, 분유, 열탕소독기, 젖병 닦는 솔 등이 필요하다.

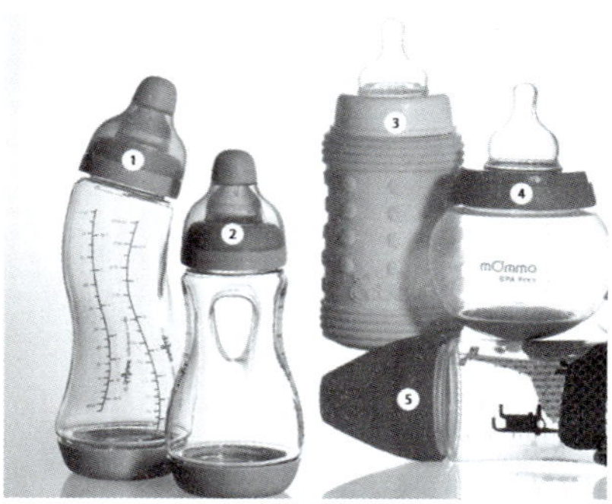
그림 12-6 다양한 젖병들

① 젖병

젖병은 열탕 소독을 하여 사용하므로 열탕에서도 환경호르몬이 나오지 않는 재질의 것을 선택하여 4~5개 준비한다. 요즘에는 환경호르몬 문제를 고려하여 환경호르몬이 검출되지 않는 합성 플라스틱 재질 외에 가벼운 경질 유리 및 스테인레스 스틸의 재질로 만들어진 젖병도 시판되고 있다. 〈그림 12-6〉에서는 실제 판매되는 젖병 몇 가지를 보여 주고 있으며, 이 외의 젖병도 포함하여 상황에 맞게 선택한다.

② 젖꼭지

젖꼭지 역시 환경 호르몬이 나오지 않는 인체에 무해한 재질의 것을 고른다. 아이에게 감촉을 좋게 해주는 모유 실감용 젖꼭지도 판매하고 있으며, 수유하다가 젖꼭지가 아기에게 맞지 않으면 곧바로 다른 젖꼭지로 바꾸어 아기에게 맞는 것을 선택하도록 한다.

젖꼭지는 종류도 다양하지만 젖꼭지 구멍의 크기도 다양하다. 아기가 성장함에 따라 빠는 힘이 세지고 먹는 양도 늘어나며, 분유 먹는 속도도 빨라지기 때문에 시기에 맞추어 젖꼭지를 바꾸어 주어야 한다. 젖꼭지 구멍이 너무 작으면 신생아 때를 제외하고는 아기가 빨기 힘들어 충분한 양을 섭취하지 못한다. 반대로 구멍이 너무 클 경우, 분유를 급하게 먹어 공기를 많이 삼키고 구역질을 할 수도 있으니 잘 살펴서 선택한다. 젖병과 젖꼭지는 반드시 매번 철저히 열탕 소독 후 건조하여 사용한다.

③ 분유

분유는 시중에 판매되는 일반 제품을 사용하면 되나, 아기에 따라서 특수 분유를 먹여야 되는 경우도 있다. 특수 분유는 설사 분유, 유당 소화장애용 분유, 저알레르기 분유, 콩 분유 등 〈표 12-3〉에서 살펴볼 수 있다.

표 12-3 **특수 분유의 종류와 특징**

분유 종류	특징
설사 분유	아기가 설사할 때 먹이는 분유로서 설사 중인 아기의 장을 자극하지 않으면서 필요한 영양분을 보충해 주기 위해 특수하게 제조된 분유이다. 이때 아기가 세균성, 바이러스성 설사인 경우와 과식 등 소화불량성 설사인지 확인하고 분유를 선택한다.
유당 소화장애 분유	아기에 따라서 유당을 분해하는 효소가 결핍된 경우에 선택하여 먹인다.
저알레르기 분유	우유 단백질에 대해 알레르기 반응을 보이는 아기에게 저단백 비율로 조제된 저알레르지성 특수 분유를 먹인다.
콩 분유	콩 분유의 단백질은 대두 단백질로서 우유 단백질에 알레르기가 있는 아기도 이 분유를 선택할 수 있고, 유당이 없으므로 유당 소화장애의 아기나 설사 후 단백질 및 유당 분해효소가 일시적으로 부족한 시기에 이 분유를 선택하여 먹일 수 있다.

분유제품에 표시된 대로 월령에 맞는 양의 우유를 먹이도록 한다. 인공 수유를 위한 분유액을 만들기 전에 항상 손을 깨끗이 씻어야 손의 세균에 의한 감염을 막을 수 있다.

(2) 분유 타기

일반적으로 물 20mL에 분유 계량스푼 한 숟가락을 수평으로 깎아서 제조하는데, 분유마다 월령에 맞게 표시된 기준에 맞추고 아기 상황에 따라 그 양을 조절한다.

① 물 준비

필수적 영양분이 다 들어 있도록 분유를 제조하였기 때문에 원칙적으로 물은 맹물(수돗물, 정수기물, 생수 가능)을 준비한다. 그리고 어떤 물이든 반드시 100℃로 10분 정도 끓여서 식힌 물(약 40℃ 정도)을 준비한다. 너무 온도가 높으면 열에 약한 영양소의 파괴가 우려되고, 너무 낮은 온도에서는 분유가 잘 풀어지지 않을 뿐만 아니라 차갑게 아기에게 먹이면 체온 저하가 올 수 있다.

② 분유 제조

분유는 다음의 순서대로 제조한다.

- 먹일 양의 반 정도의 물을 소독한 젖병에 붓는다.
- 분유를 계량스푼으로 떠서 분유통에 부착된 부분에 깎아낸 후 일정량을 젖병에 넣는다. 이때 계량스푼을 깎지 않고 계량하면 우유의 농도가 짙어져 소화장애를 일으킬 수 있으므로 주의해야 한다. 흔들어 섞은 후 나머지 물을 넣어 채운다.
- 소독한 젖꼭지를 끼운다. 이때 아기의 입안으로 들어가는 젖꼭지 부분은 손이 닿지 않도록 한다.
- 잘 흔들어서 완전히 분유가 잘 풀어지도록 한다. 분유액의 양과 농도는 월령에 따른 표준량이 분유통에 표시되어 있는 것을 따르면 되지만, 개인차가 있을 수 있으므로 꼭 지키지 않아도 되고 아기의 상태에 따라 조절하면 된다.

③ 분유 제조 횟수

분유 수유 횟수는 〈표 12-4〉를 참조하고, 아기의 상태에 따라 배고픈 신호가 있으면 바로 수유하도록 한다. 아기의 배고픈 신호는 다음과 같다.

- 주먹을 꽉 쥐고 손이 얼굴 가까이에 있다.
- 팔과 다리에 힘을 주어 구부리고 있다.
- 울거나 보챈다.
- 손을 입으로 가져가거나 입 속에 넣고 소리를 내며 빤다.
- 뺨에 손을 대면 손을 댄 곳으로 얼굴을 돌리고 입을 벌려 먹으려 한다.
- 안아주면 엄마 젖이 있는 쪽으로 얼굴과 몸을 돌린다.
- 수유 시 빠는 소리와 삼키는 소리가 규칙적으로 들린다.

표 12-4 월령에 따른 분유 수유

월령	수유 간격	수유 횟수	1회 수유량
신생아	3~4시간	6~10회	60~90cc
1개월	4시간	6~9회	70~120cc
2~3개월	5시간	5~6회	120~180cc
4~7개월	5시간	4~5회	150~200cc

분유는 미리 타 놓지 말고 먹일 때마다 새로 타서 먹이는 것이 가장 바람직하다. 부득이 한 경우 냉장보관 했다가 따뜻한 물에 데워 먹일 수도 있으나 되도록 피하는 것이 좋다. 이런 경우라도 냉장고에서 반나절 이상 지난 분유액은 과감히 버린다.

(3) 젖병 수유하기

수유하기 전에 우유를 양육자의 손목 안쪽에 2~3방울 떨어뜨려 우유의 온도와 나오는 속도를 확인한다. 이때 우유의 온도는 약간 따뜻한 온도(약 37~40℃)가 적당하다. 때로는 젖병 속에 공기가 많이 들어가 있는 경우 우유가 갑자기 뿜어 나올 수 있으므로 방울방울 떨어지는 것을 확인한 후 아기에게 수유한다.

아기가 졸고 있는 경우에는 아기를 충분히 깨운 뒤 수유를 해야 아기에게 필요한 양을 충분히 공급해 줄 수 있다. 졸고 있는 아기는 아기의 몸을 쓰다듬어 주거나 곧추세워 안고 몸을 문질러 주면 아기를 깨울 수 있다.

인공 수유 시에도 모유 수유 시와 동일하게 팔로 감싸 편안하게 아기를 안고 수유하며(그림 12-7 참조), 아기에게 "아" 소리를 내어 아기가 입을 벌리면 젖꼭지가 아기 입 속으로 충분히 들어가게 넣는다. 수유 중에 젖꼭지 부분이 항상 우유로 가득 차 있도록 젖병을 비스듬히 눕혀 아기 입 속으로 공기가 들어가지 않게 주의한다. 수유하면서 양육자와 즐거운 감정의 상호 교류를 통해 아기의 인지 및 정서 발달을 촉진시켜 주도록 한다.

그림 12-7 젖병 수유 모습

(4) 트림시키기

① 왜 트림을 시켜야 하나?

수유를 할 때 분유액과 함께 공기를 삼켜 위의 압력이 높아지게 되고, 비교적 근육 발달이 덜 된 부분(식도와 위 사이)의 우유가 밀려나게 되면서 분유를 토하거나 기도로 들어갈 수 있다. 영아는 아직 위가 덜 발달되어 있기 때문에 위로 공기를 들여 마시면 토할 수밖에 없다. 따라서 위 안의 공기를 빼주어야 토하지 않고 소화를 잘 시킬 수 있게 된다. 아기에 따라 수유 중에 중간 중간 트림을 시켜야 될 수도 있으므로 잘 살펴본다.

② 트림시키는 방법

아기를 트림시는 방법은 다음과 같다(그림 12-8).

- 아기 상체를 세워 앉힌 다음 머리를 양육자의 가슴쪽에 기대게 한다. 양육자의 어깨에 아기의 머리를 고정하고, 한 손으로 아기를 잘 잡고 다른 한 손으로는 부드럽게 아기 등을 두드린다.
- 아기를 양육자의 넓적다리 위에 앉힌 다음 한 손으로 아기의 머리와 가슴을 받치고, 다른 한 손으로는 부드럽게 아기 등을 두드린다.
- 아기의 등이 위로 오게 해서 양육자의 넓적다리 위에 놓는다. 이때 아기의 머리를 가슴보다 약간 높인 상태로 잘 받친 후, 한 손으로 부드럽게 아기를 잘 두드린다.

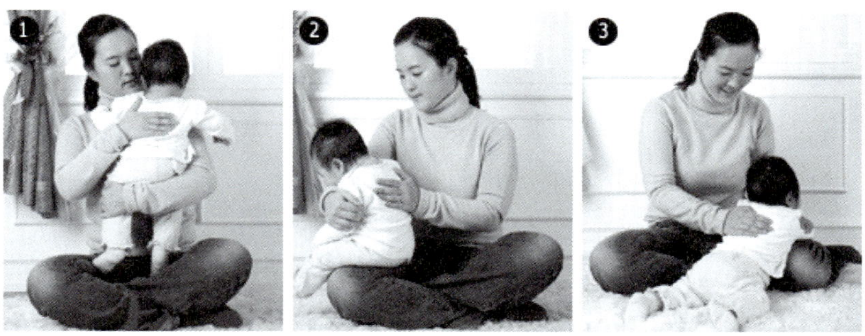

그림 12-8 아기 트림시키기

(5) 수유 후 관리

수유 후 남은 우유는 과감히 버린다. 우유를 남겨 두면 아기의 입과 침을 통해 젖병 안으로 들어간 세균이 그 안에서 번식하므로 상하게 된다. 따라서 다시 아기에게 먹이면 안 된다. 젖병과 젖꼭지 모두 바로 씻어 소독한다. 분유 찌꺼기가 남아 있으면 세균이 번식하므로 씻어야 하며, 찌꺼기가 마르게 되면 씻어 내기 힘들기 때문이다. 젖병은 젖꼭지와 같이 열탕 소독을 하는데, 끓는 물 속에서 10분 정도 끓여 소독한다. 이때 시중에 나와 있는 열탕소독기를 사용해도 된다.

(6) 분유 교체

특별한 이유가 없으면 분유를 바꾸어 먹일 필요는 없다. 부득이하게 분유를 바꿔야 하는 경우, 며칠에 걸쳐 서서히 비율을 조정해 가며 새 분유로 바꾼다. 이렇게 해야 아기의 장이 잘 적응하게 된다.

(7) 그 외 고려할 점

밤중에 아기가 배고파하면 수유를 해주어야 한다. 그러나 밤중에 아이가 깨어나 먹고 싶어 한다고 다 배고픈 것은 아니다. 밤에 너무 자주 먹으려 하면 아기의 수면에 방해되므로 낮에 많이 먹이고, 자기 전에 충분히 먹여서 식습관을 바꾸어 밤에 배고프지 않게 해준다. 그렇게 함으로써 밤에 잘 깨지 않고 잠을 자면서 정상적인 성장을 이룰 수 있게 되는 것이다.

생후 6개월이 지나도 밤에 자꾸 먹으려 한다면 적극적으로 식습관을 바꾸어 밤중 수유를 조절해야 한다. 즉, 낮에 많이 먹는 연습, 자기 전에 충분히 먹는 연습을 하고, 잘 때 젖을 물리는 습관을 버리며, 밤에는 잠을 자야 하는 것을 가르친다. 밤중에 잠이 깼을 때에는 먹을 것을 주고 놀아주거나 흔들거나 하지 말고 어두운 상태에서 토닥이며 조용히 잠을 재운다.

분유 수유는 이유식이 시작되면서 횟수와 양이 줄어든다. 생후 1년까지는 분유가 주식이 되며, 생후 1년 후에는 분유 대신 생우유를 먹여도 된다. 그 시기가 지나면 다른 음식에서 주 영양분을 공급받아야 하므로 자연스럽게 이유식으로 이동하게 된다. 그러나 이유식을 잘 먹지 못하는 경우에는 분유나 우유를 당분간 좀 더 주식으로 먹여도 무리는 없다.

참고문헌

여성가족부(2005). **표준보육과정 총론.**

이영숙, 고명숙, 김혜자, 심미정, 오현이, 이은숙 외(2001). **여성건강간호학Ⅰ.** 서울: 현문사.

장우심, 황혜정, 주영주, 구정아(2013). **아동간호학.** 서울: 학지사.

정옥분(2006). **아동발달의 이해.** 서울: 학지사.

채규만(2013). **성행동심리학.** 서울: 학지사.

우리나라의 낙태 실태 http://search.daum.net/search?nil_suggest=btn&w=tot&DA=SBC&q=%EC%9A%B0%EB%A6%AC%EB%82%98%EB%9D%BC%EC%9D%98+%EB%82%99%ED%83%9C%EC%8B%A4%ED%83%9C

CHAPTER 13

피임과 낙태

1. 피임

오늘날 우리 사회의 성에 대한 태도는 상당히 변화를 보이며 그러한 변화로 여러 가지 사회문제가 점차 증가하고 있는 실정이다. 이러한 변화 속에서 혼전임신, 인위적인 낙태, 성병 증가, 성폭력, 성매매 등의 성적 문제는 개인 자신은 물론 사회 전체에 심각한 수준의 영향을 미치고 있다.

현대에 이르러 다양한 피임법이 발달하고 피임contraception의 확산으로 자신의 선택에 의해 출산을 조절하는 현상이 저출산으로 인한 인구대비의 심각한 불균형으로 사회문제를 초래하기도 하였다. 다른 한편으로는 정상적인 결혼생활이나 부모가 될 준비가 되어 있지 않은 상태에서 성행위로 인한 원치 않는 임신과 출산으로 버려지는 아이들이 해마다 증가하고 있을 뿐만 아니라, 이 아이들이 해외 이송과 입양의 문제 등으로 야기되는 결과는 참으로 우려되는 상황이다. 그러므로 원치 않는 임신, 준비되지 않은 상태의 임신을 예방하기 위하여 피임에 대한 올바른 태도와 방법에 대해 살펴보고자 한다.

1) 피임에 대한 태도

피임은 바람직하지 않은 성행위에 대한 책임 있는 자세의 성행동으로 성적 질병 감염을 감소시키기도 하며 임신을 조절하는 것으로서 낙태를 예방하기도 하는 생명 존중의 개념이다. 그러나 피임은 성공적이기도 하지만 피임 회피나 피임기구의 잘못된 사용법으로 실패하기도 한다. 피임에 관한 올바른 지식으로 자신에게 알맞은 방법을 알고 서로 함께하는 책임 있는 공동의 노력은 매우 중요하다.

피임에 대한 태도는 일반적으로 여성과 남성의 성에 대한 태도와 어떤 방법을 사용할 것인지에 대해 개인의 건강 상태, 심리적 요인, 성생활의 패턴, 선호도, 과거의 경험 등이 영향을 미치기도 한다. 오늘날은 피임법의 발달과 함께 피임을 준비하고 계획하는 준비된 성생활이 필수라고 하겠다.

피임은 정자와 난자의 결합을 막는 방법으로 원하지 않는 임신을 예방하고 서로 더 만족스럽고 안정된 성관계를 갖도록 한다. 따라서 서로 충분히 상의하여 출산 여부와 계획에 따른 출산을 원한다면 반드시 피임을 해야 한다.

피임에 대한 부정적인 태도는 피임을 하지 않거나 실패하는 경우에 영향을 미친다. 첫째, 여성들에게는 피임이 매우 영향력을 미치는 경우로써 여성이 피임에 대해 적극적이면 성경험이 있는 것처럼 의심을 하거나 여성의 몸에서 일어나는 현상이니 여성이 책임져야 한다는 생각으로 피임을 하지 않는 남성들의 이중적인 태도이다. 둘째, 피임방법의 무지로 인한 낙태나 사후피임 등의 잘못된 피임지식이다. 셋째, 남성들이 일반적으로 할 수 있는 피임방법인 콘돔의 사용은 성감이 떨어지고 분위기를 해칠 것을 우려해서 피임을 하지 않는 남성의 이기적인 경우이다. 넷째, 피임도구를 준비하지 않고 설마 임신이 될까 하는 생각과 분위기 때문에 서로에게 피임 행동을 전가하는 잘못된 책임감과 부재로 실패하는 경우이다. 이렇게 피임이 동반되지 않은 성생활은 여성과 태아에게 정신적·육체적으로 바람직한 영향을 미치지 못하며 두 사람 모두에게 불안하므로 비효율적인 영향을 미친다. 그러므로 두 사람은 일관되게 피임을 생활화하여 긍정적이고 건강한 관계를 형성할 수 있어야 할 것이다.

따라서 성관계 시 피임의 경우 즐길 때와 출산에 따라 선택하는 부차적인 것이라고 생각하는 태도에서 벗어나 성관계와 피임방법은 미리 서로 상의하고 합의하는 것이 좋다. 또한 상대방에게 자신이 원하는 바를 말할 수 있고 서로 다른 상대방의 의사를 적극 수용하고 존중하며 배려하는 것은 중요하다. 이는 피임에 대한 가치 있는 태도로서 책임의식을 가지고 준비된 행동이 뒤따라야 할 것이며, 피임에 대한 상호 합의로 임신을 원치 않을 경우 금욕과 절제 및 적합한 피임방법을 실시해야 할 것이다.

2) 피임의 방법

피임방법은 고대 이집트 유적에서 발견되었듯이 아주 오래전부터 나무 열매, 석류의 껍질 등으로 배란을 억제하기도 하고, 꿀이나 악어의 배설물과 양의 창자 등으로 정자의 활동을 억제하는 피임법으로 사용하였다. 그러나 비교적 효과적이지 못해 성교의 회피나 절제, 항문성교 등의 다양한 방법을 사용하였고 근대에 이르러 많은 연구와 노력으로 현대사회에 과학적인 방법으로 사용할 수 있게 되었다.

현대에도 완벽한 효과를 나타내는 피임방법은 아직 없지만 피임을 선택할 때 안전하고 올바른 피임방법을 알고 자신에게 알맞고 부작용이 적으며, 사용이 간편하고 비교적 효과가 정확한 방법을 선택하도록 하여야 한다.

피임방법으로는 남성과 여성이 사용할 수 있는 방법으로 나눌 수 있으며 일시적 피임법과 영구적 피임법으로도 나눈다. 이 책에서는 자연 피임법, 기구이용 피임법, 화학적 피임법, 수술 피임법 등으로 나누어 설명하고자 한다.

(1) 자연 피임법

① 성교 중절법

남성이 성교 도중에 사정을 억제하여 질에서 음경을 빼내 성교를 중단하고 마무리하여 임신을 예방하는 방법으로 사정억제법이라고도 한다. 특별한 피임도구가 필요없지만 남성에게 강한 자제력이 요구되고 정신적 부담이 커 실패율이 높다고 할 수 있다.

② 질 외 사정법(coitus interruptus)

남성이 성교 도중 사정하기 전에 음경을 빼내어 질 외에 사정함으로써 임신을 예방하는 방법으로 까다롭지는 않으나 남성의 감정 조절이나 사정 시기를 조절해야 하므로 다른 피임방법을 전혀 사용하지 못하는 경우에 주로 이용하면 좋다.

③ 월경주기법

달력주기법이라고도 하는데 여성의 생리주기를 이용하여 가임기간을 계산하는 것으로써 그 기간에 성교를 피하거나 다른 피임방법을 사용함으로써 임신을 막는 방법이다. 그러나 여성의 생리가 불규칙할 경우 배란일의 변화가 있어 피임에 실패할 가능성이 높다.

지난 6개월간의 월경주기 중 가장 짧은 주기에서 18일을 뺀 날짜로부터 가장 긴 주기에

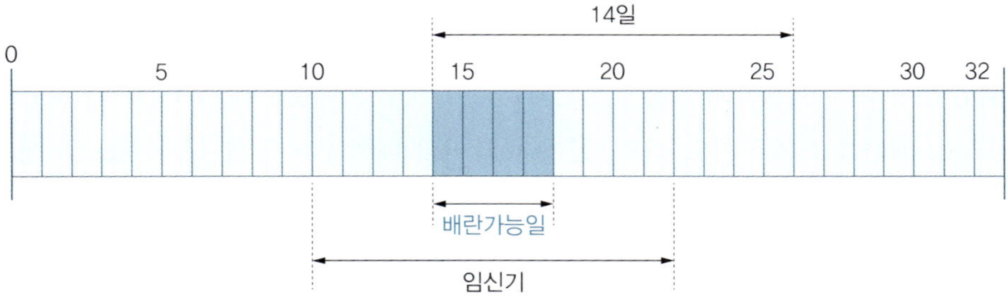

그림 13-1 월경주기법

서 11일을 뺀 날짜까지가 임신이 가능한 시기이다. 월경 주기가 28~30일인 여성의 경우에는 월경주기 10일부터 19일까지가 임신이 되는 기간이므로 이때를 피해야 한다.

임신 위험기간 계산방법

- 임신 위험기간의 시작일은 가장 짧은 월경주기 : 18일
- 임신 위험기간의 끝날은 가장 긴 월경주기 : 11일

④ 기초체온법(basal body temperature)

여성이 배란 후에 기초체온이 상승하는 생리적 현상을 이용하는 방법이다. 매일 기초체온을 차트에 기록하고 월경 첫째 날부터 체온이 상승한 후 3일째까지 성교를 피함으로써 임신을 예방할 수 있다. 아침마다 일정한 시간에 기초체온을 측정해야 하고 잊어버리지 않도록 해야 한다.

기초체온은 매일 체온을 재는 전일과 비교하는 것이므로 체온을 측정하는 시간과 운동량에 따라 달라지므로 늘 일정한 상태에서 측정해야 하는 것이 단점이다.

⑤ 점액관찰법(The Billings' ovulation method)

여성의 에스트로겐 분비 정도에 따른 자궁경관 점액의 주기적 변화를 인식하고 점액 양상을 관찰하여 가임기를 알아내어 피임에 적용하는 방법이다.

점액의 양상이 묽고 날달걀의 흰자위처럼 늘어질 때를 가임기간으로 보며, 점액의 양상이 탁할 때를 불임기간으로 보는 것이다. 점액관찰법을 시행할 때 주의해야 할 점은 냉과 같은 질 분비물과 혼동되지 않도록 점액의 느낌을 확실히 인지해야 하며, 자신의 배란

을 예민하게 예측할 수 없는 사람들은 사용하기 어렵다는 것이 단점이다.

(2) 기구이용 피임법

① 콘돔과 페미돔

콘돔condom은 남자의 대표적인 피임기구로 성교를 하기 전 음경이 발기했을 때 덮어씌우는 보호막으로 정자가 질 속으로 들어가지 못하도록 막는 방법이다. 피임효과가 높은 편이며, 일반적으로 라텍스 고무 소재로 모양, 색깔, 크기, 표면 상태가 다양하고 휴대가 간편하다. 콘돔의 장점은 정확히만 사용하면 피임효과가 확실하며, 인체에 해가 없고, 성병 예방에 가장 효과적이다. 콘돔의 단점은 성감이나 접촉감이 다소 둔해질 수도 있으나 분만 경험이 없는 신혼부부에게 권장되고 있다.

페미돔femidon은 여성용 콘돔의 피임기구로 얇고 부드러운 폴리우레탄막으로 되어 있다. 남성용 콘돔과 길이는 비슷하나 폭이 넓은 편이다. 여성의 질 내에 장착함으로써 성교를 하는 동안 여성의 음부와 남성의 저부가 물리적으로 덮여 임신이나 성병 감염을 예방할 수 있다.

장점으로는 부작용이 없으며 피임 효과가 좋고 여성이 시행하므로 남성의 이해나 협력 없이도 사용할 수 있다.

② 피임용 격막

피임용 격막diaphragm pessary(다이아프램)은 가장자리 테가 유연한 돔 모양의 고무로 된 기구이다. 자궁경부를 막기 위해 질에 삽입함으로써 임신을 예방하는 것이다. 이것은 크림 타입이나 젤리 타입의 살정제와 병용해서 사용되며, 살정제는 다이아프램을 삽입하기 전에 돔의 양쪽 안에 넣는 방법을 취한다. 다이아프램의 단점은 사용 전에 의사의 진찰을 받아 자신에게 알맞은 크기를 정해야 하며, 여성 생식기에 대한 기초지식이 필요하고, 생활환경 등에 제한을 받는다는 점이다.

이와 같은 피임용 격막을 사용하는 여성은 적어도 1년에 한 번은 검사를 받는 것이 좋은데, 그것은 오랫동안 피임용 격막을 사용하던 사람도 삽입방법을 제대로 시행하지 않을 수 있고, 인공유산이나 출산을 하거나 체중이 변한다면 격막의 크기도 변해야 하므로 이것이 단점이라고 할 수 있다.

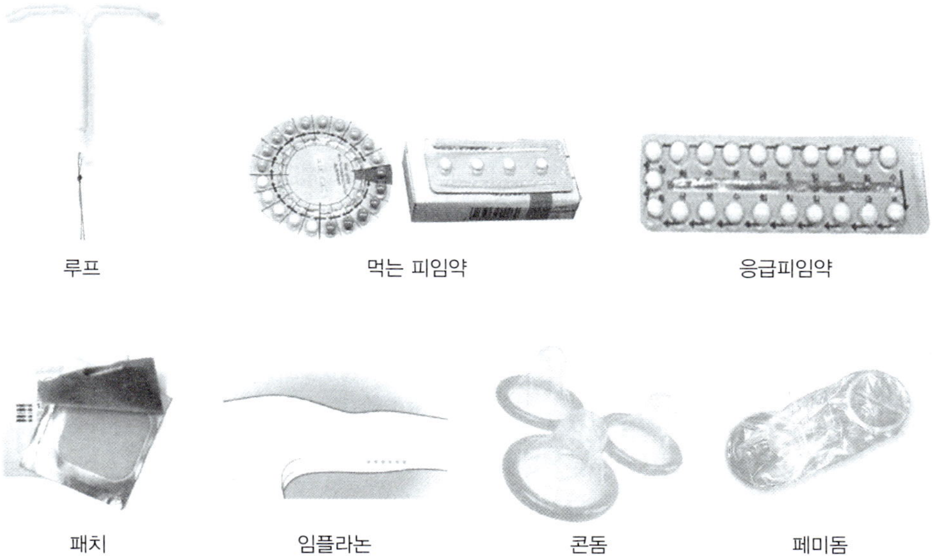

그림 13-2 기구 이용 피임도구의 종류

③ 자궁 내 삽입장치

자궁 내 장치intrauterine device or Loop는 금속, 플라스틱 또는 실라스틱으로 만들어진 작고 유연성 있는 기구를 말한다. 흔히 루프loop라고도 한다. 이러한 기구를 자궁 내에 삽입하여 수정란의 자궁 내 착상을 방지함으로써 임신을 막는 방법으로 장기간의 효과가 있지만 루프의 위치를 1년에 1~2회 정도 확인해야 한다.

루프의 종류로는 리페스, 카파세븐, 노바티 등이 있으며, 비싸고 질 내에서 움직일 수 있다는 것 그리고 저절로 빠질 수도 있다는 것이 단점이며, 한 번 삽입 시술하면 5년 정도 피임효과가 있다는 것이 장점이다. 임신을 원하면 바로 제거하여 임신할 수 있고 루프로 인해 생리량이 줄어들 수 있으므로 생리통을 줄이는 목적으로 사용하기도 한다. 시술 후 한 달 이내에 빠질 염려가 있어 한 달 후에는 검사를 받아야 한다.

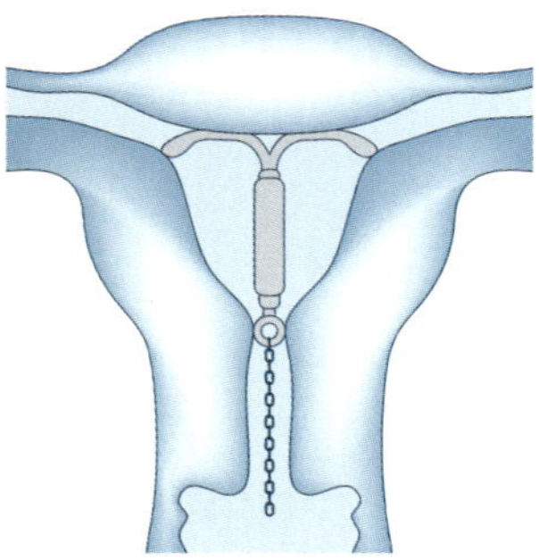

그림 13-3 자궁 내 삽입장치

자궁 내 장치를 사용하는 경우 간혹 출혈, 감염, 동통, 월경과다, 요통, 복통, 자연배출, 급성 또는 만성 골반염 등 부작용이 있을 수 있으나 자연배출 시에는 다시 삽입하여야 하며, 그 외의 증상들이 나타날 때는 전문의와 잘 상의하여야 한다.

자궁 내 장치는 이물질이므로 자궁에 염증성 반응을 일으킬 수 있으므로 미혼 여성에게는 잘 사용하지 않는다. 그러나 최근 원하지 않는 성관계 후 72시간 경과 후부터 5일 이내에 있는 대상자가 응급으로 삽입하게 되면 수정란의 착상을 억제하여 원하지 않는 임신을 방지할 수도 있다.

④ 임플라논

임플라논implanon은 작은 성냥개비 모양의 피임기구로써 월경주기 1일부터 5일 사이에 왼쪽 팔 안쪽 피부에 이식하는 방식이다. 3년 동안 항체 호르몬을 방출하여 배란을 억제하는 방법으로 장시간 피임을 원하는 여성, 더 이상 출산 계획이 없는 여성, 직장관계로 임신을 미루는 여성에게 적당한 피임방법이다. 피임효과는 우수하지만 출혈, 탈모, 두통, 체중 증가, 여드름의 부작용이 있을 수 있으므로 시술 시 전문의에게 충분한 설명을 들은 후 결정하여 시술하여야 한다.

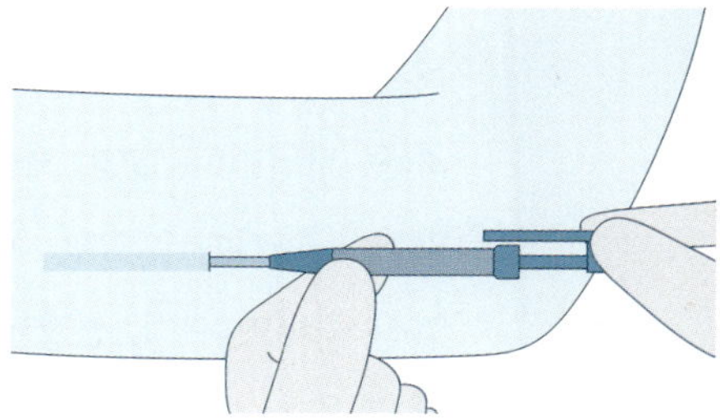

그림 13-4 임플라논

(3) 화학적 피임법

① 질 세척

성교 직후에 여성이 물로 질을 세척하는 방법을 말하며, 세척으로 정자가 완전히 제거되었음을 알 수 없으므로 피임효과를 기대하기 어렵다.

② 살정제

살정제spermicide에는 크림, 젤리, 좌약, 발포정, 분무식 포말제, 질 스펀지, 살정필름 등이 있다. 성교 5분 전에 깊숙이 삽입하여 질 내에서 정자가 생식기관의 상부로 이동하기 전에 정자의 활동성을 약화시키거나 죽이는 화학적 물질을 말한다. 질정 삽입 후 곧바로 성교 시에는 효과가 없으나, 피임용 젤리의 경우에는 질정과 달리 성교 직전에 사용할 수 있다. 실패율이 높은 편이지만 자주 성교를 하지 않는 불규칙한 패턴에서 주로 사용하는 편이다.

단점으로는 잘못 사용할 경우 및 유효기간과 보관을 잘못할 경우 실패가 많으며, 부부간의 협력이 있어야 한다.

③ 경구용 피임약

경구용 피임약oral pill은 여성의 피임방법으로 매우 효과가 높고 난포호르몬과 황체호르몬이 함께 들어 있어 배란을 억제하고 자궁경부의 점액을 끈끈하게 점도를 유지시켜 정자의 유입을 막아 준다. 이러한 작용은 정자가 자궁경부를 통과하여 자궁으로 들어가는 것을 방지한다. 피임약은 매일 한 알씩 일정시간에 빠지지 않고 21일간 복용하여야 하며, 7일간 쉬었다가 또 반복한다. 최근에는 영양제 7정이 포함되어 자연스럽게 28일 동안 지속적으로 복용하기도 한다. 피임약은 효과가 매우 높으나, 부작용으로 오심·구토, 대하증, 모닐리아 질염, 체중 증가, 월경의 비정상 등이 있을 수 있다. 특히, 현재 간질환을 앓거나 과거에 앓았던 여성, 특히 임신황달을 앓았던 여성이나 내분비질환이 있는 여성, 임신 중이거나 암, 신장질환, 심장질환, 알레르기성 질환과 같은 증상이 있을 경우에는 일단 복용을 중단하고 의사와 상의하여야 한다.

④ 사후 피임약

사후 피임약은 응급피임약emergency contraceptive pill이라고도 하며, 성관계 후 72시간 이내 반드시 병원의 진단과 전문의사의 처방과 함께 실시되어야 한다. 그렇지 않을 경우 신체적 후유증과 부작용이 동반되기도 한다. 성폭력이나 근친상간 등의 특수한 응급상황에서만 사용되는 피임방법이나 너무 손쉽게 사용할 경우 사회적으로 성적 문란의 소지가 생길 수도 있다.

(4) 수술 피임법

수술 피임방법은 영구적인 피임을 목적으로 하는 경우로써 부부는 자녀를 원하고 계획한 만큼 출산이 모두 이루어진 후 더 이상 임신계획이 없을 경우에 실시하며 반드시 부부간의 충분한 대화와 합의가 전제되어야 할 것이다. 남성의 경우 정관을 절제하는 정관수술과 여성의 경우 난관을 결찰하는 난관 수술방법이 있다.

① 정관수술

정관절제술vasectomy은 남성의 양쪽 정관을 자르거나 묶는 불임수술방법으로 수술 후에도 생물학적 성기능은 이상없이 유지되면서 피임효과가 있다. 정관을 차단함으로써 정자가 사정액에 유입되는 것을 막을 수 있다. 결국 정자가 없으므로 성교에 따른 수정이

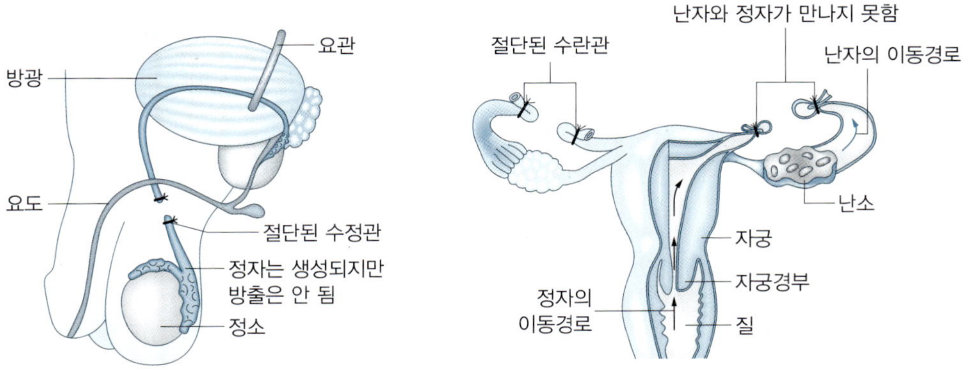

정관 수술 난관수술

그림 13-5 정관수술과 난관수술

이루어지지 않는 방법이다. 수술 후 1~2간은 가벼운 일은 가능하나 자전거, 말타기와 같은 운동은 피해야 하며, 이후 정관에 정자가 남아 있는지 검사를 하여야 한다. 이는 영구 불임방법으로 신중히 생각 후 시술하여야 하나, 수술 후 부작용으로 정관이 복구되어 임신이 가능한 경우도 있다.

② 난관수술

난관결찰술tubal ligation은 여성이 양쪽 난관을 막거나 자르는 불임수술이다. 난자와 정자가 난관을 통해 이동하여 만나 수정이 되는 과정을 차단함으로써 임신을 예방하는 방법으로 대부분 배꼽 밑을 소절개하여 복강경으로 수술을 하지만 제왕절개 시 출산과 함께 수술을 하기도 한다. 특히 복강경의 경우에는 단시간에 시술이 가능하며, 수술 후 곧바로 귀가가 가능하고 거의 흉터가 남지 않아 미용상의 이점이 있다.

2. 낙태

우리나라는 주요 선진국에 비해 낙태abortion 허용기준은 엄격하지만 낙태율abortion rate은 높은 수준이다. 미국(2013년, 15.9명), 노르웨이(2008년, 14.5명), 프랑스(2012년, 14.5명), 캐나다(2005년, 13.7명), 네덜란드(2013년, 8.5명) 등에 비해 우리나라는 최근 가임여성 1,000명당 낙태율은 20명 초중반으로 추정된다.

보건복지부와 연세대학교가 시행한 '2010 전국 인공임신중절수술 변동 실태조사'에 의하면, 낙태 건수는 2005년에 비해 절반 이하로 감소하였으나, 2010년 실태조사는 만 15~44세 가임기 여성 4,000명(기혼 2,244명, 미혼 1,756명)을 표본 추출하여 2008년부터 3년간 낙태 관련 이력을 조사하였다. 2010년 추정된 전체 낙태 건수는 16.9만 명으로 2005년 실태조사 결과(34.2만명)에 비해 절반 이하 수준이다. 2010년 가임여성 1,000명당 낙태율은 15.8명으로 2005년 29.8명에 비해 절반 수준으로 감소하였다.

우리나라는 전통적으로 유교의 영향력으로 남아 선호사상이 한때는 심각한 낙태의 이유였으며, 최근에는 피임의 실패, 경제적인 어려움, 자녀 수 제한, 건강상의 이유 등이 낙태의 원인이 되고 있어 자기 몸의 주인되기에 대한 이해와 피임방법에 대한 올바른 인식으로 낙태에 대한 태도를 형성하려는 노력이 필요하다. 이와 관련하여 원치 않은 임신과 낙태에 대한 입장을 살펴보고자 한다.

1) 낙태에 대한 태도

낙태는 태아의 생존이 가능한 발육과정에서 임신 중인 태아를 자궁에서 제거하는 것으로 자연적 낙태와 치료적 낙태 그리고 유발적인 낙태로 구분된다.

첫째, 자연적 낙태spontaneous abortion는 산모에게 염색체나 체내에 문제가 생겨서 수정란이 자연적으로 배출되는 것으로서 주로 임신 12주 이전인 초기에 80% 이상이 발생하며 습관성, 부적합한 혈액형, 자궁경부의 해부학적 문제 등이 원인으로 발생되는 경우이다.

둘째, 치료적 낙태therapeutic abortion는 태아나 산모의 건강을 위해 합법적으로 낙태를 시키는 것으로 배우자나 산모가 유전적인 결함이 있거나 정신장애나 근친상간과 성폭행으로 인해 임신이 되어 발생하는 경우이다.

셋째, 유발적 낙태induced abortion는 인공임신중절 수술이라고도 하며,「모자보건법」제2조6호에 의하면 태아가 모체 밖에서 생명을 유지할 수 없는 시기에 태아와 그 부속물을 인공적으로 모체 밖으로 배출시키는 수술을 한다. 이렇게 인공적으로 낙태를 시키는 것으로 산모나 태아에게 건강상의 이유가 아닌 원하지 않는 임신의 경우가 대부분을 차지한다.

또한 낙태를 두 가지 입장에서 살펴보면 첫째, 인간의 권리가 생명존중으로 수태되는 순간부터 법적이고 도덕적인 관점pro-file에서 낙태를 반대하는 입장이 있다.

둘째, 배아기가 끝나고 태아기가 되는 9주가 되면 인간의 모습으로 생명이 시작된다는 것으로 임신한 여성이 자신의 신체에 대한 결정권과 가족의 삶의 선택pro-choice의 관점으로 낙태를 찬성하는 입장이 있다. 그러나 낙태는 동서고금을 막론하고 아주 오래전부터 실시되어 왔고, 종교적·사회적·경제적·문화적 요인 등 서로 다른 입장에서 영향을 미치는 것으로 나타났다.

우리나라는 가족계획을 실시하기 이전까지 낙태를 비교적 엄격하게 법으로 규제하였다. 그러나 가족계획사업 실시와 전 세계적인 낙태의 자유화 추세에 따라 낙태를 규제하는「형법」의 조항은 그 실효성을 잃었고, 1973년「모자보건법」 제정으로 임신 28주 이내의 치료적 낙태를 법으로 허용하였다. 또 유발적인 낙태는「형법」 제270조에 의해 낙태죄가 성립되지만, 인구조절 정책과 맞물려 법적 규제를 제대로 하지 못했다. 그 결과 낙태를 경험한 기혼자 비율이 1967년 16%, 1975년 39%, 1984년 53%, 1987년 52%, 1990년 47%일 정도로 보편화되었다(윤가현, 2006).

최근 다양한 방법에 의한 인공임신중절 수술이 증가함에 따라 합병증이 많아지고 위험성도 문제가 되고 있다. 또한 인공임신중절 수술 후 다시 임신을 했을 때 자연낙태, 조산, 저체중아 출산의 위험이 높아지며, 분만 시 자궁파열의 위험성도 있고, 난관폐쇄로 인해 불임의 원인이 되기도 한다(김시업, 2006).

그리고 낙태 후에 경험하는 심리적인 증상은 생명을 지웠다는 생각에 죄책감, 수치심 등과 신체적인 부작용이 있을 것에 대한 두려움도 경험한다. 또한 미혼모인 경우 차후에 배우자가 자신의 낙태 사실을 알 것에 대한 두려움도 경험한다. 그러나 이 중 가장 큰 어려움은 생명을 없앤 것에 대한 죄책감이다. 어떤 여성은 죄책감에서 오는 우울증이 심해서 오랫동안 우울을 경험하기도 한다. 그러나 한편으로는 만일 아이를 양육할 형편이 안 되는 상황에서 출산했다고 가정하고, 그에 대한 고통을 생각하면서 낙태를 필요악으로 받아들이고 스스로 위로하기도 한다(채규만, 2013).

2) 원하지 않는 임신

원하지 않는 임신unwanted pregnancy은 여성과 남성 그리고 아기에게 많은 부담과 어려움으로 나타난다. 대부분 피임을 준비하지 못했거나 실패의 결과로써 낙태와 관련되어 영향을 미치는 것으로 발생하고 있다.

그리고 원하지 않는 임신의 경우에 인공 임신중절수술은 임신 5주에서 8주 이내에 실시하는 것이 중요하고 임신 3개월 이후는 부작용이 있을 수 있으며, 4개월 이후는 유도분만으로 볼 수 있다. 따라서 임신중절수술을 결정했다면 하루라도 빠르게 실시하는 것이 바람직하며, 또 다시 반복해서 중절수술을 받지 않도록 하는 세심한 주의와 예방에 최선의 노력을 기울이는 태도는 매우 필요하다.

피임방법을 꾸준히 그리고 규칙적으로 사용하지 않는다면 보통 부부든 아니든 우연히 임신이 발생하였음을 알게 된다.

지난 1960년대부터 피임약 보급으로 미국 사회에서는 젊은 세대들이 임신의 걱정 없이 성관계를 가질 수 있었지만, 효과적인 피임을 하지 못해 원하지 않은 임신 비율이 높아지는 결과를 초래했다. 미국의 10대들은 서구의 다른 나라들보다 피임에 대한 양가감정이 더 큰 편이다. 과거에는 원하지 않은 임신을 하면 결혼을 하였지만, 20세기 후반 이래로 결혼에 대한 압력은 줄어들어 낙태나 결혼관계 이외에서 출생한 아이들의 수가 증가하고 있다(윤가현, 2006).

오늘날 우리는 지나친 자유주의 사회로 자기결정권과 생명의 존엄성 침해에 대한 문제를 야기하고, 신체적·정신적·경제적 혼란으로 어려움에 처하는 경우가 많다. 사회가 성 혁명의 흐름으로 변모해가는 것처럼 진보와 보수의 어느 입장이든지 간에 자신의 의지에 따른 도덕적 자율성으로 어떠한 형태를 갖추게 되더라도 계획되지 못하고 원치는 않았지만 임신에 대한 책임감으로 생명을 보존하고 보호하는 개별성과 인간의 고유한 가치로 인격을 형성할 수 있어야 한다.

뿐만 아니라 가장 안전한 조건을 갖추어 가는 인간다운 삶을 사는 사회적 환경 형성과 성 윤리로서 문제 해결력과 바람직한 역량을 발휘하는 책임 있는 자주적인 사람으로 발달하여 일생을 바람직한 방향으로 성장하며 통합하는 것이다.

특히 최근 심각한 저출산 현상으로 어려움을 겪고 현실에서 낙태에 대한 다양한 대안이 요구되고 있으며, 그에 따른 세심한 관심과 주의로 책임있는 성행동이 요구되고 있다. 그러므로 생명에 대한 존중과 자신의 신체를 건강하고 소중하게 유지하기 위한 윤리적이고 도덕적인 의식을 확고히 형성할 수 있어야 할 것이다.

참고문헌

고일선(2016). **간호실무기초Ⅰ**. 서울: 은하출판사.

김시업(2006). **결혼과 가정**. 서울: 학지사.

여성가족부(2005). **표준보육과정 총론**.

윤가현(2006). **성, 그 억압과 심리진보의 역사**. 서울: 살림지식.

이정렬(2016). **공중보건학 개론**. 서울: 은하출판사.

장우심, 황혜정, 주영주, 구정아(2013). **아동간호학**. 서울: 학지사.

채규만(2013). **성행동심리학**. 서울: 학지사.

우리나라의 낙태 실태 http://search.daum.net/search?nil_suggest=btn&w=tot&DA=SBC&q=%EC%9A%B0%EB%A6%AC%EB%82%98%EB%9D%BC%EC%9D%98+%EB%82%99%ED%83%9C%EC%8B%A4%ED%83%9C

찾아보기

ㅈ

저자 소개

장우심 대구가톨릭대학교 사회복지학 박사
국군 통합병원(간호장교)
금릉군 대성보건진료소(진료소장)
우송정보대학 사회복지과 교수
현, U1대학교 사회복지학과 교수

안미영 경일대학교 사회복지학 박사(상담심리 전공)
경일대학교 외래교수, 영진전문대학 외래교수
청소년폭력예방재단(대구지부) 성폭력 예방강사
대구전자공업고등학교 전문상담사
현, U1대학교 사회복지학과 교수

정향숙 경일대학교 대학원 박사수료(상담심리 전공)
영진전문대학 외래교수, U1대학교 외래교수
성폭력예방 강사(청소년폭력예방재단)
인터넷중독 전문강사(한국정보화진흥원)
현, SE평생교육원 관리교수, 자아성장 상담연구소 소장

서승경 영남대학교 일반대학원 석사
대구가톨릭대학교 일반대학원 예술학과 박사수료(예술심리 전공)
대구대학교 일반대학원 상담학과 박사수료(상담 및 임상심리 전공)
H&N 심리상담센터 실장
현, 대구대학교 산업복지학과, 대구보건대학교 외래교수

이향숙 고려대학교 인문정보대학원 사회복지학 석사
충북지방경찰청 진술분석전문가
폭력예방통합교육 전문강사(한국양성평등교육진흥원 위촉강사)
청주범죄피해자지원센터 사법보좌인위원
현, 미르 폭력예방통합교육센터장

성교육의 이론과 실제

2017년 1월 25일 초판 인쇄
2017년 1월 30일 초판 발행

지은이 | 장우심·안미영·정향숙·서승경·이향숙
발행인 | 유제구
발행처 | 파워북
주 소 | 경기도 고양시 일산동구 호수로 358-25
동문굿모닝타워 2차 529호
전 화 | (02) 730-1412
팩 스 | (031) 908-1410
등 록 | 1997. 1. 1 제 300-1997-13

정 가 18,000원
ISBN 978-89-8160-284-0 (93370)